我的交通强国梦

——2016—2018年大学生优秀论文集

王永立　主编

人民交通出版社股份有限公司
China Communications Press Co.,Ltd.

内 容 提 要

本书收录了"新国线杯·我的交通强国梦"和中国交通运输院长论坛优秀大学生论文比赛中的部分获奖论文,分为上下两篇。上篇为梦想篇,包括获得2018年"新国线杯·我的交通强国梦"特等奖论文1篇、一等奖论文3篇、二等奖论文6篇,下篇为学习篇,包括获得2017年第三届中国交通运输院长论坛优秀大学生论文一等奖1篇、二等奖7篇,2016年第二届中国交通运输院长论坛大学生优秀论文一等奖1篇、二等奖6篇。

本书可供交通运输行业广大技术和管理人员,从事交通运输工程研究、设计、生产、管理的人员,高等院校交通运输工程、载运工具等专业的师生以及相关主管部门的人员参考。

图书在版编目(CIP)数据

我的交通强国梦 : 2016—2018年大学生优秀论文集 / 王永立主编. — 北京 : 人民交通出版社股份有限公司, 2019.5

ISBN 978-7-114-15564-2

Ⅰ. ①我… Ⅱ. ①王… Ⅲ. ①交通运输—文集 Ⅳ. ①U-53

中国版本图书馆CIP数据核字(2019)第095275号

Wo De Jiaotong Qiangguo Meng——2016—2018 Nian Daxuesheng Youxiu Lunwenji

书　　名: 我的交通强国梦——2016—2018年大学生优秀论文集
著 作 者: 王永立
责任编辑: 屈闻聪　张宇威
责任校对: 赵媛媛
责任印制: 张　凯
出版发行: 人民交通出版社股份有限公司
地　　址: (100011)北京市朝阳区安定门外外馆斜街3号
网　　址: http://www.ccpress.com.cn
销售电话: (010)59757973
总 经 销: 人民交通出版社股份有限公司发行部
经　　销: 各地新华书店
印　　刷: 中国电影出版社印刷厂
开　　本: 880×1230　1/16
印　　张: 12.75
字　　数: 340千
版　　次: 2019年5月　第1版
印　　次: 2019年5月　第1次印刷
书　　号: ISBN 978-7-114-15564-2
定　　价: 80.00元

前言

PREFACE

“中国交通运输院长论坛”是我国交通运输行业教育交流的高端论坛。该论坛是由新国线运输集团有限公司倡导，联合清华大学、北京交通大学、北京航空航天大学、中国民航大学、哈尔滨工业大学、吉林大学、大连海事大学、同济大学、东南大学、长安大学、长沙理工大学、重庆交通大学、西南交通大学共13所高校的交通运输专业学科共同发起创建，并由以上14家发起单位组成组委会，于2015年9月在北京成功举行了首届论坛，开启了推动交通运输科技创新发展的新航程。

“中国交通运输院长论坛”以深化校企合作为载体，旨在集聚人才和研发资源，强化信息交流共享，加强产学研一体化，发挥现代交通运输复合型人才作用，促进交通运输领域的科技创新成果展示及其转化应用。通过论坛汇集大学生优秀论文(专著)，发现和选拔优秀大学生，为大学生创新创业搭建产学研融合平台，为我国综合交通运输发展发挥科技、教育的引领作用。

为此，新国线运输集团专门设立了“大学生优秀论文奖”，每年对国内大学的运输专业大学生的优秀论文进行征集和选评，并定期结集出版。其目的在于增强大学生们对建设中国特色社会主义现代化交通事业的认同感和使命感，激励在校大学生热爱专业、奉献行业、立志为交通现代化事业建功立业。通过展示在校大学生对交通运输领域创新发展的新思考、新探索和新成果，培育大学生刻苦学习、敬业奉献、开拓创新的精神和意志。这不仅有助于我国交通事业发展，而且对于“一带一路”建设具有十分重要的意义。

值此中华人民共和国成立70周年之际，中国交通运输院长论坛组委会对2016—2018年第二届、第三届及第四届“中国交通运输院长论坛”征集的大学生优秀论文再次进行甄选，结集编辑出版了这本大学生优秀论文集，呈现给大家。当你打开这本论文集时，看到的不是“笔落惊风雨，诗成泣鬼神”的字句，而是莘莘学子充满青春理想的赤诚之心，凝结着对我国交通现代化建设的创新思考，抒发着对交通强国的激情和梦想。

本次大学生优秀论文集共收入论文25篇。其中2018年“新国线杯·我的交通强国梦”优秀征文10篇，2016—2017年大学生学术性研究论文15篇。这些征文和论文中既有对专业知识的探索、对科学和创新的追求，也有深藏心中的情感，还有对人生深刻的思考，记录了交通学子成长中的点点滴滴，反映了我国当代交通运输人才积极向上的精神风貌、善于思考的工作作风和敢于挑战的治学态度，是我国交通运输学科教育成果的一次大检阅，对推动我国交通运输现代化建设具有重要意义。

今后，“中国交通运输院长论坛”将更广泛地开展大学生优秀论文的征集和评奖活动，为年轻一代交通运输人才搭建成长平台，铺筑成才之路，为促进我国交通运输事业科技交流、发现和输送创新型人才做出更多贡献。

在此，论坛组委会诚挚感谢参评学校给予的大力支持，特别感谢在历届征文评选和选集编印中辛苦工作的丁柏群、王正武、王来军、王莉莉、王健、朱晓宁、孙立山、孙启鹏、李美玲、肖润谋、张弛、张萌萌、张毅、侯相琛、姚丹亚、栗培龙、贾洪飞、钱国平、储江伟等专家、教授，感谢为年轻一代倾注关怀和厚望的新国线运输集团。我们会充分听取和虚心接受各方意见，持续改进，把“全国交通运输院长论坛”的大学生优秀论文选拔平台建设成大学生展示才华、创新思维、成长起航的平台。

愿我们在通往交通强国的道路上不辱使命，共同为人才的培养与成长而奋进！

中国交通运输院长论坛主席

2019年4月29日

CONTENTS

目录

01 梦想篇

02 学习篇

03 附录

01

梦想篇

2018 年“新国线杯 · 我的交通强国梦”征文大赛特等奖

我的交通强国梦

——前所未有的交通时代

东南大学 交通学院 穆弘轩

北京火车南站到南京火车南站，相距 1000km。

我站在宽敞锃亮的站台上回想自己买的车票到底是左边的“复兴号”，还是右边的“和谐号”高铁，在高铁时代，它们唯一的区别就是到南京需要 3.5h 还是 4.5h，在交通人的眼里，它们也只是中国高铁发展蓝图上的两座必经之峰。父母经常回忆的那种数十个小时站在火车上背井离乡去求学的场景，需要我们动用大量想象才能勉强感受一下当年的艰辛。

“我们从太空中看不到长城，但却能看到中国伟大的道路。”2015 年 11 月 2 日，身处国际空间站的俄罗斯宇航员谢尔盖 · 沃尔科夫在与地面的一次视频连线中如实描述了他的所见所感。这句话没有任何隐喻，也并不是过誉。随着“五纵七横”高速网络和“八纵八横”高铁网路的基本贯通，高速铁路里程突破 2.2 万 km，高速公路里程突破 13 万 km，内河航道通航里程达 12.71 万 km，规划中覆盖全国的综合交通网络初步形成，城市之间的距离、空间和各种天堑，借由脚下这个交通大国发达的高速铁路、公路和航空网络，全部转化成了同一个度量——时间，很短的时间。这就是我们所生活的国家，一个无与伦比的交通国度；这就是我们所处的时代，一个我们自己开创并逐渐适应的交通时代。

神州大地从来没有像今天这般连接紧密，而连接整个大陆的交通，不再局限于出行和运输，铁路、公路、水运、航空、管道、电网、通信、物流交通已经成为社会运行的中流砥柱。我们学习、谋生、运动、社交、旅游……交通从来没有像今天这样在生活中无孔不入，交通各个领域的基础建设与社会日益发展的需求相互促进，在这些运输通道上流动的不仅是人和货物，更有经济、文化、思想；运输能力和交通思想的进步，不只是效率的提升，更是社会生产方式的进步，甚至是人们价值观的转变和升华。

这个庞大的交通运输网络，服务于我们，也在时刻困扰着我们。每天，数以万计的快递在公路、铁路与航空线上飞驰的同时，数以万计的车辆也拥堵在每一个城市枢纽；数以万计的共享单车随处可见的同时，数以万计的共享单车成规模地被摆放在路口、空地、广场，挤占最后一丝城市空间。北京地铁目前运营 22 条线路，运营线路 600km，公交运营线路 800 多条，运营线路近 2 万 km，与此同时，天通苑、天宫院、回龙观等城郊超大住宅区的人们，每天要面对的第一个挑战就是如何挤上那些号称“相片打印机”的公共交通线路……我们的确勇于创造，我们的确做了很多欧美难以企及的壮举，那些桥梁、公路、铁道、机场、分拣中心都闪耀着中国崛起的光辉，记录着交通人几十年如一日的努力。但是在他们光鲜的外表背后，是一个锈迹斑斑，却仍然不得不超负荷运转的交通系统。

脚下这个名副其实的交通大国，如何成为交通强国？未来的中国交通是什么样？未来的世界交通是什么样？这些旷世之问都需要我们新一代交通人向更远的未来去求索答案。我们可以梦想，有朝一日，道路不再拥堵，高速公路上不会慢行，交通服务质量始终如一；城市轨道建设趋于完善均衡，公共交通出行成为时尚和首选，“最后一公里”问题被规范有效地解决；交通智能化成为全国城市建设的标配，“城市大脑”可以自主地管理和调控城市各类交通资源和运输渠道;水运、航空将和陆上交通一样拥有完善的基础设施建设、应用最新的科技思想与成果……这些大数据与云计算正在逐步实现的规划,这些人工智能解放生产力的设想,在可预见的未来将成为现实。但是我们很难去想象未来的交通工具是什么样子,是好莱坞里悬浮的车辆,还是马斯克纸上谈兵的胶囊快车?我们甚至不知道这样一个庞杂的系统,究竟问题出在哪里。必须用扳手去敲了这台机器,才知道哪里的螺栓会掉落,必须有大数据和人工智能这样的火热新技术,才能应用到交通领域。如果想实现国家提出的交通强国目标,这样的演进方式有些被动。

所以,我愿意想象,未来我们可以塑造一个能够自我认知、自我辨析的交通组织枢纽。使得交通系统能够智能地分析现状,发现矛盾,从而提示人们去发现问题、预估问题,在交通领域,从实用角度推动科研的进步,而不仅是将时下的流行理论,努力应用到交通上。

而未来,随着社会需求的提升,交通系统越发地强大,交通系统强大的流动性和传播能力,使得把交通当作文化载体,甚至塑造成文化主体成为可能。实际上我们都在被交通文化所影响着,从欧亚铁路、泛亚铁路、全球集运到最近深植世界人民心中的“一带一路”,这些项目能够上升到战略高度,就在于其不仅是基础设施建设这样简单,它还具有大量的经济价值、文化意义、外交思想等上层建筑式的内涵。交通领域的合作和建设可以影响整个人类世界的未来,这是多么伟大的事情。而这一切,我们都有强烈的意愿去洞悉,去实现。

自改革开放以后40年,交通人殚精竭虑,持续努力,终于实现了我们曾经梦想的这一切:打车不再是奢侈的旅行,公共交通可以达到城市的各个角落,共享时代不用再担心自行车、电动车的“安危”,发达交通网络让崇山峻岭或是一切地理因素都变成耗时数字……作为新一代交通人,我们处在一个最好的时代,我们历经中国交通飞速发展的近20年,适应和享受交通带来的便利,也更认同交通发展产生的新生活方式、新文化意识;我们也处在一个最复杂的时代,交通需求在各行各业大幅上升,信息、货物的流动更讲求效率和准确,各类交通问题、“城市病”层出不穷。经历越多的改变,越勇于改变;看穿越多的复杂,越不惧困难。

曾经的首富李河君说,我们总是高估3~5年的变化,而低估5~10年的变化。最近“土木无用论”甚嚣尘上,交通领域也颇受牵连。但是作为交通专业的学生,我更愿意拨开迷雾,看到公路网持续完善、高铁不断升级、水运智能化进程推进所带来的发展成果,看到跨界交叉学科对不同领域人才的需求,看到交通领域不会停止发展的规律和机遇。

我们生于一个前所未有的交通时代,我们需要社会的信任,去大胆提出新的理念,去改变陈规;我们更需要自我信任与肯定,需要执着和冒险,去亲身体会不同地区的交通方式,去分析和记录更多的城市交通解决方案,去学习和建立更好的模型、理论,去传播更先进的交通思想和文化。随着中国高铁出口,“一带一路”倡议实施,我们也获得了更多机会和空间,广阔天地,大有作为。交通运输是兴国之器、强国之基,也是一个民族、一个行业、一个群体、一个人的试金石,我们把自身对美好生活、对社会理想的追求,寄托在整个民族交通强国的梦想之中,创造、变革、发明、进步,布局完善、互联互通、绿色智能、耐久可靠的综合交通网络就不再是梦想,而是一张生动而又细致入微的新纪元蓝图。

2018 年“新国线杯·我的交通强国梦”征文大赛一等奖

我的交通强国梦

北京交通大学 交通运输学院铁道运输专业 聂博文

小的时候，我们会问：“爸爸妈妈，月亮为什么是圆的呢?”这是一个无比平常的问题，随着我们一点点长大，有的人接受了“那它总该有个形状”的说法，把这个问题抛在脑后。而有的人想要深入了解它，最终明白了是重力使然。有的时候，年幼时不经意的想法，会成就一个人之后的目标。我的交通梦，开始于一次再平常不过的经历。

回忆里的巨龙，是梦开始的地方

我所长大的城市里，有一座公园。十几年前，在我还像一个皮球一样满地乱跑的时候，爸爸妈妈经常用小拇指牵着我的两只手，去那座公园里闲逛。回忆中，公园的中间有一座广阔的荷花池，石拱桥横跨池子之上。拱桥的尽头，有两个高大的卫兵，浑圆地瞪着红色绿色的眼睛，眉毛交叉着，无比威严。细长的手臂高高举起，行人们在他们的手臂之下缓缓通过。

有的时候，这两个卫兵的眼睛会突然发出红光，大声咆哮着，手臂猛然地降下，拦住两边的人们。爸爸妈妈抱紧我，不让我往前走近一步。随着震耳欲聋的呼啸声，一堵墙在我面前飞驰而过，遮住了桥对面的人，只能看见他们的腿，一闪一闪地。许久，卫兵们抬起手臂，两边的人蜂拥地走过，一切如常，但这堵墙却在我的记忆中留下了深刻的印象。

后来，我发现，与其说那是一堵墙，不如说那是一条蜿蜒万里的巨龙。它的咆哮声响彻云霄。所到之处，必有两个卫兵提前将行人拦下，因为巨龙的英姿只可远处瞻仰。当时的我看来，它正是力量的化身，一切阻碍之物都将在它面前粉身碎骨。

直到有一天，我亲自登上了它。我发现巨龙的上面，竟然都是和我一样的，大包小裹地出去享受假期的人们，说说笑笑地，看着铁道两边的风景。

这还是那条咆哮着、飞驰着的龙吗？依然是的，当它开动起来，钢铁摩擦的轰鸣仍然能让人真切地感受到它的力量，仿佛任何阻挡在它面前的东西都会粉身碎骨。但这并不是它的本愿。它收起了神威，让微不足道的人们坐在它身上，甘愿为他们奔波劳累，人们给它起了一个可爱的名字：“火车”。

年幼的我，对这威严而又仁慈的钢铁巨兽无比敬畏而又好奇，想要去了解它，倾听它的声音。现在想来，那年荷花池旁，正是我的交通梦开始的地方。

铁路蜿蜒之处，是学子追梦的身影

随着我渐渐长大，年幼时的幻想也逐渐模糊，投入备战高考的队伍，心理容不得一丝踌躇。

但是当填报志愿时，长辈说出“想学铁路，可以去北方交大”之时，曾经的梦再度浮现在我眼前。铁路为何物？还未身处“象牙塔”的我无从得知，但我知道，所谓的铁路运输，与名为“火车”的巨龙有着不解之缘。

大学的课堂上，我终于窥见了铁路的一角，老师为我们系统地介绍了铁路系统，从轨道，到车站，再到机车，这就是被我幻想为巨龙之物的真实面貌。但是课堂上讲述的还不够，我想要走近它，从认识、驾驭的意义上走近它。不想仅仅在苍白的课本上看到它黑白的画像，不想把它拆卸成零零碎碎的术语和公式，也不想只是当成它的乘客。我想要真正地了解它，抚摸它，感受钢铁下涌动的血液，感受传动装置奏出的美妙旋律。

然而所谓的巨龙终究只是我对列车抱有的幻想，随着学识的增长，视野的开阔，我渐渐明白，列车终究都只是为了人类而生的工具，不像骏马本应奔驰在田野之间，被人驯化才成了可供骑行的动物，列车从诞生之初，只有唯一的使命：运输。我也明白，将要驱使它们穿行在祖国大地之上的，正是我们这群还在课堂里朗朗念书的学子们。

铁路，撑起了国家的脊梁，遍布华夏的铁路网，正是中华民族的血脉。让这血脉奔流不息，让国家的脊梁更加坚挺，这是我们身为未来铁路人的使命，不必去倾听钢铁巨龙的诉说，我们的信念将构成它的灵魂，一同走过铁轨蜿蜒的万水千山。投身铁路，亦不容半点踌躇。

钢轨笔直延伸，指向华夏的强国之梦

每个人都有一个梦，无论是寄托在交通上，还是军事，抑或是教育，归结起来都是强国之梦。高速铁路，是一个国家科技水平进步的象征。10年之前，我们的动车组还冗杂着世界各国引入的科技，到了今天，我们不但拥有了中国标准的动车组，更让我们的科研团队将中国高铁的技术带出国门，造福世界。火红的“复兴号”飞驰在高高架起的钢桥之上，真的宛如一条华夏巨龙，飞翔在云端一般。

渐渐地，我国的高速铁路成了一枚金字招牌，预示着我国即将跻身“交通强国”之列。达则兼济天下，我们优秀的科研团队丝毫不吝惜自己的技术，一边向多个发展中国家伸出援手，一边又向美国、欧洲等强国寻求合作，继“熊猫外交”之后的“高铁外交”，让中国制造的技术渐渐在世界上站稳了脚跟。

所谓交通，“交”乃交融万物，“通”乃通达世界。我梦想中的交通强国，它的铁路遍布世界各个角落，穿梭于各个文明之间；我梦想中的铁轨，能一直延伸，延伸到地平线的尽头，跨越万水千山，通达到一切人迹所至的地方；在我梦想中的未来，铁路是针线，将原本被国界分隔的七零八落的世界连成一个整体。

而我梦想中的自己，将会全身心地投入铁路事业之中，在背后为了调度指挥，忙得白了头发；抑或是在现场组织，挥汗如雨。无数铁路学子，将用青春，让华夏钢铁巨龙飞得更高、更远。

每个假期，我还是坚持回家，时而还会回到那座公园，荷花池已经被改建成可以划船的人工湖，那两位名叫信号灯的卫士一如既往地庄严肃立。等到有列车通过时，我会默默地目送它，从我的梦开始的地方，缓缓驶向看不见的远方。

2018 年“新国线杯 · 我的交通强国梦”征文大赛一等奖

我的交通强国梦

大连海事大学　船舶电气工程学院测控技术与仪器专业　张雨

最近父亲说他年纪大了，总是梦到一些以前的事。他说前几天梦到了从福建开车回家，他开着一辆吉普车，车里有我和母亲，他开了 4 整天才到家。104 国道的一段盘山路真险啊，好像是贴着悬崖前行，他只在白天开车，晚上休息，他说再似箭的归心也不敢拿我与母亲的生命开玩笑。更有趣的是，那时酒驾还未入刑，父亲车里总会备着一瓶“牛二”，困倦了喝一口提神。这段经历父母多次与我提起，在我知识贫匮的童年生活中，福建的山路便是一条天堑，连通着坠落与毁灭，亦连通着彼此全心的依赖与信任，年轻稳健如泰山的父母，带着尚且年幼的我翻山越岭，那一刻，一颗小小的梦的种子已经深埋我心。

父亲一生可谓走南闯北，在那个交通不甚便利的年代，父亲的足迹已经遍布祖国的大江南北，更令他骄傲的是，今日连通着中国的许多路与桥，他也曾参与建设。父亲高中毕业便出来打拼，由人带领投身公路事业，从打杂小弟开始干起，在施工现场经历几年的摸爬滚打积累经验，拾起勇气与信心，父亲决定单拎一支队伍，由“小张”到“张工”，其中的汗与泪未经亲身体会真的不知艰辛。面对新的规划，新的困难，新的挑战，父亲的交通梦便从此开始。

北京八达岭。20 世纪 90 年代父亲的队伍成功竞标了北京清河到八达岭的一段立交桥，父亲说这是他人生的里程碑，他终于可以独当一面。每每回忆至此，父亲都是意气风发的，他说在八达岭的那个夏天是记忆里最凉快的一个夏天，在茫茫自行车大军中他的吉普车相当拉风，甚至当时还曾在现场远远地见了总理一面……这一年，父亲 30 岁。

浙江宁波。2006 年暑假，我与母亲坐车去父亲那里旅行，泰安站到宁波站的火车要 16h，这是我记忆里坐过时间最长的火车。我与母亲挤在小小的卧铺上，经过南京时已是深夜。父亲跟我讲过南京有许多美丽的桥，南京长江大桥雄踞江面之上，宏伟壮观，长江二桥则是钢索斜拉式的，美得像是外国电影里的一幕。突然母亲叫醒熟睡的我，指着远处一片粼粼的波光说，波光之上就是南京长江大桥，桥上黄色灯光氤氲成一片温暖的雾气，从此我关于那道奇迹天堑的记忆就都是温暖辉煌的了。这一年，我 8 岁。

江苏徐州。这一次的标竞艰难无比，随着时代的发展，各个部门对队伍的资质越来越重视，没有受过系统培训的父亲一路上凭借的是多年的经验。考！经过几个夜晚的辗转反侧，父亲决定带领队伍一起接受培训考取资质。于是每天晚自习放学回家我都看到父亲在一盏小台灯下抱着砖头厚的书钻研，桌上我还打趣道“张工”要变“张老师”了。考试前一天，父亲还在问我答题卡要怎么涂，看着父亲如此努力上心，我既心酸又深受感动，如此努力的父亲既是在实现自己年少时的抱负，又是每一个奋斗拼搏在交通强国梦里的国人的缩影。这一年我 14 岁，父亲 46 岁。

新疆喀什。2016 年，我与父亲爆发了第一次争吵，争吵原因是我的高考志愿填报。我将第一志愿都填为土木工程，我也想和父亲一样投身祖国的山川海洋，但父亲坚决不同意，甚至实践性没有那么强的工程造价都遭到反驳。那时他远在新疆喀什的施工现场，施工进程到了最为紧张的浇筑混凝土阶段，俗称“打灰”，他错过了我的 18 岁生日，错过了我的高考，错过了我的升学宴会，他遗憾但不后悔，他说太苦了，他希望我这一生都平安顺利，不愿我像他一样一生都在路上颠沛。这一年，我18岁，父亲已经年过50。

我理解父亲对我的一片苦心和深沉的爱，我没有忤逆父亲，我将志愿换成了一个常见的工科专业，可是父亲不知道的是，当年在福建的山路上，父亲坚毅又柔和的眼神在我脑海里留下深深的烙印，父亲为我亲手种下交通强国梦的种子，那一刻起父亲已经是我一生的英雄。父亲不甘在人生道路上做个打杂小弟，我也不愿一辈子蒙受父亲给的荫庇。如今交通事业在注重"硬件"业务发展的同时，也侧重"软件"技术的建设，"互联网+"的理念更是渗入在交通事业的方方面面。作为传统工科专业的代表，随着电子技术的发展，我坚信只要心怀信念、不懈努力，我的专业将会助力我在交通领域发挥独特的作用。尽管我现在像一只羽翼未丰的雏鸟，但我相信沐浴在举国为实现中国梦而奋斗的氛围里，经过专业知识的洗礼与沉淀，经过实践活动的打磨与抛光，我终将会像雄鹰一样在建设交通强国长空里自由搏击。而今"和谐号""复兴号"贯通祖国的每一个角落，网络购票便利了每个漂泊在外的旅人，自动化集装码头实现了劳动力的解放，铁路和公路已经头顶昆仑、脚踏怒江、翻越唐古拉山……每个领域都有我可以建树的方向，在大时代大数据背景下，交通事业的深化改革有了更加广阔的发展空间。

聚焦在十九大提出的建设交通强国目标之上，中国将会在2020—2035年，基本建成交通强国，进入交通强国的行列，在2036年到21世纪中叶，全面建成交通强国，中国将会进入交通强国的前列。每次看到这个目标，我都会为之振奋，我的父亲是千万"桥梁人"的缩影，他们用辛勤的劳动与杰出的智慧勾勒出一幅交通强国梦之画卷，而今他们的时代即将接近辉煌的尾声，更为灿烂的交通画卷将由更为年轻一代的我们一笔一笔亲手画就，在祖国的辽阔土地上添一笔四通八达的公路网，在冻土之上添一笔和谐复兴号，在云巅之上添一笔自主研发的大型客机，在深海之下添一笔执着畅游的蛟龙，在亚欧大陆之间添一笔比历史更厚重辉煌的丝绸之路……

"我的梦是我灵魂的泪泉/我宁愿在异乡寂寞中紧守着它/像古老岁月中漂泊江湖的艺人/以欲泪的歌吟/伴以凄凉的弦索/一章一节的唱给后世的孩子们听/中国曾是那样的中国/虽然我所能记忆的/只是千万片烟云当中小小的一片烟云……"以前每每读到这行小诗，我总会想起当年持节牧羊的苏武，想起收拾旧山河的岳飞，想起不指南方誓不休的文天祥……如今你再问我万千片云烟中的飘向祖国四面八方的片片烟云是什么，我想我会回答是万万千千的为交通强国梦奋斗的"交通人"。

"路漫漫其修远兮，吾将上下而求索。"念念不忘，必有回响，我坚信我们这一代交通人能够不忘初心，不辱使命，国人亦能不负重托，砥砺前行，实现由交通大国到交通强国的历史性转变。

2018 年“新国线杯·我的交通强国梦”征文大赛一等奖

我的交通强国梦

江苏大学　车辆工程专业　叶鸽鸽

古有愚公移山，今有架桥修路，对于我们这一代而言，“要想富，先修路”的道理从小就耳濡目染。习近平总书记在十九大明确提出要建设“交通强国”，意味着我们将在新时代开启建设交通强国新征程。作为交通运输发展与建设的接班人，我认为建设交通强国的关键在于“强”。什么才是强，如何实现强，怎样持续强？回答这些问题将是交通运输行业的使命和任务。

转眼间，已是改革开放 40 年，回望我国交通运输行业的发展，从改革开放初期的交通运输制约经济发展到 20 世纪末的初步缓解，再到目前的基本适应我国社会经济的快速发展，无疑是翻天覆地的变化。《厉害了，我的国》纪录片已经精彩地向全国人民以及全世界展示了我国交通运输的飞速发展，是名副其实的交通大国。然而对比世界交通强国，我们还有不小的差距，仍然需要持续不断地努力奋斗与创新建设。

建设交通强国的关键在于“强”，知道什么才是强，通过对现阶段交通运输发展状况的正确认识，建立适合我国经济发展的交通运输体系。众所周知，我国人口多，地域广，经济发展对于交通运输的需求量日益增加，这为交通新技术、新设备、新体系的成长创造了巨大的空间。此外，高铁已经成为中国面向世界的一张亮丽的名片，电动汽车、新能源汽车也在飞速发展。这些都是现阶段交通运输发展的优势，当然也存在不足之处，例如交通基础设施的不完善，交通拥挤以及交通带来的环境污染等问题仍待解决。认清自己，充分发挥优势，逐步完善不足，是实现交通强国的关键。

建设交通强国的关键在于“强”，知道如何实现强，根据国情需要，经济发展需求，走自己的强国之道。人类思想往往游离在实践的前沿，绿色、共享、智能已经成为新时代交通运输发展的标签。绿色，即节约能源，减少对环境的污染。实现绿色交通运输的方式有很多种，例如通过对公共交通设备的完善，在城市中心建立以轨道交通为骨干的公共交通体系，让大家愿意乘坐公共交通出行，不但实现节能环保，还减少了城市拥堵。共享，即现有的资源不属于你我，而是时刻被需要的人利用，这不仅实现对交通运输资源的充分利用，还减少了人们的生活压力。智能，是基于迅速发展的信息时代产生的一种理念，通过科学的理性的算法判断，实现智能交通管理体系，提高出行的便利性，减少交通事故，给交通系统的正常运行提供关键性的帮助。交通运输的发展与绿色、共享、智能理念的完美融合，是交通强国建设中不可缺少的一部分。

正确的思想理念是实践的引导，真正实现交通强国则需要从以下 3 个方面考虑。

(1)在技术发展方面，创新技术至关重要，习近平总书记曾指出，关键技术是要不来、买不来、讨不来的，必须把创新主动权掌握在自己的手中。在交通设施上必须不断创新，我们需要的是越来越多的中国制造和中国标准。在交通体系中必须不断摸索前进，借鉴世界交通强国的运行体系，走适合自己的交通道路。

(2)在交通管理方面，根据建设与发展需要，对相应的道路法律法规进行修正、增加、完善，从道路的建设到交通设施和体系的完成再到人们的交通行为意识都需要法律、法规的制约，时刻做到有法可依，依法可制。

(3)在交通服务方面，人们的需求已经从过去的“走得了”，变成现在的“走得好”，提高交通运输的服务水平，满足人们日益增长的多样化，个性化的要求已是十分重要。

当交通运输实现快速、方便和舒适等优点，人们的幸福感得到提升，交通运输自然而然地快速向前发展。由此看来，理念和实践的共同发展，是建设交通强国的核心。

建设交通强国的关键在于“强”，知道怎样持续强，实现可持续性的交通运输发展体系。当前，可持续发展已经成为全球共同倡导的社会发展战略，在交通运输的建设中时刻面临着人口、资源、环境三者的协调发展问题，如何实现三者的友好相处和可持续发展是当下应该解决的问题。作为交通运输的建设者绝不能以牺牲下一代的资源为代价，建立属于这一代的交通强国。因此我们需要建立既能满足当代交通经济发展需求，又能减少环境污染，降低资源浪费，还有利于下一代发展的交通运输体系。显然建立可持续发展的交通运输体系很难，但这是必须遵循的规则，也是建设交通强国的主旨。

建设交通强国是中国特色社会主义新时代的发展目标，是一代又一代交通运输建设者的使命，是全国人民共同的希望。作为下一代的接班人，我很荣幸能够成为建设祖国的一分子，为祖国的繁荣昌盛奉献一己之力。

2018 年“新国线杯·我的交通强国梦”征文大赛二等奖

新时代建设交通强国新征程

长沙理工大学　交通运输类　龚长海

在党的十九大报告中，习近平总书记提出了我们要建设交通强国的历史任务，指明了在今后我国交通建设的总体方向，那就是建设一张高质量、优服务，高创新、高效能、可持续的全国交通运输体系网。今后，围绕新时代下发展现代化经济体系的要求，构建与其相适应的现代化综合交通运输体系的任务将是我们“交通青年”的使命。

在现阶段我国交通取得的成就令人瞩目，截至 2017 年年底，我国铁路运营里程已达 12.7 万 km，其中高铁通车里程 2.5 万 km；公路通车总里程 477 万 km，其中高速公路通车里程 13.6 万 km，均居世界第一位。我们可以想象一下，在中华大地上盘踞着的这些巨型长龙，连通了一个又一个城市，带动各地的经济高速发展，它们就是我们神州大地上的造福者，造福着无数华夏儿女。

目前，我国已经基本完成了全国四纵四横的交通网络，使全国的交通网更加完善。但是，在取得这些成就的同时我们也应该注意到，我们在交通建设中存在的质量问题依然比较严重，比如沪昆高铁贵州段的个别隧道漏水，云南某县投资 42 亿元建设的一条二级公路在通车仅仅两个月就出现了坍塌……这些令人心颤的工程绝不仅是个例。所以，在建设交通强国的道路上，质量是重要支撑。我们都知道，交通运输是国民经济和社会发展的战略性、先导性、服务性和基础性行业，如果没有优质的工程质量作为保障，将难以支撑国家的战略计划，自身也不可能实现可持续的发展。我们即将成为新时代下的交通建设者，加强工程质量监督和管理，确保工程质量安全过关是我们的责任。只有打造“质量工程”才能让我们更加靠近交通强国的队伍，我们坚决不搞批发式建设，而是要像仙女绣花一般认真对待工程建设。

中国的交通发展已经到了转型期，无论公路还是铁路，甚至航空都基本能满足于人们的出行需求，主要的交通大动脉已经完成建设，今后的任务就是以修补式建设为主要任务完善全国交通网，使区域交通发展更加均衡合理。我们通过粗放式的建设可以说已经取得很大的成功，在短短几年高速公路和高速铁路的通车里程就跃居世界第一，更好地助力了国家经济的发展。可以说，我们的交通为经济的贡献取得了空前的巨大作用。既然到了发展的转型期，那我们的建设任务也将发生根本的改变。在未来，提升服务质量将是一个重点，应该促进铁路、公路、水路和航空等联运发展，推动服务模式改革，从而形成一条以交通为主导的产业链，其发展不是纵向单一，而是横向、全面的多元发展；未来还应该彻底改变以前低效率、单一的服务模式，毕竟效率也是交通强国建设的一个主抓点，这也是从之前的粗放型交通转变为经济节约型的本质转变，既实现了高效能、可持续的发展要求，也能建设出人民满意的交通系统。

城市交通的建设方面，我们的根本任务就尤为凸显，同样是以人为本，那就是更好地为人们的出行服务，但是城市交通的建设却更加困难，我们要精确规划出既能满足人们的出行需求，又能为城市的经济服务的城市交通网络。我们都知道，交通拥堵已经成为一种大城市病，在中国的发展模式中，这似乎已是一个必不可少的过程，每个大城市都会经历这个“刻骨铭心”的过程，所以如何规划合理的城市交通网将是我们未来的一个挑战，或许这将是一个漫长的过程。有人说按照中国人横过道路的习惯，即使有八车道的道路也会出现拥堵。不可否认，这其中一部分原因是与我们的国民素质有关，但我觉得建设一个完善的城市交通网依然是我们交通人的首要任务，这一点永远也不会变，我们必须尽到完成一个建设者的首要任务。而对于农村的交通建设，我作为一个农村人的首要感受就是如何能让农民更加便捷地抵达最近的集市和城，在今天发达的交通条件下，人们已经不可能像爷爷辈那样靠双脚来征服漫长的道路。这样的故事我还真的听爷爷说过，他们以前进城就是靠脚力走下来的，一个来回差不多就是近百公里，不仅费力还费时。所以提高农村人出行效率非常必要，不应让农民们将大部分时间花在路上。

其实交通建设的根本任务就是为经济发展服务，在现实中就有这么一个鲜明的例子。我的家乡贵州是全国唯一一个没有平原的省份，基本都是喀斯特地貌，这给当地的交通发展带来了很大的难度。长期以来，我家乡的经济很大程度上受困于落后的交通，外面的东西不便运进来，自己产的货物也很难与外界交流。专从物流这一块就落后于其他省份，这也是贵州一直以来经济极其落后的一个原因。但是，这几年贵州交通落后的局面得到了极大的改变，在高速公路方面，贵州成为全国少有的几个县县通高速公路的省份；在高铁建设上，贵广高铁、沪昆高铁先后通车，成都、重庆到贵阳的高铁也即将通车。可以看出，这对于贵州的影响是巨大的，这几年贵州的经济也随之开始了后发赶超的增长模式，GDP 增长连续几年位居全国前列，这里面的贡献自然有很大程度上是来自于交通建设。同样，这样的交通发展也成了交通脱贫的典范，通过在贫困地区发展交通，改变人们的出行方式，方便出行，增加与外界信息的交流，这也是现在脱贫攻坚的一种好方法。俗话说："要想富，先修路"，所以，我认为在以后的交通建设中，加大对贫困地区的交通建设投入，一方面可以带动当地的经济发展，另一方面也可以平衡全国的交通发展，这也是建设交通强国的一个重点，使全国交通发展均衡。

在未来的交通发展是属于高科技的，由于交通网络密度的增大，首要任务就是提高管理的效率，专靠以前的那种管理模式已经不能满足现在交通出行的需要。所以要想发展交通强国，我们除了要建设供人们出行的道路，还要能让道路保持畅通，这就需要建设智能化的交通管理模式，通过大数据实时为出行者规划出最佳的路线，而不能像现在只要在节假日就会出现大面积的交通拥堵问题；可以通过实时提醒引导驾驶人避开拥堵路段，并为其提供另一条合理的路线，以减轻交通主干道的交通压力。同时，建设出优质的道路之后，对于它的养护一直是一个难题，不仅对技术要求高，而且养护的效率也一直与发达国家有着很大的差距。这些难题都将是我们未来作为交通建设者的一大任务，如何使用未来的高科技与交通发展相结合碰撞出高效的火花。

在不久的将来，我们就将接过建设交通强国的大旗，而作为新时代下的"交通青年"，我们的心里只有"不抱怨，埋头干，敢担当，永争先"的信念，在工作时踏出新时代新征程下坚实的步伐，一心一意只为建设交通强国。

2018 年“新国线杯·我的交通强国梦”征文大赛二等奖

我欲穿花寻路　直入白云深处

——我的交通强国梦

上海海事大学　交通管理(新国航171班)　王宏宇

每一个中国人,都有属于自己的中国梦,每一个交通人,也都有属于自己的交通强国梦。交通强国,看似很远,实则却在我们的身边,无论是高铁的普及,或是港口的自动化,不仅快速发展了经济,也使中国梦的践行越走越远。作为一名新世纪的大学生,我肩负着祖国和学校对于交通事业的殷切期盼;作为一名未来的交通人,我梦想着交通事业使中国走向富强——我愿怀交通强国之梦,掌技能专业之舵,穿花寻路白云处,去幻想,去追梦,去远眺……

所谓伊人,在水一方

儿时的我幻想征服大海。因为大海神秘,深邃,倘若小小的人类能够驾驭广阔的海洋,那么他该有多强大的力量！随着年龄的增长,我越来越多地接触海洋。我从歌里听到海洋的尽头有另一个世界,我从书上知道地球上 3/4 为海洋所覆盖,我开始幻想能够当一名船长,乘风破浪,去追逐在水一方的“伊人”。我一遍一遍地幻想着哥伦布在海上望见美洲大陆的神情,我一遍遍地幻想着郑和扶着船桅,驾驭惊涛骇浪的勇猛……少时的幻想总是奇幻而又幼稚,但是征服海洋的念想,总是使我着迷。

2017 年的高考,幻想即将变成梦想,我的目光落在上海海事大学的校徽上,那是一艘乘风破浪的小白船,我又一次重新记忆起了征服海洋的念想。高考志愿表的第一栏里,小舟踏破惊涛骇浪。

9 月,我有幸进入上海海事大学的新国航专业进行学习,这仿佛使我向少时的幻想又近了一步。通过专业课的学习,我知道了人类早已通过海上运输,征服了海洋,而且正是因为海洋运输的存在,实现了全球 90% 以上的贸易,让中国的交通强国梦成为可能。我逐渐确信不只有船长才能够驾驭海洋,即使是作为一个安排运输的小小货运工作者,也能通过自己的努力“征服”海洋。儿时的幻想真的变成了可以实现的梦想。上海海事大学,是我梦开始的地方。

党的十九大的召开也恰好伴随着我的大学生活的开始。随后,我越来越多地接触到“建设交通强国”的概念,我开始思考究竟何为交通强国。中国必然是一个交通大国,这不仅是因为国内对交通的需求大,还因为中国有着得天独厚的面积的优势,地理位置的优势,以及蜿蜒的海岸线等。近年来,中国的交通事业取得了辉煌的成就,无论是高铁的贯通还是码头的自动化,都使得“建设交通强国”的脚步日益加快。可是,究竟何为真正的交通强国呢？或许国家对于天空、海洋、陆地的征服仅仅是第一步,而关键性的第二步、第三步,在于交通服务质量的提高,在于每一个货运工作者服务质量的提高。我也愿成为一个小小的货运工作者,努力“征服”海洋。

我初次将交通强国的构想与我儿时的幻想相联系。我仍在幻想着,或许那在水一方的伊人,正是我的交通强国梦？

穿花寻路白云处

溯洄从之，道阻且长，我尝试着接触起交通运输行业。2017年末，我报名参加了“第45届世界技能大赛——货运代理项目”在学校层面的选拔比赛，并在学校选拔赛中脱颖而出。

“货运代理项目”源自于交通运输行业中的“货运行业”；所谓货运，简言之，就是服务于贸易，通过各种运输方式实现货物的国内、国际运输。由于全球贸易量与贸易需求的扩大，以及对货运工作从业要求的愈发严苛，世界技能大赛组委会在第44届竞赛中新增“货运代理”项目。

在一瞬间，我意识到我已经踏上了追梦的旅程，而旅程的终点，正是我所在寻觅的“白云处”。

我追梦的第一站，是2018年3月的世技赛上海选拔赛。通过了将近半年的学习，我渐渐将初心与跋涉相结合，并在第一站中，取得了上海市第二名的成绩。这对于漫漫长路来说，固然只是微小的一步，然而它却将我的交通强国梦由酣梦领入了现实。

一头扎进了货运代理，才真正开始领略交通运输行业的美。顶着三月的暖阳，我随着洋山海关查验进出口货物；听着清明的雨声，我衔接电话那头集货车队的进出仓库；五月的和风吹起我笔下压着的货运单据；初夏的汗水滴落在托盘与集装箱旁……交通强国的建设，不正是由这一点一滴，货运工作者的汗水筑成的吗？

穿花寻路中，我再次定睛，眼前已是2018年6月13—15日的世技赛“货运代理”中国选拔赛。此时的我，褪去了一份初生牛犊的幼稚，添了一份“久经货运”实操的老成，唯一不变的是仍揣着一份追梦的初心。竞赛的考核模拟工作情景，通过书面解决问题的形式展开。怀揣着一个货代员工的素养与服务意识，我细心填制每份单据；我反复验算每笔报价；我精心规划每次运输；我耐心交接每封邮件；我微笑处理每项投诉索赔……

直入白云深处，浩气展虹霓，最终，我以中国技能大赛“货运代理项目”全国第二名的成绩顺利入选国家集训队。这是在3天16h的激战后，我为自己、为货代人、为交通人交出的一份追梦的答卷。

蓦然回首，灯火阑珊处

在一次次的追梦途中，我的交通强国梦渐渐趋于成熟。众里寻她，我的梦拥有着征服海洋的豪情；我的梦拥有着源于对货运工作的实践；我的梦渐渐从远方，眺望更远的远方——那就是未来的地方。我的交通强国梦，是在海南变为全岛自由贸易港后，更多的沿海地区向自由贸易区转型；我的交通强国梦，是在上海洋山四期码头后，更多的码头升级为无人化、全自动化码头；我的交通强国梦，不仅是集装箱吞吐量、船舶大型化高速化的新突破，更是创新型新能源的环保应用；我的交通强国梦，是“人类命运共同体”“一带一路倡议”贯穿大洋，冲破贸易摩擦的薄壁……

蓦然回首，我的交通强国梦，从个人的追梦之旅，逐渐升华为了对交通强国事业的眺望——路途的远处，是2021年即将在中国上海举办的第46届世界技能大赛；再远一些的地方，也许风景模糊，但那里正是我交通强国梦的归宿。我也越发明白，交通事业的蓬勃发展，源自于每一个交通人、每一个大学生的上下求索。也正是因为如此，中国交通教育研究会以及一系列高校，大力响应号召，源源不断地孕育交通人才；灯火阑珊处的交通强国之路，也注定是一条旁有党与人民、交通运输部与中国高校相伴的富强之路。向前远瞻，交通强国之路远无止境；向后回首，是前赴后继的交通人才，脚踏实地，高举交通强国梦的旗帜。

我愿幻想，我愿追梦，我愿远眺。“所谓伊人，在水一方”，我曾幻想征服海洋，伊人正是我的交通强国梦；“穿花寻路白云处”，我正交出属于交通人的答卷，白云深处又见我的交通强国梦；“蓦然回首，灯火阑珊处”，我的梦仍在壮大，蓦然回首，是交通人才高举交通强国的旗帜站在灯火阑珊处。

我愿怀交通强国之梦，掌技能专业之舵，穿花寻路白云处，去幻想，去追梦，去远眺……

2018年“新国线杯·我的交通强国梦”征文大赛二等奖

我的交通强国梦

——勇于追寻、共同筑梦

内蒙古大学 曹宇

很喜欢这样一句话：吾是青年，既然选择远方，当不负青春，砥砺前行。每个人心中都有一个梦，也许是一梦华胥，方初醒，也许是努力追寻，梦成真。作为一名交通运输专业的学子、当代最有希望的青少年，我的心中常怀揣着一个建设交通强国的热血青春梦，也有着一颗热情澎湃、张扬肆虐的少年心，同那些拼搏奋斗着的交通人一样，有着“与天地兮比寿，与日月兮齐光”的壮志雄心，还有着“黄沙百战穿金甲，不破楼兰终不还”的坚定决绝，更有着“先天下之忧而忧，后天下之乐而乐”胸襟胆魄，力图实现我们心中的交通梦，一个以卓越的交通事业支持中国走向世界交通强国行列顶端的伟大的交通强国梦！

建设交通强国，是有历史根源的。《周易·系辞下》中写道：“刳木为舟，剡木为楫，舟楫之利，以济不通，致远以利天下，盖取诸涣。”我国交通史的发展源远流长，以伏羲氏开创的水上运输为开端，我国聪慧的劳动人民就开始利用各种工具以及畜力进行运输，打破了人力运输的困顿局面，尤其是邮电事业的发展，从先秦时期道路沟渠和馆邮、秦汉时期馆舍邮驿、隋唐的馆驿、元明清时期的邮驿，到现代中国的邮电事业，无不描绘着中国交通壮美的发展图景。现如今，一条条绵延不绝的高速公路、一座座气势磅礴的跨海大桥、一项项震惊世界的“蓝鲸1号、2号”“复兴号”“C919”等著名工程……中国正在努力实现一个伟大的强国梦，一个即将弘扬中外的交通强国梦。

现阶段，党的十九大报告在建设现代化经济体系的战略部署中明确提出了建设交通强国宏伟目标，顺应了习近平同志新时代中国特色社会主义思想和基本方略。现任交通运输部党组书记杨传堂同志在2016年和2018年的全国交通运输工作会议上也对建设交通强国做出了具体表述，让我印象最为深刻就是他所说的“扮演好先行官的历史担当这一角色”以及“如何从交通大国迈向交通强国的战略思想”，就我的理解而言，所谓交通强国，就是拥有一个服务于人民、服务于国家、领先于世界的、有强大综合实力的、独具中国特色的、创新与技术并进的现代综合交通运输体系，并在此基础上使得我国的综合实力得以飞速发展。所谓少年强，则国强；交通强，则国更强！

未来的交通强国，在我心目中是澄澈的绿色或蓝色，是简单的颜色，而不是如同霓虹灯一般，五彩缤纷，令人炫目；未来的交通强国，我希望是似漫步在另一片“大自然”中，简洁明亮，舒适自然，而不是穿梭在堪比迷宫的条条道路上，复杂缭乱，拥挤生硬。我心目中交通强国的构成，首要的就是一个更为完善的现代综合交通体系，包括交通运输体系、交通安全体系、交通基础设施体系等，是能够使得我国交通软实力与硬实力相匹配、能够满足人民出行要求的体系；其次是在此基础上谈合作谋发展求进步理念思想，与人民齐心，与时代共进，坚持促进人民出行观念的改变，坚持创新与可持续发展的理念，坚持重视与培养交通创新型人才，坚持交通强国建设的目标与宗旨；最后是致力于实现交通出行舒适、安全、便捷、高效、普惠、环保、可持续发展，实现运输快速反应、低成本、高效率、无门槛、零误差、准时至，实现交通供给与需求相匹配，交通活动高效安全环保的进行的高标准与高要求。我相信，这些仅仅是未来交通强国的冰山一角，还有许多我想象不到但一定会实现的创想，我也相信，在真正实现我们交通强国梦的那一天，中国人会有多么的自信，中国交通人会有多么的骄傲与自豪！

《为学》中写道："天下事有难易乎？为之，则难者亦易矣；不为，则易者亦难矣。人之为学有难易乎？学之，则难者亦易矣；不学，则易者亦难矣。"人贵立志，事在人为；人之为学，贵在立志。百学须先立志，我在此立志：作为一名交通运输专业的学子，当以建设世界交通强国为目标，以人民幸福、国家强劲为动力，以创新突破、绿色发展为手段，努力学习，永不言弃；作为一名当代最有希望的青少年，我会珍惜大学四年的时光，不仅将开设的专业课程熟悉掌握，还会充分利用这美好的大学光景，力争广泛阅读中外名著书籍，学习掌握计算机、绘图、数学等多门基础理论知识与方法，积极参加各项交通活动与实践，写出具有价值的学术论文。学无止境，吾必当不负青春，砥砺前行。"人生天地之间，若白驹之过隙，忽然而已。"我会珍惜每一分钟，勤学多练，为实现我心中的交通梦夯实基础。我希望自己能够在交通强国的建设中有所贡献，可以发表出具有深远意义的论文，也可以较早地进入交通相关部门工作，为我国交通事业献身，不怕艰辛险阻，只愿能够为交通强国的建设献出自己的微薄之力。

吾是青年，当不负青春，勇于追寻，共同筑梦。建设世界交通强国，这是我作为交通人所应有的"中国梦"，这个梦还需要更多的交通人为之奋斗，为之努力；这个梦还需要我们作长远部署，举全行业之力，久久为功；这个梦还需要我们从现在做起，行动起来，为梦扬帆，拨开现实约束的迷雾，穿过科学技术风暴，筑造通往共同利益的桥梁。滴水穿石，聚沙成塔，同心同梦，我相信，在所有交通人的共同努力下，梦将不再是梦。届时，一幅世界交通强国的盛世图景将在我们眼前展开，世界将为之赞叹。

正如李叔同先生在《晚晴集》中所写，"世界是一个回音谷，念念不忘，必有回响，你大声喊唱，山谷雷鸣，音传千里，一叠一叠，一浪一浪，彼岸世界都收到了。"有一口气，点一盏灯，我相信，那一天，并不需要我们等得太久。

2018 年“新国线杯·我的交通强国梦”征文大赛二等奖

我的交通强国梦
——家乡的“三条路”

兰州交通大学　交通运输 1602 班　徐海龙

我，一个土生土长的甘肃人，在决策和机缘的相互作用下，来到了兰州交通大学，来到交通运输学院，又来到了交通运输这个专业。以后呀，似乎打上了交通的烙印。我倒也乐意，学着铁路方面专业课知识，对实验室里面的交通模型更是乐此不疲。作为一个交通人，或许我连交通的大门都不曾跨进，但我也时刻想着，在未来的某天，蛛网般的交通线的一个点上，也会浮现出我的身影。生活在农村，就好像与城市隔绝好多年，也便不稔知与城市的交通以及各种风土人情，但并没有因此感到遗憾。对于交通，这些年来，家乡的“三条路”逐年的变化，也正好映衬了伟大的祖国交通线的扩展，扩展，再扩展。

这第一条路，便是通往我家门口的一条小路。家中的房子地势稍高，那么通往家门口的小路便有了一定的坡度。小时候，倒也觉得没什么，爬一点坡还能锻炼身体，冬天的时候还可以溜冰。渐渐的，这点陡坡以及这个小路的状况，是不容乐观了。这条小路每逢下雨天，都会变得特别难走，一个人不敢下去，索性蹲下来，也就不那么害怕了。过了几年，爸爸在上面倒了碎沙石，走起来也就不滑了。去年的时候，这条小路已经是硬化的混凝土路了，踏在脚下，就没有泥泞难走的感觉。

第二条路，就是村庄里的路以及到田地的路。家里是以桃子和苹果的种植为生的，在它们的果实成熟之后，光靠人力的运输是远远不够的。可以，即使有农用三轮车等一些交通工具进行运输，却还是有一点是不满足的，那就是道路，可以让三轮车行走的道路。这一点肯定有人会想到，可是修路也是非常困难的。本来就是羊肠小道，怎么能开出一条可以让车行走的宽敞大道呢？这样的困难，就像兰渝线中的胡麻岭隧道，历时 8 年才解决的一个难题。村里有经验的老人最终解决了一系列的难题。在一些特别窄的小路，采用的是挖山土垒沟的办法，挖下来的土一部分用于填平路基，一部分倒在路边的崖边，不断地扩大路的宽度。挖了别人的土地，自然有人不愿意。可是，如果不修路，那么因为下雨还有其他原因烂在地里的果实要比修路挖的土地代价大得多，自然人的闲话便少了。

印象最深的便是暑假，那时候桃子正熟，唯一能帮家里做的事情便是摘桃子，既然是销售，肯定是要经过包装的。以前路没修好的时候，逢上下雨天，便不能到地里去采摘，等到天晴再去的时候，地上满是掉下的烂桃子，一年的心血白费，无论是谁都是很失落的。可是现在不一样的。虽然是简简单单的混凝土硬化路，对于我们村庄来说真的是“一条神奇的天路”，雨天开车也没事，三轮车照样可以去到地里，穿上雨衣，把桃子运回来。修路固然是不容易的，可它带来的，确是享用不尽的财富，会真正地让我们富起来。

最后一条路，便是我们村通往县城的路。国家的发展很难，很大程度上是由于城乡之间的差距。听爸爸说，他们以前的道路，每年去县城的机会也就四五次，至于方式嘛，肯定是步行。去县城的这条路，在小学三年级的时候，我也曾亲自走过一趟。从家里去县城，步行的话，也只有 1h 多的路程。是当年的植树节，我们带着树苗，高年级的学生带着铁锹，一直把树栽到了县城。那时候，通往县城的路，一些三轮车走，是没有什么问题的。但更多的人去县城还是只能步行。

记得是21世纪初的时候，由于政策的扶持，我们全村人都投身于修路的热潮中。当时我还在上学，天很热，但村里人都是干劲十足的。不知道修了多久，也不知道修成了什么样子。等到暑假的时候，路上已经车来车往，渐渐地，路上已经没有了步行人的身影。

近年来，一些外地来的商家也可以走进我们小乡村，我们更多的产品也可以走出去。这一切的一切，都得益于这3条道路的修建。也真正懂得村里墙上的标语："要想富，先修路"绝不是一句空话。这不只是现在的事情，也是利于子孙后代的。道路交通，一直都是利国利民的大事。

习总书记曾这样描述中国梦，"现在，大家都在讨论中国梦，我以为，实现中华民族伟大复兴，就是中华民族近代以来最伟大的梦想。"中国梦，归根到底是人民的梦，是我们每一个人的梦。在如今这样的形势下，交通强国，是特别符合我们的。在我的家乡，有着3条路，在我的国家呢，至少是5条——铁路、公路、水路、航空、管道。这里面的着重点，应该是铁路和城乡之间的公路建设。

交通强国，对于现在的我来说也是比较遥远的，但是，我却是特别有信心的。家乡的交通，就是有国家的扶持政策的结果。宝兰高铁的开通，正好通过我们县城，这一切都得益于交通强国的这个理念。交通强国，铁路先行。我很荣幸地学习了交通运输这个专业，将来希望能去铁路局等铁路相关单位工作，为国家的铁路事业奉献自己的力量。有一天，我会指着某一条铁路对我的孩子说："孩子啊，你要记住，那不是两条冰冷的钢轨，那是热血，是奋进，是团结，是倾注了我一生心血的地方。"

这是我的梦，是交通强国梦，是中国梦，是我们每一个人的梦。

2018 年“新国线杯·我的交通强国梦”征文大赛二等奖

我的交通强国梦

——海以兴国,海以强国

上海海事大学　交通管理(国航 152 班)　周瑞

有梦,才敢为人先。华夏 5000 年的历史生生不息,每一代人都有属于他们光华璀璨的梦境,这些梦有时会很轻渺,有时却也很浩瀚。在这些各不相同星星点点的梦里面,有这么一个共同的主题点亮了这片星云,将我们中华儿女联结在了一起,那,就是中国梦,那,就是强国梦。这片梦境是希望,是信仰,更是 14 亿中国人面临千难万险依然能够匍匐向前的动力。

一、交通建设是我国经济腾飞的翅膀

回望那曾经经历的风风雨雨与坎坷路径,随着改革开放步入第 40 个年头,四通八达的铁路公路网线、棋布星罗的航运航空要道,组结成一道立体交通的“树皮”——一头接着消费的“树冠”,另一头接着制造的“树根”,日日夜夜川流不息地输送着资源“养分”,滋养着中国经济这棵大树的生命,共同成就世界第二大经济体。

“以港兴市”策略也成了不少地方政府用以经济发展的“撒手锏”。在我国不断推进海运建设和促进经济贸易的背景下,亚洲成了新的世界经济贸易与航运中心,中国的集装箱港口不断登上世界大港前列。船舶在船厂中铿锵建起,港口的建设发展利国利民,物资流转加速,拉动经济需求,各级产业欣欣向荣,金融法律业务也日趋完善。

当我看到络绎不断的巨轮满载着货物在中国港口停歇或乘风远航,源源不断的货车拖着集装箱匆忙而有序地从港口堆场赶往下一目的地之时,快意与自豪感油然自心底而起。

二、技术创新是新一代“交通强国”的灵魂

徐悲鸿先生曾说道:“道在日新,艺亦须日新,新者生机也,不新则死。”当下,面对瞬息万变的国际局势,面对国内产业结构调整的需要,面对人民缩减贫富差距诉求,面对全面建成小康社会的目标,这一切都要求我们新一代青年人要以强国为己任,勇于推陈出新,让技术创新成为经济发展不竭的动力,让我们的民族得以屹立于世界先进民族之林。

在党的十九大报告与“一带一路”倡议的背景下,我们交通人身为强国战略的一分子,将要肩负更为重大的创新和产业升级优化使命,管理模式革新与技术研发并举。“雪龙号”科考船,洋山四期自动化码头是我国航运发展的里程碑,呈现了未来海运智能化高端技术产业的趋势,也是我们力求与国际社会接轨并共同发展的证明。

这新的时代,未来的图景在我眼前描绘。躬身实践,海运人革故鼎新,通过大数据、互联网、区块链等新科技技术的加持,不断地为全世界的贸易商提供质优而卓越的服务。中国船厂设计打造的无人船、核动力船、LNG 船与邮轮等高技术的船舶在大洋上乘风破浪,为我国产业升级储备前沿科技技术与骨干力

量。港口的运营效率与规模设计不断深度优化,因地制宜错位发展,寻找经济与生态保护共建的管理模式,让青山绿水春常在,让落花飞絮随水流。

用技术与创新理念来征服他人,让我们的友好通过基建产能输出与贸易传播出去,海运人正努力将我国打造为真正的世界航运中心,为中国,为整个地区,乃至整个世界争取更多发展空间与机会。

三、付诸实践是强国崇高梦想实现的根本

古人云:“道虽迩,不行不至;事虽小,不为不成。”为了更深入地认识和理解“一带一路”倡议,在实践中提升自己的能力,这些念头促使我深入探访白俄罗斯,在这片“一带一路”的重要枢纽转运之地学习与实习。我探寻着伟大丝绸之路发展留下的痕迹,很幸运能够用一种丝绸之路上其他国家企业的独特视角,看中国的发展和未来的需要。

在走访当地经济企业时,我发现这儿有许多与中国建交的影子,特别是当我参观白俄罗斯的银行和自由贸易区建设还有物流企业时,若有工作者发觉我来自中国,都会很热切的与我攀谈,善意的微笑让我感受到如沐春风般的友好。“这个项目资金主要是用于支持中国企业在白俄罗斯发展”“我们最近与中国的重庆市进行了签约,谋求共同发展”“你能帮我们寻找和联系更多的中国企业吗,我们想要与中国有更多的业务往来”……

每当交流结束,我会由衷感到自豪。我很骄傲,因为我是中国人;我很骄傲,我能被需要;我很骄傲,身为海运人我所学习的领域是我国与其他国家相联系中必不可少的一环,而这一切都来自于我的国家蓬勃发展。只有民富国强,只有在我们拥有真正过硬的本领与技术,国家富强之时,我们的民族才能在世界上收获更多的尊严与机会。

即使是志愿者性质的实习,但是我仍然积极帮助他们拓展海外领域,纵使会碰到许多艰难的工作与任务,却仍会锲而不舍地想尽办法去完成。我想要用我每一步实际行动与付出向他们证明,中国学生好学,工作时勤勉肯干,中国的企业有实力也靠得住,让我国未来发展希望的种子生根发芽。

建设中国交通强国,让世界看到中国力量,是我的目标,是我的志向。在学习他国先进的发展理念,探求更为前沿高效的管理模式的过程中,我愿倾注我青春,无悔投向海运建设,不断深厚扎实知识水准,向更精更专的学习目标攀去。力争抓住每一次机会参与创新科研项目与实践,在学校社团的组织与实习实践中积累经验,结合世界前沿管理理论与知识技术,在知晓我们的不足与当前世界需求的前提下,探索与思考完善提高海运业的服务与质量的方式,另辟蹊径寻求管理模式创新的可能性,带着踏实肯干的精神投入到我国交通强国的建设中去。

我想要用我的行动来不断拓宽中国与其他国家的羁绊。我相信终有一天付出的努力,开拓出的道路,将如同一条条的血管,向未来民富国强的中国经济输送营养和力量。

2018年“新国线杯·我的交通强国梦”征文大赛二等奖

辉煌中国梦,常系交通行

东北林业大学 交通学院 周钰杰

阡陌交通,四通八达,纵横于祖国大江南北的是一条条山河路;改革开放,共筑时代,烙印在华夏儿女心中的是共同的中国梦!从古至今,交通建设与经济发展便有着千丝万缕的关系;而如今,随着中国进入新的时代,位于新的国际地位,面临着新的挑战机遇,中国的经济发展呈现出新的格局。与此同时,我们当然不可忽略在这背后交通发展的意义,因为那纵横的山河路与亿万人心中的中国梦注定处处交织,亘古不绝……

1909年,中国建成第一条完全属于自己的京张铁路,时至今日,这条长约200km的长龙与它的缔造者詹天佑一起名垂不朽;1988年,中国大陆第一条高速公路——沪嘉高速公路投入使用,从宝山区到嘉定区,这条贯穿上海的高速公路是中国交通发展的又一个里程碑;被誉为“中国最美的水上公路”的古昭公路如长虹卧波惊艳奇绝于峡谷之中,两旁的秀丽山河是中国交通发展的见证;1920年4月24日,中国第一条民用航线——京沪航线京津段试飞成功,从北平到天津,这不远的距离却见证了中国航空的成长。随着时代的发展,中国的交通建设开拓了更大的空间:2008年8月1日,京津城际高铁正式运营。短短10年,中国的高铁建设已为世界瞩目;不仅如此,中国的地铁建设正在如火如荼地进行,人们的日常出行更加便利……从开始到现在,中国的交通运输发展历程正宛如一条长长的路,它伴随着、见证着中国梦的一步步实现,同时也推动着中国经济的进一步腾飞。随着时代,历久弥新!

“我们从太空中看不到长城,但却能看到中国伟大的道路。”2015年11月2日,身处国际空间站的俄罗斯宇航员谢尔盖·沃尔科夫在与地面的一次视频连线中如实描述了他的所见所感。这一句脱口而出的“伟大”是给予中国交通的大大的慰藉。站在今日的立场,“交通强国”又被时代赋予了更为积极的意义。

经过改革开放近40年的不懈努力,我国已经成为名副其实的交通大国。可面临新的国际形势,我们要逐步完成从交通大国到交通强国的转变。在党的十九大报告中,我国第一次把建设“交通强国”的目标写进总书记的报告中,这也表示着建设交通强国已经由行业愿景上升为国家战略。这一步改变牵扯众多,并非仅仅是铁路、公路、水运、航空的建设,交通运输也包含着管道、电网、信息、物流等其他基础设施的网络建设。也正因如此,中国的“交通强国”之路注定面临着更长的征程。

尽管交通运输涉及的方面众多,可也正如中国铁路总公司于2018年1月2日召开的工作会议中表示的一样——交通强国,铁路先行!这短短八字,是责任与使命,也是机遇与挑战。作为我国交通运输行业的领头羊,铁路的发展有着坚实的建设基础。截至2017年底,我国的铁路营业里程共达到12.7万km,其中高速铁路已达2.5万km。随着技术的创新与研发,“四纵四横”高铁网络基本建成,迎接我们的是一张全面覆盖中西部地区的“八纵八横”高铁网络的宏伟蓝图。步入新时代后,中国铁路更应抓住黄金时期,延续优良传统,践行“要想富,先修路”的经验,为人民的生活与国家的发展担任起更大的历史使命!铁路——这另一条中国的巨龙,蜿蜒在祖国的河山之上,贯穿于祖国的南北之间,是我们缔造了它们,也是它们成就了我们。

当然,交通不仅是铁路的发展,各种基础设施的协调全面建设更是有着重大的意义。也正因如此,作为交通运输专业的学子才更应认识到自己身上所担负的责任——不仅是对于自己,更是关于国家!交通运输是兴国之器,是强国之基;交通强国是历史延续,是时代要求。越了解,越关注,这种从心底油然而生的责任感与自豪感越是令人振奋。作为祖国的青年,我们有义务为中国梦的实现奉献自己的青春;而作为一名交通运输专业的学生,我们更有义务承担更多的任务,付出更多的精力与时间。这是愿望,更是责任!

交通运输,关乎技术,要求我们扎实地学习专业知识,夯实基础;交通运输,关乎政策,要求我们时刻关注国家交通发展动向,顺应时代要求;交通运输,关乎能力,要求我们要敢于挑战自己,赋予自己更大的潜力……这是不容忽视的机遇,是不可懈怠的挑战。作为交通运输专业的学子,我愿意,也相信我们愿意,用自己的青春去赴一段未来的征程。

浩浩中华,梦想伊始;条条长路,睥睨江河。以交通强大祖国,以青春拼搏成功,这是时代赋予的使命——路漫漫其修远兮,吾将上下而求索!我铭记……

02

学习篇

2017 年第三届中国交通运输院长论坛“新国线交通运输类大学生优秀论文”一等奖

基于多维信息警示的城市交叉路口安全保障设施研究

哈尔滨工业大学　交通科学与工程学院　交通设备与控制工程　王文斌

摘　要:当今社会,交叉路口事故频发,已然成为交通事故的重灾区,如何有效处理和解决交通事故频发的问题,已经成了社会各方共同关心的热点。本项目集中研究城市交叉路口的安全保障设施,整个系统在绿色太阳能供电下,以蓝牙无线通信技术为核心,利用 3D 多维物理信息,即(声、光、电)来全方位警示引导交叉路口的交通参与者,减少交通冲突,保障交通安全,并通过路口所装有的地磁设备,检测排队长度等信息,并反作用于信号调节。

关键词:多维信息;太阳能;城市交叉路口;无线通信;地磁传感

一、项目背景

(一)交叉路口安全问题日渐严重

在世界汽车保有量呈上升趋势的大环境下,交叉路口的交通事故发生数目与日俱增。据美国调查机构的数据显示,市区交叉口死亡事故占总死亡事故的 37%;德国城市内的交通事故 60% ~80% 发生在平面交叉口及其附近;在日本,1990 年的数据统计显示,全年共发生 10651 起交通死亡事故,其中发生在平面交叉口的事故共 3551 起,发生在平面交叉口附近的事故数为 940 起,这也意味着一年内有 40% 的致死交通事故与平面交叉口有关。而在我国,交通事故抽样统计表明,发生在平面交叉口的交通事故数约为 30%[1]。究其原因,大部分传统交叉路口的设施无法给人和车之间提供有效的信息交互。而就在 2017 年 4 月 5 日,如图 1 所示,在东莞市塘厦镇一辆疾驰而过的轿车将 3 名正在通过斑马线的女子撞至重伤。事故发生的直接原因就是驾驶人与行人都没有提前感知到对方的存在。由此可见,解决交叉路口的交通安全问题刻不容缓,所以本文设计出了一款可以同时传递“声光电”3 种信息,全方位多角度警示交叉路口内每个交通参与者的安全保障设施。

(二)国内外研究现状

目前,对于如何有效保障交叉路口的交通安全的问题,已经得到了国内外学者的广泛关注。例如:设计师 Alexey Chugunnikov 设计了一款新型人行横道 Smart Crosswalk(图 2),在有行人走过时可以将白色的灯光转换为红色,提醒距离较远的驾驶人提前减速;荷兰博德赫拉芬市政府,为了解决“低头族”的问题,推出了代表信号灯的长条形红绿 LED 灯,让低头的行人也能够及时接收到交通信息。深圳交警也推出“智能行人过街系统”:红灯亮时,关闭闸门,阻止行人前行;绿灯亮时,打开闸门,允许行人通行。

图1　东莞市发生的碰撞事故

图2　Smart Crosswalk 实物图

他们的工作在一定程度上保障了行人通行安全，但是和传统交叉路口一样，依旧存在很多问题。比如：交叉路口及相关基础设施老旧，无法给交通参与者之间提供有效的信息交互；同时，交叉路口只有单一信号灯能对交通参与者进行提醒，容易被行人和车辆忽视，无法确保交通信号传递给每个交通参与者。针对这些问题，本文提出设计了一款集"声光电"3种形态的信息，能够从"视觉""听觉"甚至"触觉"上全方位提示行人和过往车辆，信息简明的城市交叉路口安全保障系统。同时运用绿色能源，节能环保。

二、设计原理

（一）项目方案

在考虑我国交叉路口安全的严峻形势之后，查阅参考现存的交通安全辅助设施，本文设计并实现了一个能够在人、车与交叉路口之间进行信息交互的安全系统，从而减少甚至杜绝交通安全事故的发生。方案示意如图3所示。

图3　项目概念图

项目方案如下：

（1）警示行人：当行人靠近交叉路口的时候，为了保障行人通行安全，本系统将从听觉、视觉、触觉给予行人"3D"的安全提示。即行人在非通行信号下，摆设在路口的蜂鸣器会从听觉上提示行人，铺设在道路上针对行人的LED灯会及时闪烁给予行人视觉上的提醒，行人手中的App，会接收到来自本系统蓝牙通信模块的信号，然后手机振动，给予行人触觉上的提醒，同时还会提供给行人相应的交叉路口信息。

（2）警示车辆：当车辆接近交叉路口时，为了保障车辆安全，系统通过视觉和听觉来提示车辆驾驶人注意行车安全。当车辆经过交叉路口时，铺设在道路上针对车辆的LED灯会及时闪烁提示车辆减速慢行。在下一步，在汽车上安装蓝牙接收器，当接收到来自交叉路口低功耗 SoC 蓝牙芯片的蓝牙信号时，发出声音，警示驾驶人。

（3）能源方案：在除斑马线外的黑色区域，安装有耐压太阳能电池板，给整个系统供电，起到清洁能源、环境友好的目的。

当行人临近时，会进入如图 4 所示的流程。

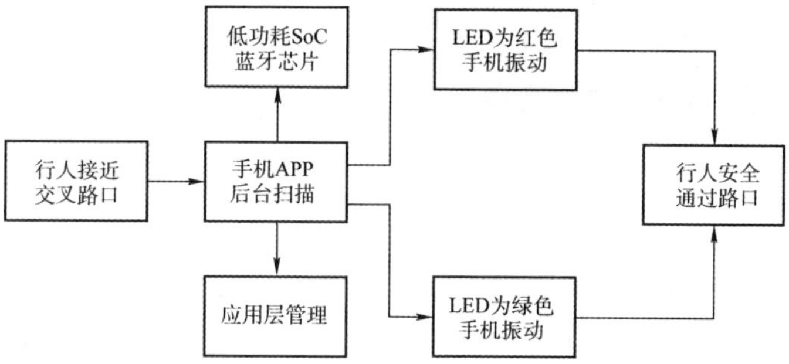

图 4　行人通过交叉路口流程图

具体实施效果：

（1）实验场地：哈尔滨工业大学二校区学智路与栋梁路交叉路口处，实验利用交叉路口的过街斑马线，进行设备铺设。具体实验场地如图 5 所示。

实验场地温度在 10 ~ 20℃，具体环境与普通室外环境相似，因此实验结果具有普遍意义。

（2）实验过程：2017 年 4 月 12 日晚 7 点，将设备布于实验场地，调试设备后开始实验，将硬件部分分别调至红灯相位与绿灯相位，一人手持手机分别通过人行横道，观测功能是否完全实现，具体过程如图 6 所示。

图 5　实验场地

图 6　实际效果

（3）实测结果：预期功能均可实现。

（二）技术方案

本项目以低功耗 SoC 蓝牙芯片为主控芯片，包括给行人“3D”交通警示信息的 LED 端、蜂鸣器端和手机 App 端，以及给整个系统提供能源的太阳能模块。

1. 警示车辆

本系统的车辆警示设计由低功耗 SoC 蓝牙芯片（图 7）和地面 LED 模块构成。低功耗 SoC 芯片通过板载天线输出信号，在附近构建蓝牙网络。当汽车通过交叉路口时，低功耗蓝牙根据信号相位，通过控制电路控制 LED，让其闪烁，警示车辆。整体硬件部分的结构框图如图 8 所示。

图7　蓝牙模块实物图

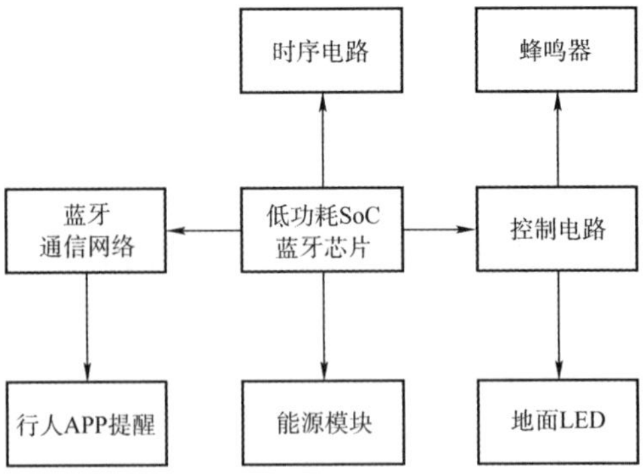

图8　硬件部分框图

2. 警示行人

本系统的人路交互设计模块主要由低功耗 SoC 蓝牙芯片、地面 LED、蜂鸣器及行人 App 构成。在人路交互设计中，采用低功耗 SoC 蓝牙芯片作为整个系统的主控芯片。它通过控制电路来调控给行人发送警示信息的蜂鸣器模块和地面 LED 模块，给行人发送听觉警示信息和视觉警示信息。同时，低功耗 SoC 蓝牙芯片还可以发送蓝牙通信网络，App 在接收到来自低功耗 SoC 蓝牙芯片发射的通信信号之后，手机会振动，从触觉方面警示行人，注意交通安全。其中行人 App 通过蓝牙通信网络，通过识别特定蓝牙芯片的 MAC 地址，获取相关交叉路口信息。APP 实时截屏如图 9 所示。

3. 绿色能源设计

为了实现能源清洁，并且脱离外部供电，减少后期维护及管理的成本，在本项目中，采用的是太阳能绿色能源。能源模块如图 10、图 11 所示。

图9　App 实时截屏

图10　太阳能转压模块实物图

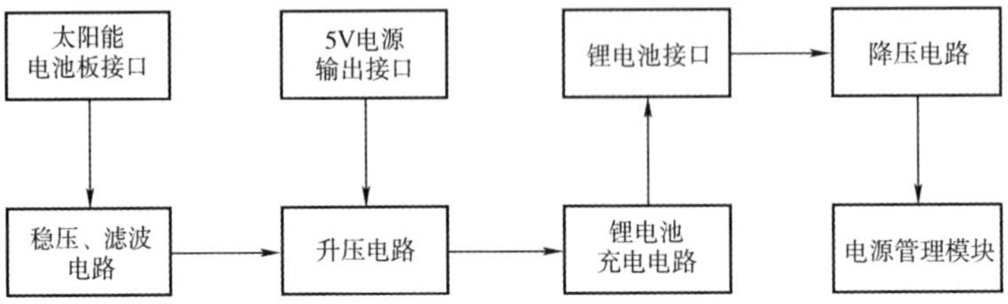

图11　能源模块系统架构框图

首先通过稳压、滤波电路对太阳能电池板提供的电压进行稳压,并将所得到的电流进行整流,最后得到 5V 电压输出至 LED 电路。再将电压降至 3.3V,对低功耗 SoC 蓝牙芯片进行供电,从而完成整个系统的供电。

4. 地磁传感设计

地磁传感器采用博世公司的 BMM150 三轴数字集成电路磁传感器,其量程为 ±2500μT(微特斯拉),最高采样率为 300Hz,灵敏度为 0.3μT,节能状态功耗为 10μA。BMM150 地磁传感器内部集成有 15 位模数转换器,数据接口可选 I²C 或者 SPI 接口。图 12 所示为博世公司的 BMM150 地磁传感器结构图。

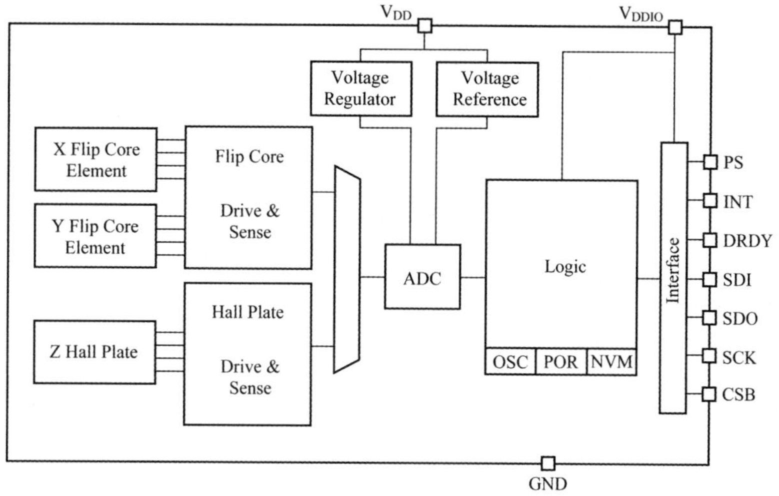

图 12 地磁传感器内部结构

汽车主要由钢材构成,因此在汽车周围会产生一个磁异常区,使地球磁场的磁通线弯曲,从而改变了汽车周围磁感应强度的量级。描述汽车产生的磁信号的数学模型可以简化为一个双极性磁铁,磁矩 m 在汽车中心并且平行于地磁场,m 产生的磁分量为 B_X、B_Y、B_Z。

$$\begin{cases} B_X = \dfrac{\mu_0}{4\pi} \cdot \dfrac{m_x(2x^2-y^2-z^2)+3m_y xy+3m_z xz}{r^5} \\ B_Y = \dfrac{\mu_0}{4\pi} \cdot \dfrac{m_y(2y^2-x^2-z^2)+3m_x xy+3m_z yz}{r^5} \\ B_Z = \dfrac{\mu_0}{4\pi} \cdot \dfrac{m_z(2z^2-x^2-y^2)+3m_x xz+3m_y yz}{r^5} \end{cases}$$

式中: μ_0——自由空间的磁导率;

m_x、m_y、m_z——分别为 X、Y、Z 方向的磁矩;

r——双极性磁铁到观察点的距离。

此情况下磁感应强度表达式为:

$$\bar{B} = = \frac{\mu_0}{4\pi}\left[\frac{3(\bar{I}\bar{S}\bar{r})\bar{r}-(\bar{r}\bar{r})\bar{I}\bar{S}}{(\bar{r}\bar{r})^{5/2}}\right]$$

式中:$\bar{I}$——电流强度;

$\bar{S}$——线圈面积。

5. 车辆波形提取

车辆的地磁检测信号数据为一段时间序列,时间序列是按时间顺序排列的、具有相等时间间隔的一系列数据的集合,记为:

$$X = \{X_1, X_2, \cdots, X_s\}$$

式中，$X_i = (t_i, b_i)$为时间序列的状态点，表示在t_i时刻时间序列的值为b_i，b_i为数值型数据，s为时间序列的长度。当BMM150传感器周围环境无车辆存在时，所检测到的值是在一个小幅范围内变化的波动值，这个值通常称为基值。随着外在环境的变化，基值并不是一成不变的，所以需要设计一个动态基值的算法以确保车辆波形能够正确完整地提取出来。本文采取平均算法，首先取一大组时间序列$X = \{x_1, x_2, \cdots, x_s\}$，$x_i$为$i$时刻时间序列的值，算出$x_i$平均值$\bar{x}$作为初始基值$D$，根据初始基值$D$修正时间序列，即：

$$X_{new} = \{(x_1 - \bar{x}), (x_2 - \bar{x}), \cdots, (x_s - \bar{x})\}$$

采用双窗口算法提取每个车辆的波形（图13），算法运算步骤如下：

（1）初始化两窗口大小，包括车辆临近判别窗口O_1和车辆离开判别窗口O_2。

（2）启动车辆临近判别窗口O_1。

（3）依次输入时间序列，若采样数据都在O_1之外，转向（4），记录此时车辆临近点为P_1，否则转向（2）。

（4）启动车辆离开判别窗口O_2。

（5）依次输入时间序列，若采样数据都在O_2之内，记录此时车辆离开点为P_2，同时车流量加1，并把采样点P_1和P_2之间的波形记为该车辆波形，然后转向（2）继续检测下一辆车，否则转向（4）。

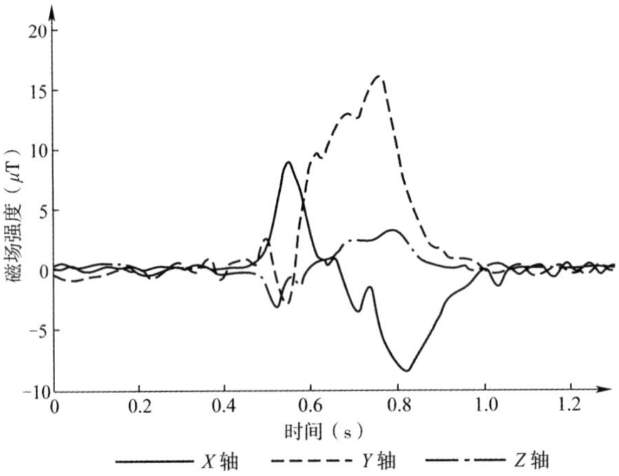

图13　单个车辆波形图

由于传感器放置在车道线上，必然会发生分别位于左侧、右侧车道的两辆车同时经过传感器的情况，而在这种情况下，仅仅利用双窗口算法是无法区分出两辆车的，造成车辆检测的准确率降低。因此提出车辆混分算法对同时经过传感器的左右车道的两辆车进行区分，从而精准地计算车流量，提高车辆检测精度。

由上述公式可看到，车辆产生的磁场扰动与$\bar{S}$成正比，因此当两辆车同时经过AMR传感器时，产生的地磁扰动比单辆车经过传感器时强，检测到的地磁信号表现为波形幅度较大，如图14所示。

由图14可看出，左右车道的两辆车同时经过传感器时，X轴和Y轴信号波动幅度比单辆车经过传感器时明显，即幅值较大。此外，由于Z轴为垂直水平面的垂直分量，因此只有当车辆从传感器上方经过时，Z轴信号才会有较大波动。根据此特征，定义提取出的单个车辆波形为车辆序列，车辆序列个数为初始的车流量N_v，车型序列中X轴、Y轴、Z轴的数值分别为n_x、n_y、n_z，X轴、Y轴、Z轴的阈值分别为D_x、D_y、D_z。车辆混分算法如下：

（1）初始化N_v、D_x、D_y、D_z。

(2)依次输入车辆序列。

(3)若$|n_z|<D_z$,转向(4),否则转向(2)。

(4)若 $\min(n_x)<D_x$,转向(5),否则转向(2)。

(5)若 $\max(n_y)<D_y$,$N_v=N_v+1$,即车流量加 1,否则转向(2)。

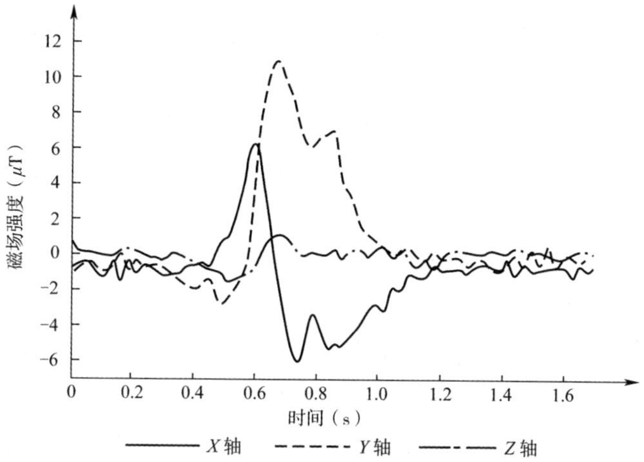

a) 左右车道的两辆车同时经过传感器的波形

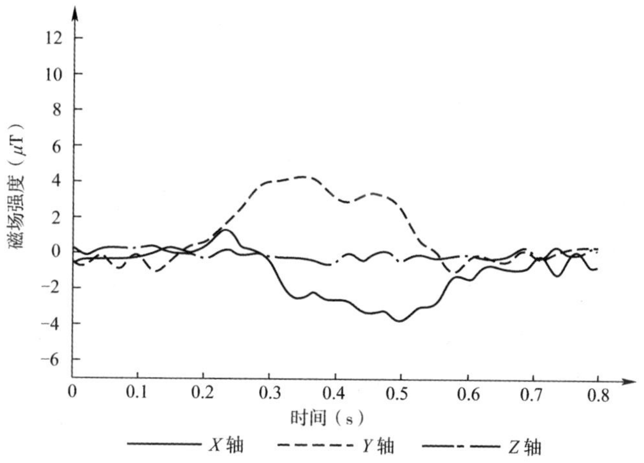

b) 左侧车道的单辆车经过传感器的波形

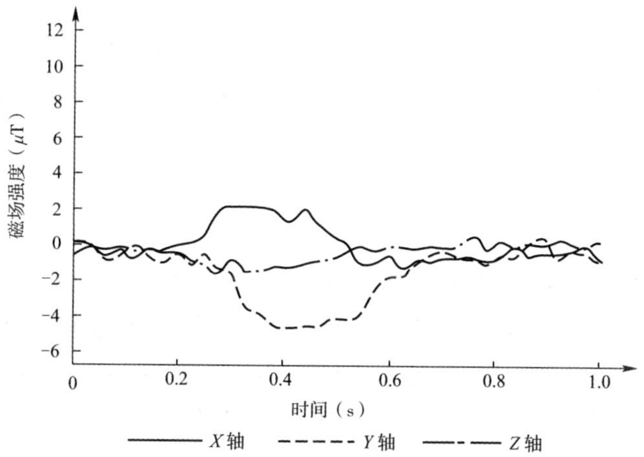

c) 右侧车道的单辆车经过传感器的波形

图 14 车辆经过传感器的波形

综上所述,通过地磁传感器检测到车辆通过时,会以二进制反馈于主控芯片,单条车道置 7 ~ 8 个地磁芯片,通过检测车辆的存在与上一相位对向交叉口最大排队车辆数,当比例不等于1且连续3个信号周期差值大于0.5,则在下一个周期,其红绿时间比将前3个周期比例取平均值,从而调节信号周期。当红绿信比已不为1时,会优先将其恢复至1。

三、创新特色

(1)本项目替代传统交叉路口单一信号灯警示方式,独创从听觉、视觉、触觉给予行人发送多维立体的“3D”安全警示信息的功能。

在红灯相位下,当行人临近路口时,手机振动警示行人,即为“电”,与此同时,斑马线处的LED灯开始闪烁,直到可以通过时熄灭,此为“光”,同时,路旁蜂鸣器发出警示声音,此为“声”。以此3种模式警示行人及车辆,让整个通行变得更加安全高效。

(2)本项目采用自主设计开发的太阳能稳压器,可以进行绿色节能自供电的运行。

本项目采用自主设计开发的太阳能稳压器,可以实现高效地将太阳能储存至电池,给整个系统供电,使整个系统几乎不需外接电源,从而方便整个系统迅速布设,方便检修,并实现绿色环保的目的。

通过地磁传感,实时将信号周期与车辆排队长度结合为一体。

本项目通过低功耗SoC蓝牙芯片,管理BMM150地磁传感器,取各个周期实时的排队车辆数,并将其进行优化,当连续3个周期出现比例失调时,调节信号周期,避免出现单一方向车辆过多的问题。

四、应用前景

(1)本项目具有的优势是安装方便,便于修理和维护。改造现有交叉路口的安装较为简便:要实现其功能只需在现有交叉路口内铺设部分LED指示灯,并将控制整个系统的蓝牙控制模块接入交叉路口的信号系统内即可。本文使用红绿双色LED指示灯铺设在每一条人行横道的两端,根据相应信号相位提示行人与驾驶人,起到警示的作用;白色单色LED指示灯铺设在人行横道斑马线的白色部分,允许通行时亮起,禁止通行时熄灭,夜间还可以作为昏暗条件下的补光手段,作用为指示行人。

(2)改造所需的材料价格较为低廉:LED灯带、低功耗SoC蓝牙芯片以及太阳能电池板都属于相对容易获得的电子器材。可以预见的是完成项目所需功能的预算会被控制在一个较低的水平。

(3)相较于目前现存的交叉路口警示系统,本项目创新性地将“声”“光”“电”信息时空一体地结合起来,形成多角度——对行人、对车辆驾驶人的指示,从声音、光线甚至触觉来对每一个交通实体进行提醒警示。面向的范围更加全面。

(4)设备简洁实用,环境友好,使用清洁能源。项目使用的所有设备都具有易于安装维护、节约能源的特点。白天由铺设在人行横道上的黑色太阳能电池板进行储能,夜间路面光线不足时驱动路面照明设施,补光的同时变相保障了夜间的交通安全。

五、结论

在车辆不断增多,交叉路口事故频发的现状下,本文提出的基于多维信息警示的城市交叉路口安全保障设施的研究,可以有效解决行人过街时的安全问题,起到更好的信息调节作用,与此同时,本文利用地磁传感设施检测处于排队状态的车辆,并通过各个方向的车辆比数调节信号相位,可以有效解决单一方向来车过多的问题。地磁传感单元采用BMM150三轴AMR传感器,传感器分辨率可达到0.3,采样率为300,符合实际使用需求,可以实现本文所述功能。

参考文献

[1] 赵伟.基于交通冲突技术的城市十字交叉路口的安全诊断[D].北京:北京交通大学,2007.

[2] 徐飞. 蓝牙数据传输增强技术研究及其基带芯片设计实现[D]. 西安:西安电子科技大学. 2013.
[3] 樊锐,李茹,王绩一. 蓝牙/ZigBee 无线网络传输系统的设计与实现[J]. 计算机技术与发展,2013(1).
[4] 龙礼,张合. 三轴地磁传感器误差的自适应校正方法[J]. 仪器仪表学报,2013,34(1).
[5] 龙达峰,刘俊,李杰,等. 地磁传感器误差参数估计与补偿方法[J]. 传感技术学报,2014(12):1649-1653.
[6] 马姗姗,程明霄,蒋书波,等. 基于地磁传感器的车辆检测系统的研究[J]. 机床与液压,2012,40(2).

2017年第三届中国交通运输院长论坛“新国线交通运输类大学生优秀论文”二等奖

基于触控人行横道控制系统的路段远引式设计

南京林业大学　汽车与交通工程学院　交通工程专业　王奎元,韩宝睿,丁莉莎,张航

摘　要:为缩短路段行人过街等待时间,减少行人过街与汽车通行的矛盾,研究在触摸式行人过街系统的基础上进行了按钮的远引式改进。首先介绍了路段远引式触控人行横道控制系统运行原理及其主要参数确定方法,分析该装置的适用条件和优点,并对微观交通仿真软件 Vissim 及车辆感应控制编程(VAP)进行了简单说明。用 Vissim 对所设想的路段远引式触控人行横道和一般的触控式人行横道进行的模拟仿真,数据定量说明了路段远引式触控人行横道的优越性。

关键词:交通管理;行人过街;Vissim 模拟实验;按钮远引式

一、引言

为了满足行人过街的需求,设置人行天桥、地下通道或人行横道等,考虑到设置人行横道的经济成本远低于其他两种,因此人行横道经常作为解决行人过街问题的首选。为了减小机动车通行和行人过街的矛盾,通常在路段中人行横道处设置信号灯来独立双方通过的时间。

目前主要存在定周期、定时式人行横道和触控(感应)式人行横道。孙惠芳经过大量实践研究发现,机动车和行人流量波动较大的路段,定时控制会导致相位浪费,对现有人行横道感应信号控制方案进行优化,提出新的按钮式感应控制方案[1]。郑明明等以城市干路路段信号控制人行横道为研究对象,介绍了行人信号控制方式,提出了控制方案的设计原则,以行人可接受等待时间为设计依据,以选取的典型城市干路路段为例,介绍了定时和感应控制方案的一般设计方法,并对各种控制方案的适用性进行了分析[2]。定时信号控制人行横道一般设置在行人交通量比较均匀的位置,但是在流量较小时会存在时间资源上的浪费。感应式控制多用于交通流量变化大而且不规则的干路路段。感应式控制可以根据行人到达的随机性,适当地选择给予行人放行的机会。如果无人到达,机动车可以一直通行,可以减少人车两方面的延误以及减少行人的违章率。

基于触控人行横道控制系统的路段远引式设计,在保证机动车通行效率的前提下,将行人触控按钮设置在人行横道控制信号灯的合理距离,使得机动车绿灯延长时间在行人步行到达人行横道的过程中消耗,缩短行人路边等待时间,解决触控式人行横道因行人按完按钮后机动车绿灯信号延迟造成较长行人等待时间的问题。通过结合交通仿真软件 Vissim 及车辆感应控制编程 VAP 即 Vehicle Actuated Programming 进行了模拟实验,验证路段远引式触控人行横道与一般人行横道平均行人等待时间的差异性。

二、路段远引式触控人行横道

1. 远引式触控人行横道参数选择

引入按钮路段远引的设计理念,使得机动车绿灯延长时间与行人步行到达人行横道过程中的时间重

叠,缩短行人路边等待时间,因此需要确定行人触控按钮设置的合理距离。为了保障行人过街安全,需要给行人留有充足安全的过街时间,保证行人最小绿灯时间,减小交通事故发生的概率,同时避免小概率情况下,当行人数量过多连续触碰按钮,造成车辆排队和车辆平均延误时间过长,设置机动车最小绿灯时间或行人绿灯相位时间上限,保证车辆的通行效率。

2. 路段远引式触控人行横道设计方案

路段行人过街信号控制主要是解决过街行人和路段机动车之间的冲突,所以用两相位即行人过街相位和机动车的相位控制。

(1)若无行人过街要求,机动车方向信号灯一直为绿灯。

(2)行人触碰按钮有过街要求:

①若在机动车相位绿灯时间,则在保证机动车最小绿灯时间的前提下进行判断。

若机动车剩余绿灯时间大于或等于单位绿灯延长时间,则在该绿灯时间结束后切换至行人相位绿灯。

若机动车剩余绿灯时间小于单位绿灯延长时间,则将机动车剩余时间增加至单位绿灯延长时间,在该绿灯时间结束后切换至行人相位绿灯。

②若在行人相位绿灯时间,则在行人过街的相位最小绿灯时间结束后,进行机动车单位绿灯延长时间,最后切换至行人相位绿灯。

③若在机动车单位绿灯延长时间内,则行人绿灯结束时间保证最后触碰按钮行人能安全通过人行横道。

(3)若行人触碰按钮的平均时间间隔小于行人最小绿灯时间即行人流量较大,该路段不适合设置感应式人行横道。具体设计方案流程图如图 1 所示。

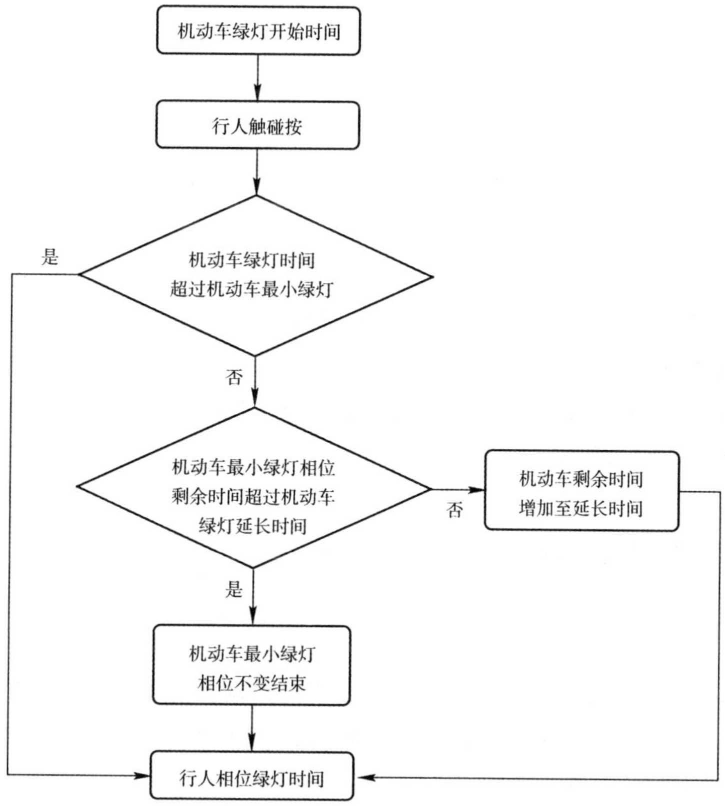

图1　程序设计流程图

3. 行人过街的相位最小绿灯时间选择

考虑过街行人等交通弱势群体的权益得到保障，给行人提供充分的过街时间，因此信号控制需要设置行人过街的相位最小绿灯时间，即行人有效过街绿灯时间 g_p 不能小于最小值 g_p^{min} 即 $g_p \geqslant g_p^{min}$。完整的行人相位包括行人绿灯（WALK）、行人闪灯（FDW）和行人红灯 3 部分。在行人绿灯时间和行人闪灯时间里，允许行人按照指示方向穿过道路；显示红灯时，不允许任何行人通行。因此行人绿灯相位时间 g_p 近似等于行人绿灯时间（WALK）和行人闪灯时间（FDW）之和，即：

$$g_p = \mathrm{WALK} + \mathrm{FDW} \tag{1}$$

结合美国 2010 年通行能力手册（HIGHWAY CAPACITY MANUAL，HCM）的研究，行人过街最小绿灯时间的计算公式为：

$$g_{pe}^{min}\frac{L_c}{S_{15}^{p}} \tag{2}$$

式中：L_c——行人穿越的长度，m；

S_{15}^{p}——行人 15% 位平均速度，m/s（一般取 1.2m/s）。

4. 机动车最小绿灯时间选择和检测器放置

在行人绿灯相位即机动车红灯相位，红灯时间会导致到达机动车辆排队。为了保证接下来机动车绿灯相位时间排队车辆的疏散，通过该信号控制段的机动车不会发生二次延误，故在欠饱和状态下，可以使用路段排队车队疏散时间[3]来确定机动车最小绿灯时间 $T_{车}$。

$$T_{车} = \frac{Q_m}{S - q} \tag{3}$$

式中：$T_{车}$——车队疏散时间，s；

Q_m——路段最大排队车辆数，pcu/s；

S——道路的基本通行能力，pcu/s；

q——车辆的到达率，pcu/s。

$$Q_m = q \cdot Re$$

式中：Re——机动车相位红灯时间，s（可近似于一个周期内行人过街时间 $T_{人}$）。

初定一个信号灯相位周期为 T，一个周期内机动车最小绿灯时间为 $T_{车}$ 和行人绿灯时间上限为 $T_{人}$，即 $T = T_{车} + T_{人}$。结合公式(3)，计算得出机动车最小绿灯相位时间，可根据不同道路交通特性不同，路段机动车和行人优先级，使用修正系数 f 对机动车或行人绿灯时间进行优化。

为保证机动车的通行效率，可在距停车线 L 距离处设检测器。若排队长度超过 L，在机动车的最小绿灯时间 $T_{车}$ 内，无法保证车队疏散，车辆可能存在二次延误。因此，行人绿灯时间到达上限，即使有人触碰按钮，行人绿灯时间也不继续叠加。

$$L = q \cdot T_{车} \cdot h_v \tag{4}$$

式中：L——受车辆排队约束时检测器与停车线的距离，m；

h_v——排队车辆的平均车头间距，m。

5. 远引式触控按钮设置位置

按照 HCM2010 取行人平均步行速度 1.2m/s，分析满足机动车相位最小绿灯时间条件下，根据行人触碰完按钮后消耗的机动车单位绿灯延长时间不同设置远引式触控按钮位置，如图 2 所示。

考虑以下两种比较典型的情况：

(1) 理想情况：在机动车相位最小绿灯时间结束后行人请求过街，将直接执行绿灯延长时间不会造成行人的等待延误。

（2）其他情况：在机动车相位最小绿灯时间没有结束触发按钮，判断是否需要进行绿灯时间延长，进行行人相位绿灯切换，平均造成1/2倍的机动车最小绿灯时间延误。

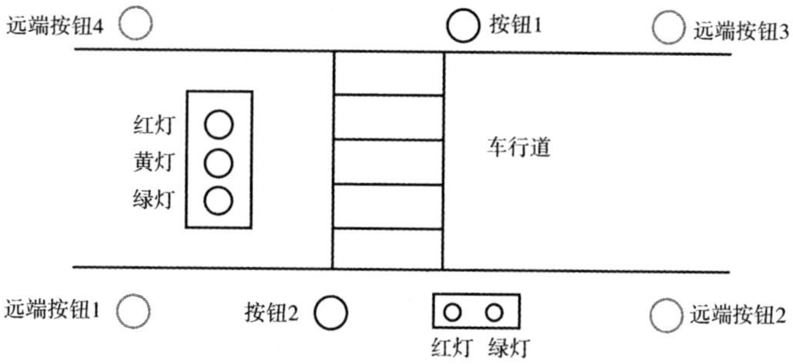

图2 路段远引式行人过街按钮设置

根据不同等级道路的设计车速在表1中得到相应的停车视距，车辆在通过人行横道时应减速通过。因此设置机动车单位绿灯延长时间 g_0 应满足以下要求：

$$g_0 \geqslant \frac{S_{停}}{\alpha v} \tag{5}$$

式中：$S_{停}$——停车视距，m；

v——设计车速，km/h；

α——折减系数。

水平路段停车视距 表1

设计车速（km/h）	摩阻系数 ϕ	反应距离 $S_1=0.694v$（m）	制动停车距离 $S_2=0.00394v^2\phi$（m）	$S_{停}$（m）
100	0.3	69.40	131.33	200.73
80	0.31	55.52	81.34	136.86
60	0.33	41.64	42.98	84.62
50	0.35	34.70	28.14	62.84
40	0.38	27.76	16.59	44.35

（1）保证距信号灯停车视距内的车辆，在单位绿灯延长时间 g_0 内能顺利通过人行横道。

（2）给予驾驶人充分的反应时间判断车辆能否通过人行横道，保证驾驶人采取制动措施安全停车。

远引式触控按钮设置位置：

远引按钮与主控制信号距离＝机动车单位绿灯延长时间×行人步行速度

该方案可能会造成其他情况下行人的短时间等待，但从以人为本的角度，避免了其他位置在理想情况下行人过街时间不足造成的交通安全事故问题。

三、路段远引式行人过街系统适用条件

1. 行人适合流量判断

行人随机到达，其他外界干扰因素基本上不存在，人流量不大，服从泊松分布[4]，使用公式（6）计算间隔时间内到达人数的概率，即：

$$P_k = \frac{(\lambda t)^k}{k!}e^{-\lambda t} \tag{6}$$

式中：P_k——在计算间隔 t 内到达 k 人的概率；

λ——平均到人率，人/s；

t ——每个计数间隔持续的时间，s。

适合行人流量的判断：路段远引触控人行横道用于行人过街较少的路段，行人在绿灯相位连续到达的概率较小，即行人绿灯时间进行延长的概率较小。若行人流量过多，在行人绿灯期间不断有行人触碰按钮进行时间延长至绿灯上限，则远引式人行横道与一般定周期人行横道一样，无法发挥优势。

若一条双向4车道的城市干路，人行横道长度为 l 米，行人过街最小绿灯时间为 $g_{\mathrm{p}}^{\min}$，若在绿灯时间，$g_{\mathrm{p}}^{\min}$ 内无行人到达的概率大于50%，即认为可以设计路段远引触控人行横道（对于不同设计原则的道路，概率可以放大、缩小）。

$$P_0 = \frac{(g_{\mathrm{p}}^{\min} \cdot \lambda)^0}{0!} \mathrm{e}^{-g_{\mathrm{p}}^{\min}\lambda} \geqslant 0.5$$

即

$$\lambda \leqslant \frac{3600\ln 2}{g_{\mathrm{p}}^{\min}}$$

若该路段行人流量 λ 满足上式要求，则可在道路人行横设置远引触控按钮提高行人通行效率，保证车辆通行效率的同时减少行人的延误。

2. 道路交通量限制

对于不同交通量的城市道路，能否提供行人的过街需求时间，需要对道路的饱和程度进行限制。若一条双向4车道的城市干路，信号灯初始假设周期为 T，调查道路的车辆平均到达率为 q pcu/h，车道的基本通行能力为 S pcu/h，根据公式计算：

$$T_{车} = \frac{q \cdot T_{人}}{S - q} = T - T_{人} \tag{7}$$

即

$$g_{\mathrm{p}}^{\min} \leqslant T_{人} = \left(1 - \frac{q}{S}\right)T$$

已知道路的基本通行能力，需要对道路交通量的饱和程度，即 $\frac{q}{S}$ 进行判断，该道路是否能在保证通行效率的前提下能够提供行人的最小过街时间。

四、路段远引式行人过街系统运行效果评价

1. Vissim 仿真软件功能介绍

Vissim 软件针对交叉口和信号控制系统分析仿真的微观交通流系统，可模拟随机到达的人流量和车流量。该软件系统中 VAP 模块能够根据单个交叉口渠化信息及信号灯配时方案，设置车辆检测器，并根据 HCM，计算交叉口车辆和行人的延误及服务水平。此外，Vissim 还能根据模拟结果对现有的配时方案进行动态优化。该软件可以进行网络元素的编辑和各个参数的设定等功能[5]。

2. 路段远引式行人过街系统的运行效果评价

Vissim 仿真实验设计：对于一条双向4两车道的城市道路，该路段基本通行能力为6000pcu/h，人行道长度为16m、宽度为4m，行人到达服从泊松分布。经交通量调查可知：路段最大交通流量为3000pcu/h，车辆平均行驶速度为40km/h，停车排队车辆的车头间距为10m，机动车单位绿灯延长时间为10s，信号周期为50s，根据公式(3)计算行人相位绿灯上限时间为26s，最小绿灯时间为13s，将过街行人流量进行分组，设置行人控制信号的远引式感应按钮，记录和比较采用触控按钮式远引人行横道以及采用一般感应人行横道行人平均等待时间。交通仿真俯视图如图3所示。满足红绿灯配时要求和机动车通行效率，确保周期机动车的最小绿灯通行时间、行人绿灯时间的上下限。即图4中：

$$\sum t \geqslant T_{\mathrm{s}}$$

$$T_{人} \geqslant \sum g \geqslant g_{\mathrm{pe}}^{\min}$$

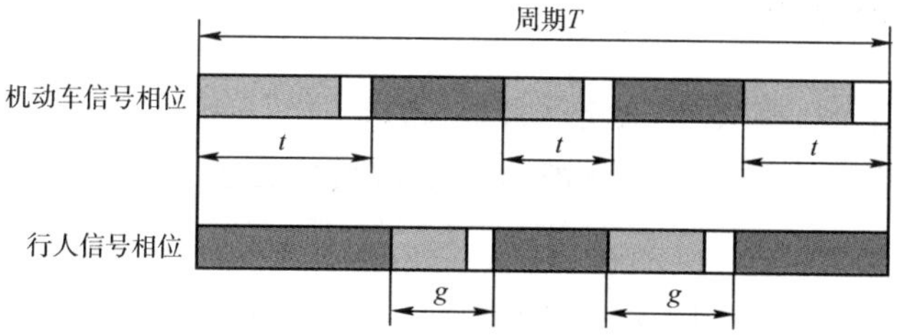

图3 交通仿真俯视图

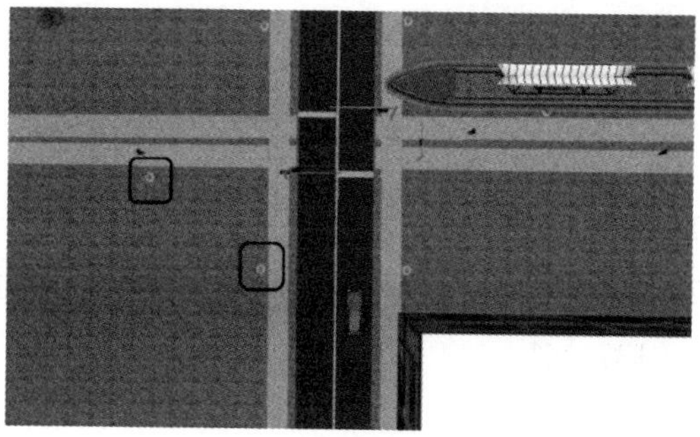

图4 红绿灯信号配时示例图

通过 Vissim 模拟不同现实交通状况下行人过街系统，使用检测器检测各个行人的平均等待时间和机动车的延误时间，统计数据见表 2。

仿真模拟数据对比

表 2

行人流量（人/h）	行人平均等待时间(s/人)			车辆延误(s/人)	
	远引人行横道	一般感应人行横道	一般人行横道	感应人行横道	一般人行横道
120	0.4	8	12	2.8	2.1
240	3.8	9.1	12	3.2	2.1
300	7.3	10.1	12	2.7	2.1
360	11.2	12	12	2.6	2.1

通过 Vissim 仿真模拟实验结果(表 2 和图 5)可知：在保证车辆延误增加的一定范围内，感应式人行横道适用于行人流量较小的路段，随着行人流量的增大，感应式人行横道相较于定时人行横道的优势逐渐消失。行人流量小于 240 人/h 情况下，远引式过街人行横道控制系统行人人均等待时间明显缩短，效果优于一般感应人行横道。

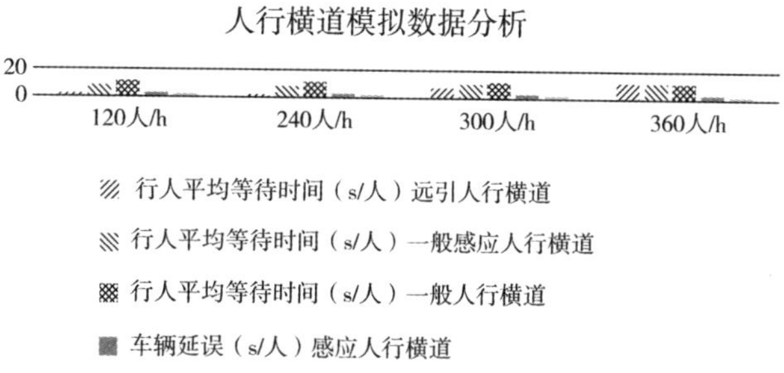

图5 数据分析图

综上所述，当路段行人流量约小于 300 人/h 时，推荐选用远引式过街人行横道，可以有效地减少行人通行的延误，改善行人在路段通行的安全状况，同时也能减少行人对机动车交通流的干扰，提高机动车通行效率，减少行人对城市交通的影响。

五、结论

首先介绍了触控远引式人行横道系统运行原理的改进之处以及主要信号配时参数的计算方法，确定了一个信号周期内行人绿灯时间的上下限和机动车绿灯时间的下限。通过定性分析和交通仿真软件 Vissim 模拟实验定量分析相互验证，得出不同具体道路的人流量和车流量等的适用条件。通过仿真实验数据，随着行人流量的增大，路段远引式感应人行横道相较于一般的感应式人行横道的优势逐渐减弱。今后的研究可延长第一个到达行人的等待时间，简化该段时间内到达的行人总和为一个整体，保证该整体的通行效率与安全，提高远引触控按钮人行横道的适用性。

参 考 文 献

[1] 孙惠芳. 路段人行横道信号感应控制算法研究[D]. 重庆：重庆交通大学，2014.

[2] 郑明明，徐洪峰. 路段信号控制人行横道的控制方案设计与分析[J]. 交通与计算机，2006，(02)：137-141.

[3] Tian Z. Capacity Analysis of Traffic-Actuated Intersections[J]. Zeitschrift 2Für Die Gesamte Hygiene Und Ihre Grenzgebiete，2002，31(Supplement s2)：84-91.

[4] 刘胜洪. 无信号控制城市行人过街交通特性研究[D]. 重庆：重庆交通大学，2008.

[5] PTV Planing Transport Verkehr AG. VISSIM User Manual-Version 3.70[R]. PTV Corporation，2003.

2017年第三届中国交通运输院长论坛“新国线交通运输类大学生优秀论文”二等奖

基于微循环的区域单向交通组织优化模型研究

南京林业大学　汽车与交通工程学院　王羽尘

摘　要：为充分利用城市内部支路网，实现城市交通流均衡分布，从缓解交通拥堵、节约排队时间、保护环境等目标出发，本文提出对现有单向交通组织双层规划模型[1]进行优化，上层问题为车辆在区域内部保持畅通行驶的限制条件下路网饱和度、车辆绕行距离及CO排放量达到最小，下层问题采用用户均衡原理(User Equilibrium，UE)反映道路使用者的意愿。使用交通仿真软件优化模型求解并建立评价指标体系，利用线性加权和法对区域交通微循环路网进行多属性方案的评价。研究案例表明，优化后的模型对区域单向交通组织设计具有一定的有效性。

关键词：微循环；单向交通；双层规划；线性加权和法

一、引言

随着城市规模及机动化水平的提高，由于城市路网结构不完善，交通规划不合理等问题，增加道路建设规模已无法有效解决城市交通拥堵问题。尤其在老城区，需要合理有效地利用支路街巷疏解干路交通，近几年国内一些城市提出了“微循环交通系统方案”[2]。相较于国内，国外对微循环道路研究较为深入，早在20世纪80年代，Michael C通过研究城市支路与次干路的供给与结合问题，便提出城市微循环系统是由支路与次干路构成的[3]。经过多年的发展，国内外总结出一定的交通微循环解决方案，但是就交通微循环体系而言缺乏完整合理的道路管理方案与实施评价体系。

二、交通微循环原理

“微循环”的概念最早源于医学领域，是指进行血液和组织液之间的物质交换，其与组织器官的代谢水平相适应(图1)，相似的，交通微循环系统指：在合适的城市区域内，以支路及支路等级以下道路作为物质载体，通过合理的实施方案和交通组织，改善交通载体及交通流的通行状况，从而完善城市道路网络结构、提高居民出行的效率，如图2所示。

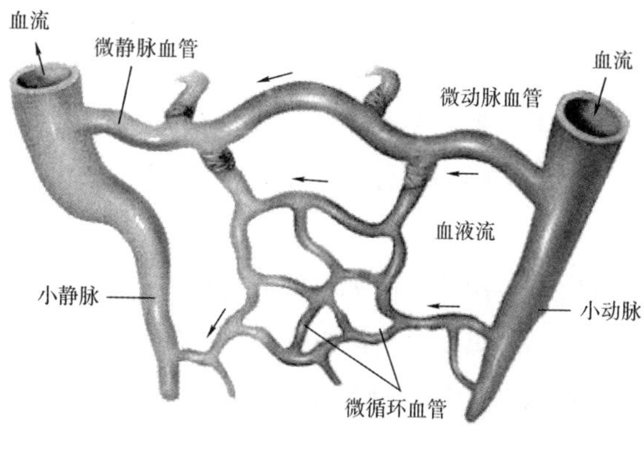

图1　血液微循环图

三、区域单向交通组织优化模型

1. 路网抽象化

为方便模型优化，用有向赋权图抽象简化道路网络 $W=(N,A\cup B)$，N 为节点集，A 为区域内的干线道路段集，B 为区域内备选改造的支路集，将道路网络中的路段视为有向弧，道路交叉口视为节点，道路

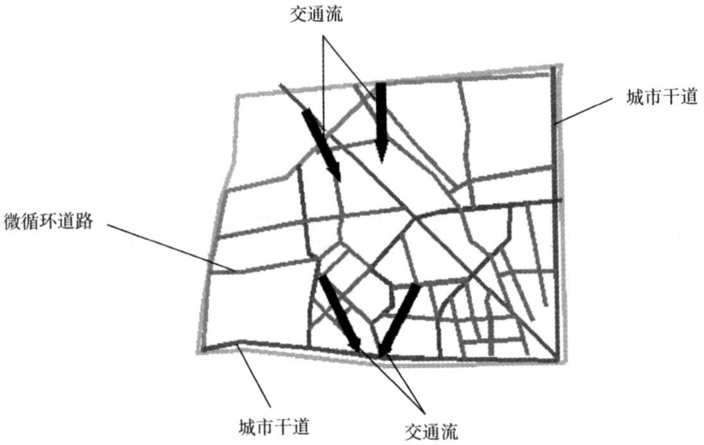

图2　交通微循环图

属性视为有向弧。有向赋权图示例如图3所示。

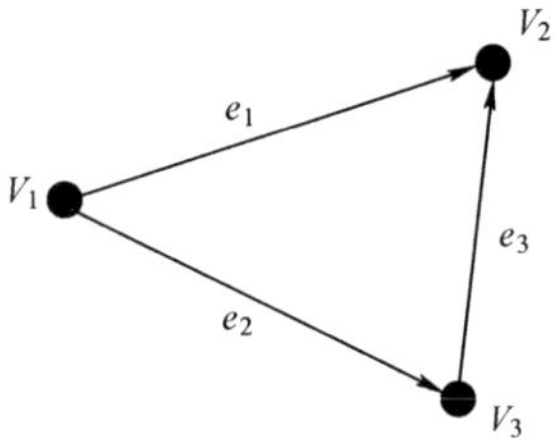

图3　有向赋权图示例

用一维矩阵表示交通流方向,则该矩阵为区域交通流方向的决策矩阵,设方向矩阵为 $F=(f(p_1,q_1),f(p_2,q_2),\cdots,f(p_n,q_n))$($n$ 为正整数),其中:

$$f(p,q)=\begin{cases}1(\text{交通方向 } p\rightarrow q)\\-1(\text{交通方向 } q\rightarrow p)\end{cases}\tag{1}$$

2. 上层多优化目标模型构建

区域交通组织优化选取干路饱和度、交通量作为决策变量,输出交通流方向矩阵,从缓解交通拥堵、节约排队时间、保护环境的角度构造以下目标。

1)缓解干路网的拥堵

为保证路网的畅通性,降低干路网络中干路的饱和度。对平均饱和度进行定义,网络饱和度以道路长度进行加权平均,所得结果即路网的平均饱和度,其数学表达式为:

$$\bar{s}=\sum\frac{V_k}{C_0(a)\cdot l(a)},a\in A\tag{2}$$

式中:$\bar{s}$——平均饱和度;

$C_0(a)$——干路通行能力;

V_k——第 k 中决策矩阵下路段的交通量;

$l(a)$——干路长度,km。

2)降低车辆的绕行距离

尽量使车辆的绕行距离最短,并将绕行距离及绕行时间定义为出行者的整体行为,其数学表达式为:

$$CL_k=\sum V_k(a)l(a),A\in A\cup B\tag{3}$$

式中:CL_k——决策矩阵 k 下的出行距离,pcu · km;

V_k——第 k 中决策矩阵下路段的交通量。

3)降低微循环区域的环境污染

为降低因分流过量产生的环境污染,在微循环路网中将减少CO排放量作为一个优化目标,可采用Yin和Lwaphongpanich[4](2006)提出的方法,将尾气中CO含量与道路时间路阻之间存在的关系可以表示为:

$$Q_a=\sum 0.2038\cdot e^{0.7962(l(a)\cdot l\cdot t(a))}\cdot t(a),a\in A\cup B\tag{4}$$

式中:Q_a——路段 a 上机动车CO的排放量,g;

$t(a)$——路段 a 上的路段阻抗,s。

3. 下层交通分配模型构建

为反映路网使用者的选择行为,本模型的下层交通分配模型采用用户平衡模型[5],即在区域内部交通量达到平衡时,所有被利用的支路网路线有相等且最短的行驶时间,而未被使用的路线与其相比,车辆行驶时间相等或者更长。

利用平衡分配法求解用户平衡模型的步骤如下:

(1)初始化,进行一次 0—1 分配。

(2)通过更新路段的行驶时间,计算 OD 间的最短路。

(3)通过附加交通量得到下一步的迭代方向。

(4)确定迭代的步长。

(5)计算新迭代点。

(6)收敛性检验,若满足收敛准则,则停止计算。

本文使用交通规划软件 TransCAD 对下层模型进行简化求解。

4. 模型约束条件

模型的约束条件总结为以下两个方面。

1)保证干路交通压力的降低和区域内部街巷的畅通

区域交通微循环的实施,是为了分流干路交通量,因此应首先确定主干道路饱和度的阈值,若阈值过小则未能充分利用主干路资源,造成浪费。

$$S_0(a) < S(a) < S_{\max}(a), a \in A \tag{5}$$

其次区域交通微循环的实施,可以保障内部街巷的自由畅通以及避免突发事件导致的拥堵,街巷内部的饱和度应限制在最大饱和度 $U_{\max}(b)$ 以内:

$$S(b) < U_{\max}(b), b \in B \tag{6}$$

2)区域内部交通环境的约束

对街区交通环境的保护,在交通方面体现在限制机动车辆在街区附近路段的机动车速度 $v(b)$,从而降低废气、噪声、振动等交通环境对街区的影响,即:

$$v(b) < v_{\max}(b), a \in D \tag{7}$$

式中:$v_{\max}(b)$——支路路段机动车最大限速,km/h。

5. 评价方法的选用

本文采用线性加权和法[6]对多目标的单向交通组织优化模型进行评价,主要步骤如下:

(1)利用 α 法,设定一组与各目标 f_i 对应的权系数 $w_i(i=1,2,\cdots,m)$,根据 m 个目标的极小点信息,借助辅助参数 α,求解 $m+1$ 阶线性方程组确定各目标的权系数。

(2)为规范化,要求 $\sum_{i=1}^{m} w_i = 1$,其中 w_i 表示对应目标 f_i 的重要程度,则评价函数可表述为:

$$u[F(x)] = \sum_{i=1}^{m} w_i f_i(x) \tag{8}$$

(3)极小化评价函数,同时引入权系数向量 $w=(w_1,w_2,\cdots,w_m)^T$,则评价函数可进一步表述为:

$$\min_{x \in D} W^T F(x) \tag{9}$$

四、模型求解

本文利用交通仿真软件,对交通微循环单向交通组织优化模型进行求解。

(1)研究区域内交通路网抽象化处理,将街区交通网络抽象成有向赋权图,并赋予各有向弧属性。

(2)道路单向组织道路选择,对区域内备选改造的支路进行初步划定,制定路段交通流方向决策矩阵。

(3)建立道路 TransCAD 路网模型,根据抽象的区域内部的交通路网,在 TransCAD 中建立路网模型。

(4)交通分配,在单向交通组织优化模型中,分别对各交通组织方案进行交通分配。

(5)计算优选目标值,将 TransCAD 中输出的路段饱和度、路段流量等数值带入目标函数。

(6)选择交通组织方案,根据各预选方案的优化目标函数值,确定研究范围内交通微循环交通组织方案。

(7)交通组织方案验证,利用 Vissim 对最优方案和原始方案进行微观仿真,进行方案比较及模型验证。

五、模型应用

1. 现状路网分析

本文以南京市老城区某街区为例,该街区地处南京城南老城区范围内,该区域内现状是街巷宽度很窄,机动车通行较为困难,周边建筑十分密集,交通矛盾较为突出。

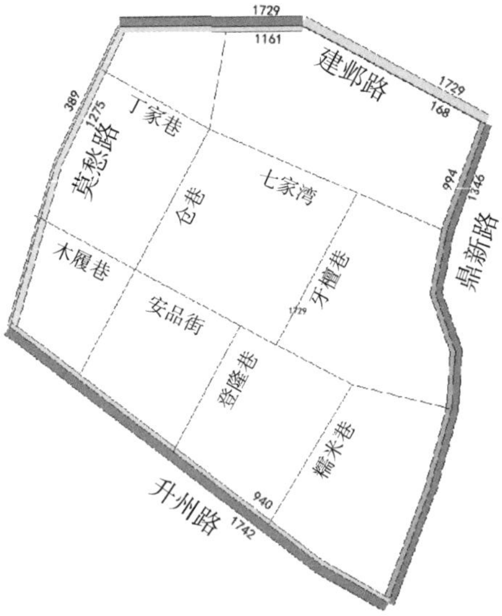

图4　现状道路网路段流量图

根据研究区域内关键道路交叉口高峰小时的交通量观测数据,并与已有的相关资料数据进行拟合,根据最大熵模型和梯度法,以路段交通量反推研究区域 OD,现状道路网路段流量分配如图4所示。

2. 交通组织方案描述

针对道路交通现状,拟定研究区域内的4条道路进行微循环改造,根据路网有向图确定交通组织实施方案。

研究区范围内路网,由于建邺路为干路且无对偶路段,考虑将其设为双向通行,如将进一步交通微循环组织,可以考虑将对偶路段,同时应保证对偶路段的交通方向相反,其区域内交通组织及道路有向赋权图分别如图5及图6所示,通过不同的道路管制方式组合得到道路网的交通组织候选方案共有15种,见表1。

交通组织方案　　表1

原方案	方案1	方案2	方案3
$F=\{1,-1,1,-1\}$	$F=\{1,1,1,-1\}$	$F=\{1,1,-1,-1\}$	$F=\{1,-1,-1,-1\}$
方案4	方案5	方案6	方案7
$F=\{-1,1,-1,-1\}$	$F=\{-1,-1,1,-1\}$	$F=\{-1,1,1,-1\}$	$F=\{-1,-1,-1,-1\}$
方案8	方案9	方案10	方案11
$F=\{1,-1,1,1\}$	$F=\{1,1,1,1\}$	$F=\{1,1,-1,1\}$	$F=\{1,-1,-1,1\}$
方案12	方案13	方案14	方案15
$F=\{-1,1,-1,1\}$	$F=\{-1,-1,1,1\}$	$F=\{-1,1,1,1\}$	$F=\{-1,-1,-1,1\}$

图5 研究区域道路交通方案图

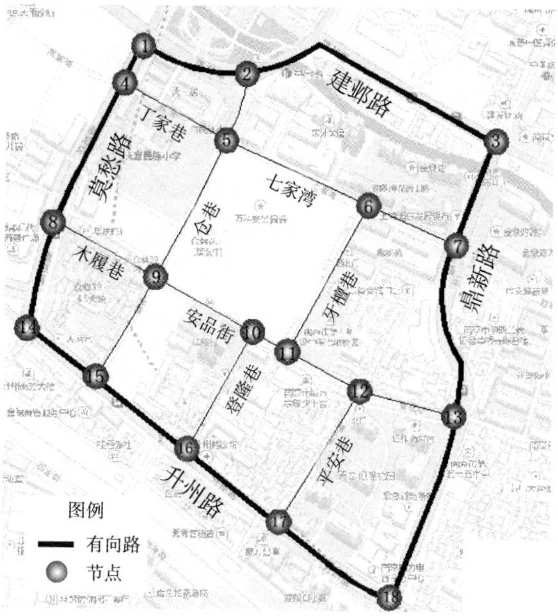

图6 研究区域道路有向赋权图

3. 评价方法的建立及优化

（1）为客观反映各目标在交通微循环单向交通组织优化模型中的重要性，在利用 α 法确定权系数 f_i 前，先统一量纲，减少目标值相对大小的影响。

（2）按文中所述求解权系数 $w_i(i=1,2,\cdots,m)$，求出干路平均饱和度，机动车绕行距离，CO 污染排放量对应的权重分别为 0.3，0.15，0.15。见表2。

权重系数表 表2

优化目标	权　重	优化目标	权　重
干路平均饱和度	0.3	CO 污染排放量(g)	0.15
机动车绕行距离(pcu·km)	0.15		

（3）根据式(8)和式(9)，结合步骤(2)所求得的权系数进行方案的综合评价。

4. 模型求解分析验证

本文利用 TransCAD 完成对不同交通组织方案的交通分配，完成下层模型的计算，再根据下层模型的输出结果，并结合线性加权和法对计算各方案优化目标函数值进行评价，评价结果见表3。

评价结果 表3

优化目标	权重	现状	方案1	方案2	方案3	方案4	方案5	方案6	方案7
干路平均饱和度	0.3	0.75	1.20	1.17	1.36	0.75	1.15	1.19	1.11
机动车绕行距离(pcu·km)	0.15	0.85	0.99	0.98	1.13	0.70	0.96	0.99	0.96
CO 污染排放量(g)	0.15	1.25	1.12	1.01	1.17	0.68	0.98	0.98	0.97
$\min w^{T}_{x\in D}F(x)$		2.85	3.31	3.16	3.66	2.13	3.09	3.16	3.05
优化目标	方案8	方案9	方案10	方案11	方案12	方案13	方案14	方案15	
干路平均饱和度	0.95	0.84	0.97	0.80	0.86	0.88	1.05	0.93	
机动车绕行距离(pcu·km)	0.90	0.71	0.84	0.70	0.77	0.80	0.88	0.80	
CO 污染排放量(g)	0.95	0.73	0.91	0.68	0.76	0.80	0.88	0.83	
$\min w^{T}_{x\in D}F(x)$	2.81	2.28	2.72	2.18	2.39	2.47	2.81	2.55	

在干路平均饱和度为主要影响因素的情况下，同时考虑缓解交通拥堵，降低车辆绕行距离，减少环境污染的目标，通过图7可知，其最优解为方案4。

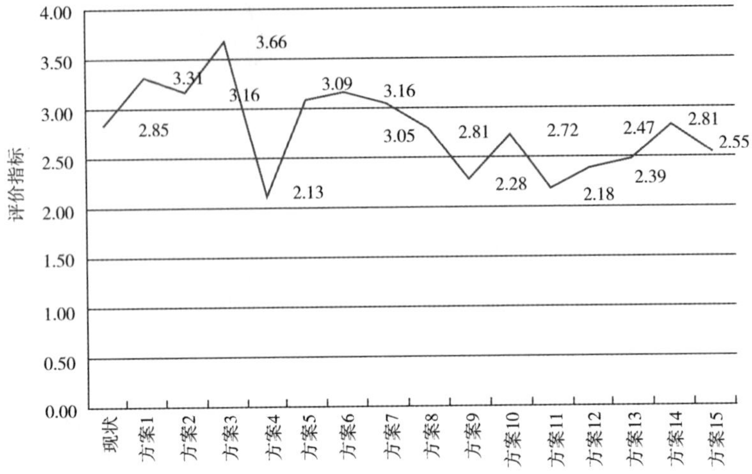

图7　方案评价指标

利用Vissim的统计数据显示功能，使用颜色代码显示区域内的路网车流密度如图8所示，优化后研究区域内的微循环道路对主路交通流起到一定的分流作用，路网内部延误明显减少。

仿真结果验证了交通微循环单向交通组织优化模型的有效性。

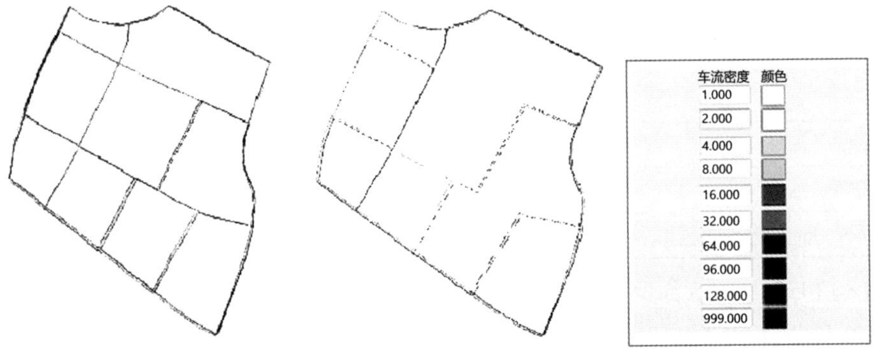

图8　车流密度仿真对比图

六、结论

本文以降低区域内车辆的绕行距离及CO排放量为上层模型优化目标，下层交通分配模型采用用户平衡模型，以街巷的畅通及机动车辆的速度为约束条件，构造了基于微循环的区域单向交通组织双层规划模型，并利用交通仿真软件，对模型进行了求解。同时，采用线性加权和法对区域单向交通组织优化模型进行评价分析，并对单向交通组织进行了多方案比选，确定最优方案。

案例研究表明通过采用区域单向交通组织优化模型对区域交通组织进行优化，利用支路分担主路过大的交通负荷，可在一定程度上提高路网通行效率，缓解交通拥堵问题。

参考文献

[1] 王浩苏，罗霞. 基于多目标的城市交通微循环系统优化模型研究[J]. 成都大学学报，2014，33(1)：79-81.

[2] 钟媚.基于可持续发展的城市交通微循环路网优化研究[D].成都:西南交通大学,2013.

[3] Michael C P. The Supply of Residential Access Streets and Secondary Arterial Roads[J]. Transportation Research Part B;Methodological,1980,14(1);121-132.

[4] Yin Y,Lawphongpanich S. Internalizing emission extemality on road network[J]. Transportation Research Part D;Methodological,2006,11;292-301.

[5] 陆化普.交通规划理论与方法[M].北京:清华大学出版社,2006.

[6] 牛映武.运筹学[M].西安:西安交通大学出版社,2012.

2017年第三届中国交通运输院长论坛“新国线交通运输类大学生优秀论文”二等奖

基于模拟驾驶舱的互通式立交桥交通安全评价

南京林业大学　汽车与交通工程学院　交通工程专业　陈孟柯，朱梦悦，吕伟健

摘　要：随着城市快速发展，互通式立交桥成为缓解城市交通问题的一个重要手段。传统的安全性评价依靠经验和相关事故数据进行，存在较大的局限性，给互通式立交桥进行安全性评价带来一定难度。本研究以一种新的方法进行安全性评价，使用Civil 3D和UC win/Road对互通式立交桥进行精确建模并构建互通式立交桥周边环境，高精度还原互通式立交桥的实际情况。构建出驾驶场景后使用3自由度模拟驾驶舱和Tobii眼动仪进行模拟驾驶实验，采集运行速度、视距、注视时间、扫视时间等数据。通过分析整理采集的数据，结合国家相关标准，从道路的线形、净空、视距、运行速度协调性等方面对互通式立交桥进行交通安全评价，针对安全性评价的内容提出相关建议。

关键词：模拟驾驶；安全性评价；互通式立交桥

一、引言

我国道路交通发展迅速，道路建成后交通问题和安全问题频频出现。现阶段，互通立交上的交通事故屡屡发生，造成巨大的人员与财产损失。我国对交通安全评价大多为基于事故和经验的评价方法，拟建和在建道路设施尚未积累用于安全评价的事故数据及行车资料，给安全性评价的进行带来一定难度。

近年来我国也逐渐开始对模拟驾驶进行了系列研究。交通运输部2015年发布的《公路项目安全性评价规范》(JTG B05—2015)中明确指出施工图设计阶段对复杂项目、复杂路段，可采用驾驶模拟方法对线性设计协调性、交通安全设施等进行评价。

二、模拟驾驶交通场景再现

(一)模拟驾驶场景建造软件

1. Autodesk Civil 3D 2014

Auto CAD Civil 3D能够在Auto CAD环境中进行帮助从事交通运输、土地开发和水利项目的土木工程专业人员轻松、高效地探索设计方案，分析项目性能，并提供相互一致、更高质量的文档。

Autodesk Civil 3D的道路建模功能可以将水平和垂直几何图形与定制的横截面组件相结合，为公路和其他交通运输系统创建参数化定义的动态三维模型。利用内置的车道组件，或者根据设计标准创建自己的组件。通过直观的交互或改变用于定义道路横截面的输入参数即可轻松修改道路模型。

2. UC win/Road 10.1.2

UC win/Road是一款基于地图数据的大型三维实时虚拟现实软件，其可以实现从地形构建、道路定

义、交通流生成到仿真模拟驾驶的一系列功能，是具备强大仿真功能的 BIM/VR 平台。

UC win/Road 支持交通模拟（包括交通流模拟）、信号控制和人物三维动画，软件内嵌有丰富的二维数据库、三维模型库和各种材质库，对天气、日照等环境的模拟简单快捷，效果明显，对不同风力环境条件下景物的三维描述真实贴切，相比其他三维软件，更能贴近现实世界，给观众一种身临其境的感觉。

UC win/Road 具有各类 CAD 软件进行 3D/2D 的数据交换、复杂道路构造简单精致地生成、交叉路口自动生成、大规模空间的实时表示、通过标准模型/材质及丰富的 DB 下载、有效地支持 VR 数据生成等功能。此外，还对应行驶模型、日照、交通流、驾驶模拟等高度实时仿真，能够满足互通立交的场景制作和模拟驾驶。本研究中用到的 UC win/Road 10.1.2 的具体功能参数见表 1。

UC win/Road 10.1.2 功能参数表 表 1

功　能	实 现 途 径
地形输入	50m 地形图，航空图片，平面图，CAD 数据
道路定义	道路平面、纵断面线形，道路断面，平面交叉口定义
道路生成	道路填挖方处理、连接处理，交叉口生成、景观生成
交通流生成	交通流内部生成，时间交通量，车辆种类分布
编辑、输出	气候、天空、云、地形、车辆模型的编辑
VR 模拟	脚本，场景制作，交通模拟，手动驾驶

（二）模拟驾驶实验工具

1. Forum8 驾驶模拟器

Forum8 驾驶模拟器是集合 3 自由度运动平台、3D 驾驶座舱、手动驾驶设备和多屏幕显示的驾驶模拟设备。驾驶模拟器采用真车模型，驾驶座舱和手动驾驶设备采用真车标准，通过 SENSO-Wheel（转向装置控制器）与 UC win/Road 的车辆动力学连接，可在 3DVR 空间上体验接近于实车的转向操作，最大程度上还原真车驾驶感觉。UC win/Road 和驾驶模拟器组成的套装标准系统，系统通过套装软件提供标准插件，利用 UC win/Road 制作自由的三维驾驶环境，通过用户自定义进行高度的模拟驾驶。模拟驾驶器具有以下特点：

（1）3 自由度（DOF）运动平台具有横摇（Roll）、纵摇（Pitch）、上升下潜（Heave）的运动范围。各自由度的运动性能见表 2。

3 自由度运动平台参数表 表 2

自由度（DOF）	位移（Displacement）	速度（Velocity）	加速度（Acceleration）
Roll	±8°	> ±60°/s	> ±300°/s^2
Pitch	±5°	> ±60°/s	> ±300°/s^2
Heave	±50mm	> 0.2m/s	±0.5G

（2）驾驶舱按照实际车辆大小设计制作，空间不小于实际车辆的 1/4，驾驶空间能够满足驾驶人进行正常操控驾驶。主要操控部件采用实际车辆的部件，左舵式操控；包括驾驶计量仪表板、车灯、主动力反馈转向盘、带安全带的一体式座椅、自动排挡、制动踏板、加速踏板、驻车制动；仪表面板能够根据软件场景中的驾驶操作正确显示发动机转速、车速、转向指示灯、危险报警闪光灯；具有点火钥匙开关、转向灯开关、其他车辆灯光控制开关、刮水器组合开关等；主动力反馈转向盘：在软件场景驾驶过程中能够实现真实的转向盘操作反力，转动转向盘后，转向盘能够自动回正。在驾驶装置启动时，可以通过程序对转向盘的操纵角度和反馈力进行修正控制。提供实际车辆驾驶行为的基本操控开关，开关逻辑符合实际驾驶

操作。

2. Tobii Pro Glasses 2 便携式眼动仪

带有无线实时观察功能的可穿戴式眼动仪，专为真实世界环境下的研究而设计。拥有超轻的质量，采用了双眼四摄像机眼动追踪，超广角场景摄像机，为外围视野追踪而设计的超窄边框的设计，可获得最自然的视觉行为数据。眼动仪采样率为50Hz或100Hz。将Tobii Pro Glasses 2的眼动数据与广泛的生理数据同步，包括EEG、NIRS、皮肤电、动作检测、呼吸和心率等。实现极低延迟的同步水平，同时确保整体方案的便携性。Tobii Pro Glasses 2提供了独有的硬件同步能力，无须携带沉重的笔记本式计算机，眼动仪具体参数见表3。

眼动仪参数表 表3

项　目	参　数
数据传输方式	USB
采样频率	≥50Hz
瞳孔追踪精度	≤0.1°
视线追踪精度	≤0.3°
场景摄像机视野范围	90°,16:9
场景摄像机分辨率	1920×1080高清摄像头，竖向角度可调
可输出原始数据	瞳孔坐标、视点坐标、瞳孔尺寸、瞳孔面积等
可输出指标	凝视、扫视、注视时间、注视次数、注视率、特定区域间的转换次数、水平搜索、竖向搜索等

（三）ErgoLAB人机环境同步平台

ErgoLAB人机环境同步平台是研究人类在不同环境中的行为反应，以及各种复杂的自然物理环境或工作环境变下进行各种活动时的人体生理状况（如脑电、心电、眼电、心率、皮电、皮温、血流量等）、眼睛运动或视线关注点以及头部和表情的变化并同步以上所有的数据采集；结合人类外显行为的视频数据（动作、姿势、运动、位置、力量、角度、人体振动状态等）进行客观的观察和分析，了解所有的内外变化之间的因果关系；完成在同一时间点或同一时间段内人机环境数据实时同步记录、追踪、分析数据。

ErgoLAB人机环境同步平台目前在人机交互与可用性研究、驾驶行为研究、环境行为研究、安全人机工程研究、行为安全研究、人机工程研究、人因工程与工效学研究等领域处于技术领先地位。ErgoLAB解决方案适用于多种实验研究环境：3D虚拟仿真环境研究、真实世界（Real World）现场研究环境以及实验室研究环境。

三、互通立交模型构建

（一）创建地形曲面

本研究采用精确化建模，对龙华互通进行1：1还原。采用精确建模的方法，可以将互通立交范围内的道路线形、长度、宽度、横坡、纵坡、超高、加宽等指标按设计数据实现，保证模型的真实性。

互通立交精确模型的建造需要在使用Civil 3D。首先在Civil 3D中创建地形曲面（图1），创建地形曲面的方法常用的有导入测量数据和转换AutoCAD点的方法，本研究采用将AutoCAD格式的点转换Civil 3D点作为点文件创建地形曲面。再将地形图中的等高线添加到曲面中作为补充数据，在地形曲面特性选项中设置曲面生成中要排除与实际地形不符合的点,剔除曲面中的噪点。此外还需要设置曲面的边界和三角网的大小,对曲面进行重新生成操作。

完成以上的步骤后才能创建出完整的地形曲面,选中曲面采用三维动态观察,确认地形曲面是否还存在瑕疵,如仍有瑕疵,可以对地形曲面进行添加、删除点和等高线操作,曲面会根据操作实时重新生成。完成曲面的创建是进行建模的基础,有了完整的地形曲面互通立交的建造才能进行。

(二)创建路线

利用 Civil 3D 的路线创建工具,可对互通立交平面设计图中的主线道路、匝道桥、隧道等路线进行创建。对路线中的直线、圆曲线、缓和曲线利用相应的工具,将路线定义为路中线并选择相应的设计标准进行描绘。针对路线中的直线和圆曲线直接描绘即可,但针对与直线和圆曲线相连接的缓和曲线要注意选择相应的衔接方式才能对缓和曲线进行精确描绘。

路线创建后,路线上的标签集会显示出路线中的起终点桩号、线形变化点的桩号和公里桩。对道路中的桩号进行核查,如道路的桩号不正确,对路线的起点桩号进行更改。Civil 3D 中的数据是动态变换的,调整起点桩号后其他桩号会实时变化。调整路线的桩号对后续的设置路线超高、纵断面编辑和道路装配的进行提供了保障。图 2 所示为龙华互通式立交桥路线图。

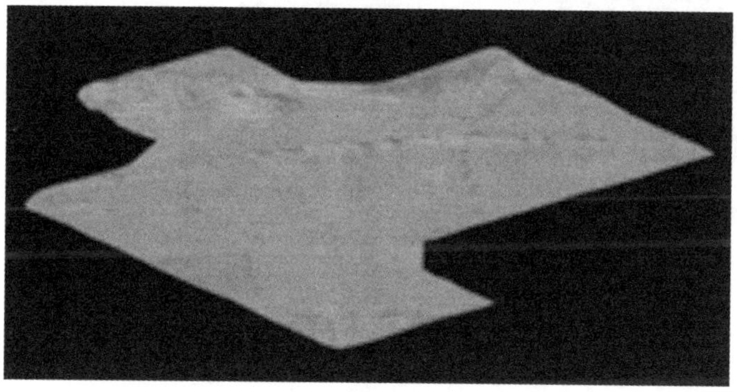

图 1　地形曲面图

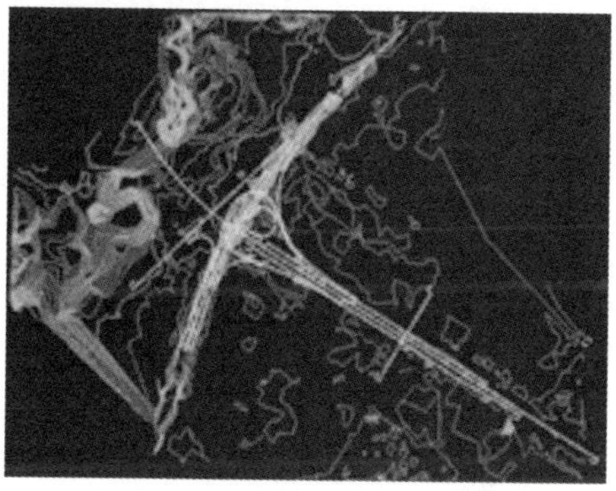

图 2　龙华互通式立交桥路线图

(三)创建纵断面图

结合资料中的路线直曲表和控制点的高程,路线的横坡、纵坡、超高等数据,可在 Civil 3D 中对已创建的路线进行纵断面图创建。选中要创建的道路路线和曲面,软件会自动生成路线的地面线。选中相应的道路路线纵断面图,利用纵断面创建工具对路线纵断面设计线进行设置,选择相应的路线并使用表格创建工具,对控制点桩号和高程、缓和曲线类型和半径等参数进行输入。选中相应的道路路线纵断面并对属性进行设置,纵断面的设计高程、地面高程、填挖方高度、路线纵坡度等信息将实时更新。针对路线的超高,利用超高表格编辑器,输入超高变换点的桩号和超高坡度,系统将自动生成整条路线的超高信息。

(四)创建装配

本研究中主要用到 3 种装配,即匝道桥的桥梁装配、隧道装配和填挖方道路装配。首先在 Civil 3D 中创建需要的装配,对装配的名称和类型进行修改。完成装配创建后,利用 Civil 3D 中的装配部件相应的模块可以对道路的车道、绿化带、人行道、边坡、路缘石、挡墙等进行相应的调整,从而使创建的装配和道路的实际横断面一致。同时对装配中的部件设置相应的名称、坡度、超高类型和连接代码。设置部件的名称为以后在 UC win/Road 中调整部件的材质提供方便,道路的超高类型和部件的连接代码为以后道路生成中保证道路宽度、渐变、高程的准确对接提供保障。

(五)创建道路

完成地形曲面、路线、纵断面图和装配创建后,为创建道路提供了前提条件,可对道路进行精确建模。选择要创建道路的路线,使用创建道路命令,在对话框中选择路线的设计线、道路使用的装配和相应的地形曲面即可生成初始的道路。

初始道路无法满足精确化建模的要求,需要在软件中对道路进行进一步的调整。根据不同的装配选择对应的道路桩号范围进行道路的创建,针对道路的横断面是不断变化的这一问题,可将原始设计资料中的车道、绿化带、边坡等线形按原坐标复制到 Civil 3D 的文件中,利用要素线创建工具,把这些线型创建为要素线。选择目标道路,将道路的相应部位偏移到要素线所在位置。对比道路模型和控制线的是否重合,如不重合对不通装配段的步长进行调整,可使道路模型最大程度上接近真实情况。完成道路的装配后,互通立交的精确模型就建造完成。龙华互通式立交桥精确模型图如图 3 所示。

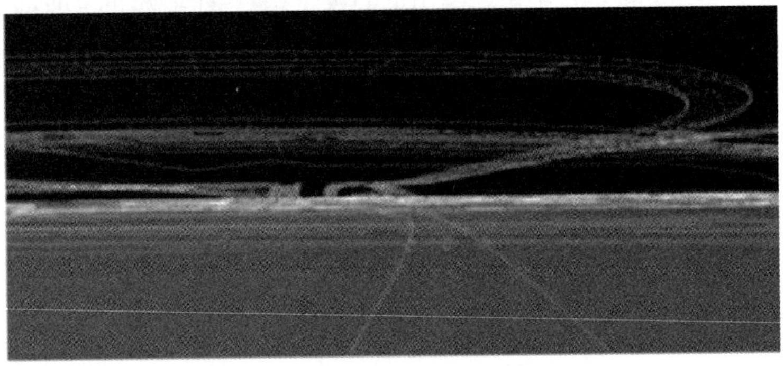

图 3　龙华互通式立交桥精确模型图

四、驾驶场景的构建

(一)互通式立交桥精确模型的导入

互通式立交桥精确模型的导入需要首先在 UC win/Road 10.1.2 中新建一个自定义项目,将项目中的经纬度设置为互通式立交桥所在的实际经纬度,并对导入坐标设置为 Civil 3D 文件参照坐标,将地形的高程设置为地形曲面的最低高程,项目的面积设置为实际的互通立交占地面积。

导入互通立交精确模型需要使用 UC win/Road 10.1.2 中的 Civil 3D 插件工具,使用 Civil 3D 插件导入互通式立交桥精确模型时需要同时开启 Civil 3D 和 UC win/Road 软件。在 UC win/Road 10.1.2 中打开新建的自定义项目,同时在 Civil 3D 软件中打开互通立交精确模型所在的文件,Civil 3D 中会实时更新出已建道路,选中需要导入的道路,对道路的装配中部件选择相应的属性和材质,即可进行道路的导入。道路导入成功后,软件会自动生成道路的景观,如图 4、图 5 所示。

图 4　互通式立交桥街景图

图 5　互通式立交桥场景图

(二)互通立交精确模型的调整

Civil 3D 建造出的精确模型并非能够直接转换为模拟驾驶场景,所以要对精确模型进行调整。首先导入 UC win/Road 的互通式立交桥模型中的所有道路都是以填挖方路基的形式生成的。首先对高架快速路、匝道桥、隧道等互通立交中的设施的横断面进行更改,将横断面调整为实际的类型。其次,UC win/Road 对道路会再次生成相应的边坡,因此需要对路基段相应的边坡和匝道桥起桥点位置的填方路基的边坡进行忽略处理,使道路的匝道桥起桥点的边坡仅显示为 Civil 3D 中制作出来的边坡。

匝道桥和高架快速路的衔接段也需要处理,使匝道与主线的衔接段顺畅、自然。主线渐变段的挡墙需要删除,使得主线和匝道之间无障碍物。同时分流鼻也要进行相应的调整,使道路美观自然。匝道桥与地面衔接位置需要进行设置,使得匝道平顺地延伸到地面,使匝道桥和地面无缝衔接。此外,需要对相交道路交叉口进行定义,调整交叉口的大小、形状、材质、车辆行驶路径、车辆停止点等,制作出最大程度上接近真实情况的交叉口。

(三)互通立交交通工程附属设施的配置

已建成的互通立交基础场景并不能完全满足模拟驾驶的需要,其中缺乏护栏、标志、标线、信号灯、路灯等交通工程附属设施。因此在 UC win/Road 中对高架快速路、匝道、隧道等基础设施进行配置交通工程附属设施。

在高架快速主线对两侧混凝土护栏和中央混凝土挡墙进行配置,在 3D 素材库中对混凝土护栏和混凝土挡墙进行组配置,一次性完成整条路线上的挡墙和护栏的配置。在匝道桥部分,对路侧混凝土护栏沿路边缘偏移到匝道实际混凝土护栏位置进行组配置。

在地面道路部分在交叉口实际的信号灯实际的位置、形状和大小设置信号灯模型,并按照实际的信号配时设置信号周期,使交叉口信号灯按实际情况工作,使交叉口更加逼真。

对交通标志,按照设计图中的标志和位置对互通立交范围内的交通标志进行设置,同时对标志的角度和高度进行调整。使交通标志在模拟驾驶中能够发挥实际的作用。

在互通立交范围内对车道线、导流线、导向箭头、行人过街标线等按照设计图中的具体位置在横断面中的车道选项中进行设置,尺寸需要满足相关道路规范文件要求,引导车辆的安全行驶。

(四)互通立交交通范围内交通流的设置

互通立交在实际使用过程中会有车辆的运行,为保证场景的真实性需要在互通立交范围内对交通流进行设置。根据互通立交范围内的主线、匝道、隧道中的设计交通量对交通流进行逐一设置。

设置交通流时对每条道路上交通流的方向、流量、车辆比例、持续时间等进行逐一设置。相关参数设置完毕后对交通流进行生成,观察互通式立交桥范围内的交通流运行情况,随时对交通流进行调整。高架桥交通流图如图 6 所示。

(五)互通立交周边环境的搭建

互通立交不仅需要对高架快速路、匝道桥和道路等范围内进行建模,同时要对互通立交周边的建筑、绿化、天气情况等进行设置。道路周边的建筑可以利用 3D 材质库中的建筑结合地形图中建筑的位置在道路范围内建立建筑模型。建筑模型的尺寸是系统预设的,在设置建筑模型时需要对建筑的尺寸和角度等进行逐一调整。楼房的外观可用互通立交周边建筑实际图片进行贴图处理,这样就可以缩小场景和现实的差距。绿化根据道路的实际情况使用材质库中的树木模型进行组设置。互通立交场景图如图 7 所示。

图6　高架桥交通流图

图7　互通立交场景图

五、模拟驾驶实验

(一)模拟驾驶实验设计

针对模拟驾驶实验,本设计选择年龄性别不同均持有驾照的20位实验对象,在进行驾驶模拟前对其先进行相关的模拟驾驶器的培训工作。因实验对象所驾驶的车辆不同,对驾驶模拟器的各部分的功能和操作进行培训,待其熟悉仪器的使用后即可进行模拟驾驶实验。相关实验对象信息见表4、表5。

实验对象年龄分布表　　表4

组　别	性　别	年龄(岁)	比例(%)
1	男	20~30	15
2	男	31~40	20
3	男	41~50	15
4	女	20~30	25
5	女	31~40	15
6	女	41~50	10

实验对象驾龄分布表　　表5

组　别	性　别	驾龄(年)	人数(%)
1	男	1~5	20
2	男	6~10	15
3	男	>10	15
4	女	1~5	25
5	女	6~10	15
6	女	>10	10

模拟驾驶路径选取快速主线M、主线MF、辅道Fa、主线Fa隧道和C、E、F、LU、RD、MZ、MY等几条匝道进行相关的模拟驾驶实验。驾驶模拟根据《城市道路设计规范》(CJJ 37—2012)中通行能力的相关规定进行设置,见表6。

互通式立交桥范围内设计通行能力表　　表6

道路名称	设计通行能力[pcu/(km·ln)]	道路名称	设计通行能力[pcu/(km·ln)]
快速主线M	1750	F匝道	1300
主线MF	1750	LU匝道	1300
主线Fa	1750	RD匝道	1300
辅道Fa	1300	MZ匝道	1300
C匝道	1300	MY匝道	1300
E匝道	1300		

(二)模拟驾驶评价指标的确定及获取

1. 运行速度

驾驶模拟器具有强大的数据采集功能,在模拟驾驶中开启 Log 利用驾驶模拟器的数据采集功能对驾驶人模拟驾驶的数据进行输出并以 csv 文件格式保存,得到驾驶人模拟驾驶各个时间点的速度以及和速度等相关的指标,在 Excel 中对导出数据进行分析整理,可得出速度的相关数据。本设计中利用主线和匝道的实际运行速度差,评价道路的安全性。利用驾驶模拟器采集的数据见表 7。

车辆数据采集表　　表 7

时间(Time)	模型(Model)	ID	RPM	速度(km/h)(Speed In Km Per Hour)	转向(Steering)	道路(Road)
0	coupe	41709	1031	0	-0.00376	E
0.1189	coupe	41709	1031	0	-0.00376	E
0.24811	coupe	41709	1031	0	-0.00376	E
0.37128	coupe	41709	1031	0	-0.00376	E
0.49669	coupe	41709	1031	0	-0.00376	E
0.61879	coupe	41709	1031	0.00294	-0.00376	E
0.7411	coupe	41709	1031	0.001409	-0.00376	E

2. 驾驶人视觉数据

进行驾驶模拟实验时,驾驶人会佩戴 Tobii Pro Glasses 2 便携式眼动仪,眼动仪在校准后可对驾驶人在驾驶过程中的视觉数据进行采集,主要有驾驶人的注视点、扫视点、注视时间等数据。Wang 等[1]的研究发现驾驶过程中因注意力分散导致的机动车事故约占碰撞事故总数的 26%,而驾驶人在感知外界信息的过程中,超过 90% 的信息是通过视觉途径获得的[2]。因此实验过程中,对驾驶人的视觉数据进行采集。

3. 驾驶模拟中的道路的数据

模拟驾驶过程中,使用 UC win/Road 的 Log 功能会对驾驶过程中行驶的路程、道路的名称、道路的车道数、车辆在道路上沿中心线的偏移距离,沿车道中线的偏移距离等数据进行采集。本研究对车辆沿中心线偏移距离进行分析,从道路与车辆的协调角度评价互通立交的安全性,采集的相关数据见表 8。

道路数据采集表　　表 8

时间(Time)	前进距离(Distance Travelled)	道路(Road)	从道路中线偏移距离(Offset From Road Center)	从车道中线偏移距离(Offset From Lane Center)	车道数(Lane Number)
0	309.0286	E	13.46659	1.116586	2
0.1189	309.0286	E	13.46659	1.116586	2
0.24811	309.0286	E	13.46683	1.116834	2
0.37128	309.0286	E	13.46683	1.116834	2
0.49669	309.0286	E	13.46683	1.116834	2
0.61879	309.0286	E	13.46725	1.117255	2
0.7411	309.0286	E	13.46725	1.117255	2

六、数据整理及安全性评价

(一)模拟驾驶运行速度

对互通立交范围内的快速主线M、主线MF、主线Fa、辅道Fa、匝道C、匝道F、匝道MZ、匝道MY、匝道LU、匝道RD、分别进行模拟驾驶实验,对20位实验对象的车辆运行速度进行整理汇总,实验中MZ和LU匝道及MY匝道和RD匝道能够同时进行驾驶模拟实验,便将其作为整体分析,数据分析结果见表9。

龙华互通式立交桥模拟实验平均运行速度表 表9

道　　路	实验对象(人)	平均运行速度(km/h)
快速主线M	20	60.86
主线MF	20	67.11
主线Fa	20	56.57
辅道Fa	20	47.45
C匝道	20	51.72
E匝道	20	27.75
F匝道	20	37.92
MZ、LU匝道	20	58.47
MY、RD匝道	20	58.79

《公路项目安全评价规范》(JTG B05—2015)中第4.5.1条中规定,相邻路段运行速度差值的绝对值小于10km/h时,运行速度协调性好,差值的绝对值处于10~20km/h时运行速度协调性较好,差值大于20km/h时速度运行协调性不良。

对模拟驾驶中获得的运行速度进行分析整理,得到相邻道路的运行速度差见表10。

相邻路段运行速度差表 表10

相邻路段	运行速度差(km/h)
快速主线M—C匝道	9.14
快速主线M—E匝道	33.11
主线Fa—辅道Fa	9.12
辅道Fa—F匝道	9.53
主线MF—MZ、LU匝道	8.64
主线MF—MY、RD匝道	8.32

结合规定,龙华互通式立交桥范围内快速主线M和C匝道,主线Fa和辅道Fa,辅道Fa和F匝道,主线MF和MZ、LU匝道,主线MF和MY、RD匝道之间的运行速度协调性好,快速主线和E匝道的速度协调性不良。需要在快速主线和E匝道之间设置相应的限速标志和减速标线提醒驾驶人及时减速,使相邻路段的速度协调,提高道路的安全性。

(二)驾驶人注视比例及注视时间

模拟驾驶实验中,驾驶人佩戴眼动仪进行驾驶,眼动仪会采集驾驶人的注视点并记录注视时间、扫视时间,在眼动仪采集的视频资料上选取相应的时段和分析的区域,即可得到相应注视点、注视时间、扫视时间,分析注视点的位置和数量可得出驾驶人的注视比例和注视时间。

对注视比例分析时,本设计仅对比驾驶人对互通式立交桥场景和驾驶模拟器内部环境的关注程度,如图 8 所示。对注视时间分析时,本设计仅对驾驶模拟器内注视点进行分析。整理数据时,本设计对 20 位实验对象实验数据根据性别区分并取平均处理,得出男性和女性的不同注视数据,见表 11。

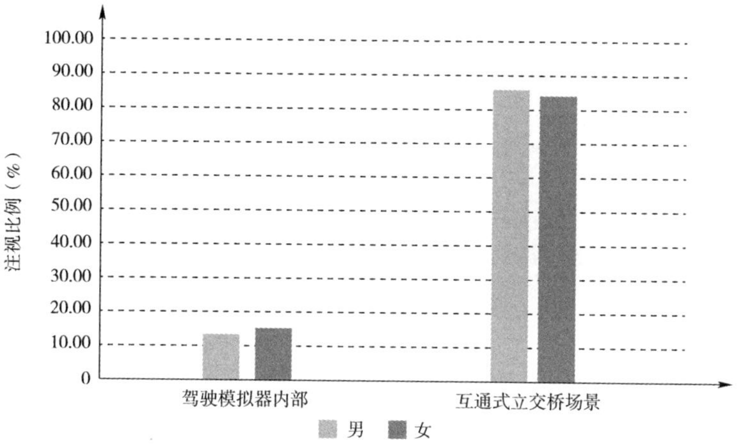

图 8　驾驶人注视比例图

驾驶人注视时间表

表 11

性　别	注视时间(s)	比例(%)
男	0.1 ~0.8	54
男	0.8 ~1.2	41
男	>1.2	5
女	0.1 ~0.8	45
女	0.8 ~1.2	52
女	>1.2	3

国外的 Klauer[3] 和国内马勇[4] 的研究发现当驾驶人对车内的仪表板等区域的注视时间在 0.8 ~1.2s 范围时,驾驶人的事故发生率较低。

模拟驾驶数据分析得出的结果显示,男性驾驶人在驾驶过程中对互通式立交桥场景的注视比例为 86.59%,对驾驶模拟器内部的注视比例为 13.41%,注视时间低于 1.2s 的比例为 95%;女性驾驶人对互通式立交桥场景的注视比例为 84.63%,对驾驶模拟器内部的注视比例为 15.37%,注视时间低于 1.2s 的比例为 97%。男女驾驶人对驾驶模拟器内部的注视比例均较低,对驾驶模拟器内部的注视时间低于 1.2s 的比例均较高,说明互通立交安全性较高。

(三)偏移车道距离

模拟驾驶过程中,道路的相关数据也会被记录下来,分析时本设计仅对车辆在车道中线上的偏移距离进行分析整理。处理数据时,根据男女性别将数据进行区分,将偏移车道距离求平均值进行对比分析。

偏移车道距离是针对道路和车辆之间的协调性进行评估的依据。根据采集得到的数据,男性驾驶人在驾驶过程中偏移车道距离比例为:0 ~0.15m 占 63.75%,0.15 ~0.30m 占 25.04%,0.30 ~0.45m 占 11.21%;女性驾驶人在驾驶过程中偏移车道距离比例为:0 ~0.15m 占 72.69%,0.15 ~0.30m 占

18.30%,0.31~0.45m 占 9.01%,如图 9 所示。实验数据显示,在模拟驾驶中男女驾驶人在驾驶车辆中偏移车道距离幅度较小,车辆在互通立交范围内驾驶较安全。

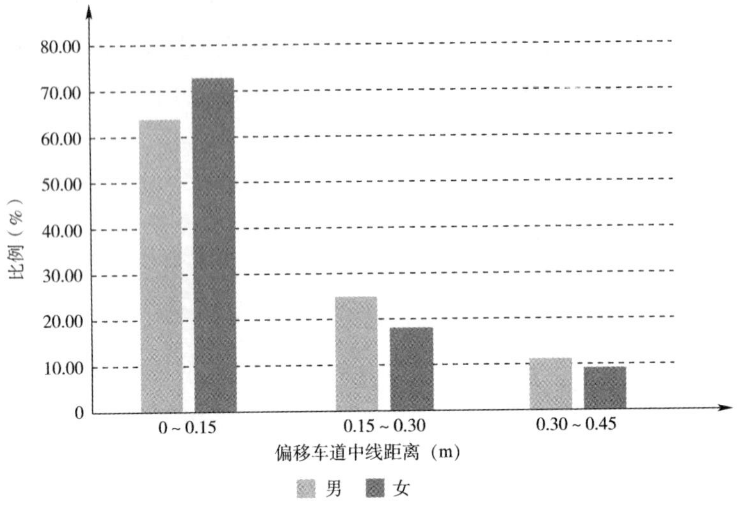

图9　偏移车道距离比例图

七、结论

本研究区别传统的交通安全性评价方法,采用模拟驾驶的方法对城市内部的互通式立交桥进行了交通安全性评价。传统的利用经验和已有事故资料进行交通安全评价的方法对互通立交的交通安全性进行评价存在较大难度。本设计利用 Civil 3D 和 UC win/Road 两个软件之间通畅的接口进行衔接,制作出互通立交场景供模拟驾驶。利用模拟驾驶可以获得大量的数据,直观的利用人、车、路三者的数据对互通立交从人、车、路的协调角度进行安全性评价。本研究的主要成果如下:

(1)通过使用 Civil 3D 建造高精度的互通立交模型,按1:1还原互通式立交桥范围内的各种道路的线形、超高、加宽、道路横坡、道路纵坡、道路长度、道路宽度等指标。

(2)在精确模型的基础上使用 UC win/Road 对模拟驾驶场景进行搭建。最大程度上对互通立交周围场景进行还原,并模拟互通立交范围内的交通流。

(3)使用驾驶模拟器和 Tobii 眼动仪在互通立交场景中进行模拟驾驶实验,对采集的数据进行整理分析进行交通安全性评价。

参考文献

[1] Wang J,Knipling R R,Goodman M J. The role of driver inattention in crashes:New statistics from the 1995 Crashworthiness Data System[J]. Human Ecology,1996,31(1):6-23.

[2] Sivak M. The information that drivers use:is it indeed 90% visual? [J]. Perception,1996,25(9):1081-9.

[3] Klauer S G,Dingus T A,Neale T V,et al. The Impact of Driver Inattention on Near-Crash/Crash Risk:An Analysis Using the 100- Car Naturalistic Driving Study Data[J]. U. s. department of Transportation Washington D. C,2006.

[4] 马勇,付锐,王畅,等. 视觉分心时驾驶人注视行为特性分析[J]. 中国安全科学学报,2013,23(5):10.

2017 年第三届中国交通运输院长论坛“新国线交通运输类大学生优秀论文”二等奖

基于 Wi-Fi 信号采集的公交 OD 数据分析系统

西南交通大学 交通运输与物流学院 交通工程专业 郝偲成

摘 要:基于 Wi-Fi 信号采集的公交 OD 数据分析系统是利用 Blackcompass 装置采集乘客的 MAC 地址,通过特定 MAC 地址的出现和消失,来判断乘客上下车情况。在此基础上研究相关算法,得到去噪后的数据,导入数据库,并结合 GPS 和 GIS 地理信息系统,对其进行深层次的数据挖掘,进而得到基于公交调度的客流信息、车辆信息、线路信息。本系统通过网页平台的形式,将公交运营调度有关指标呈现出来,实现指标的实时查询,支撑公交科学化、动态化、信息化调度。本文主要从数据采集、数据处理和系统开发 3 个方面对该系统进行了研究和探索。

关键词:Wi-Fi 信号;公交 OD 数据;MAC 地址;数据分析系统

一、引言

现有的公交 OD 数据采集往往依靠以下 3 种采集方式:①传统人工采集方式,比如公交线路随车调查、问卷调查等,其调查周期长且耗费人力财力大,不能长期性开展;②利用客流自动计数设备,包括视频分析、踏板式计数方式,该方法在客流高峰时准确度较低,且身份不能唯一识别,不能应用于换乘研究;③基于公交 IC 卡的采集方式,目前大部分城市公交都采用的是一票制,下车不需要刷卡,无法获得 D 点。上述 3 种方法都存在问题,不能给公交调度与优化提供准确的数据支持。

本文旨在通过研究得到一种成本更低且有效的公交 OD 数据采集方式,并且开发相关系统,实现公交运营调度指标的实时查询。

二、数据采集

在数据采集手段的选择上,比选手机信令、蓝牙、Wi-Fi 采集 3 种方式,得出结论:①手机信令受基站影响较大且不能判断乘客所在具体地点,不适用于公交 OD 研究这种小范围且要求比较精确的实验;②蓝牙在国内应用不广,无法进行公交 OD 调查的实验;③而 Wi-Fi 有其特定的 MAC 地址(唯一识别),在国内应用广泛。所以本文所研究的系统是基于 Wi-Fi 信号采集技术,随着公交乘客持有 Wi-Fi 功能智能手机比例的增高和公交车车载免费公共 Wi-Fi 的发展,数据的精确度也将逐渐增高。

(一) Blackcompass 设备

通过比选国内外相关设备,本文最终采用美国 Acyclica 公司所开发的 Blackcompass 设备。Blackcompass 是一款基于 Wi-Fi 数据收集技术的交通数据收集设备。该设备的数据获取的原理是 Wi-Fi 身份识别技术,将 Wi-Fi 探针安装在公交车上,只要乘客携带设备的 Wi-Fi 键处于打开状态,探针就能检测到该设备,读取其 MAC 地址来确定身份,通过特定地址的出现和消失来判断乘客上下车。数据获取形式见表 1,其中

"Timestamp"为时间戳,"MAC Hash"为 MAC 地址,"Strength"为信号强度,"Serial"为设备编号。

原始数据　　表1

时间戳(Timestamp)	MAC 地址(MAC Hash)	信号强度(Strength)	设备编号(Serial)
149570580	44:00:10:86:DA:B4	-57	273443
1495705681	C8:F6:50:87:64:FB	-46	273443

身份识别的方法根据不同的情况可分为以下3种。①对接入任一无线网络的设备,可通过读取其通信过程数据帧中的MAC地址来确定其身份;②对尝试连接无线网络,但没有成功的设备,可以在其进行身份验证时读取Authentication帧中的MAC地址;③对未接入无线网络且没有尝试连接无线网络的设备,可通过读取其Probe request帧中的MAC地址,确定其身份。以上3种情况,前两种属于被动扫描,最后一种属于主动扫描,被动扫描和主动扫描的数据采集频率有差别,频率① > ② > ③。

在使用Blackcompass设备时进行公交调查时,通常需配备一个工业路由器、一根网线、给Blackcompass(5V)和工业路由器(12V)供电的充电设施,实现实时传输数据。图1所示为Blackcompass设备工作时示意图。

(二)云端软件Go

云端软件Go是一款基于网页应用的分析平台,无须安装,用户只需要借助网页浏览器即可登入使用。使用Blackcompass设备的用户可通过此平台将海量数据下载,并可转化为可执行信息,帮助用户分析数据、简化分析过程。本文拟通过接口处理,在Go的基础上实现数据实时上传,从而获得实时的公交OD信息。

如图2所示为Blackcompass设备和云端软件Go页面。

图1　Blackcompass设备工作示意图

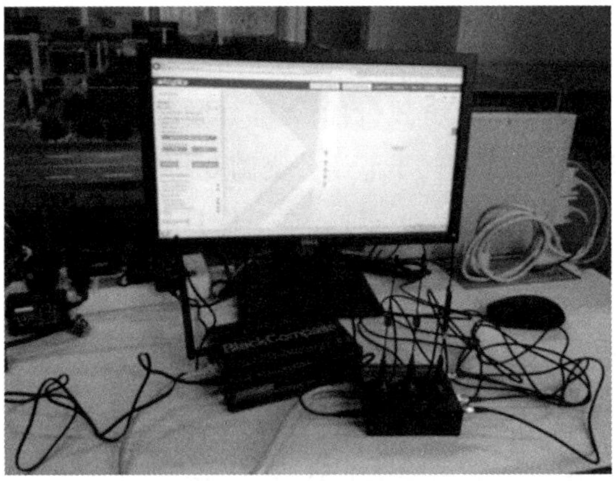

图2　云端软件Go页面

(三)数据采集方式

为验证Blackcompass设备数据采集的精确性,分析含噪数据的特性,本文在前期的研究中,设备采集和人工随车调查同时进行,以便对比分析出设备采集数据的误差原因。

通过实地调查和数据初步分析得出,数据误差主要来源于4个方面的干扰:①站台上行人携带Wi-Fi设备的干扰;②同行车辆内Wi-Fi设备的干扰;③交汇车辆内Wi-Fi设备的干扰;④红灯或拥堵时周围Wi-Fi设备的干扰。其中前3种干扰都是短期存在的不稳定干扰,可在数据库中通过简单的MYSQL语言来处理,而红灯或拥堵时周围Wi-Fi设备的干扰视具体交通情况而定,可变性较强,需通过数据库相关函数语言进行处理。

三、数据处理

在实地数据采集的基础上,将数据导入数据库进行数据处理。数据处理分为两个方面,一方面是数据预处理,针对含噪原始数据的去噪算法研究;另一方面是基于公交线路评价的各项指标,利用 MYSQL 软件处理数据,研究算法,得到可靠的公交 OD 数据和各项指标的具体数值,进行数据挖掘。

(一)数据预处理

数据预处理采用阈值法,通过 MYSQL 语言的编程处理,进行有效性筛选。Blackcompass 设备每小时最多可收集 250000 条数据,1s 内可以多次采集同一 Wi-Fi 设备的信息,Blackcompass 对 Wi-Fi 设备的出现和消失是较为敏感的,因此,首先采用阈值法,通过 Wi-Fi 设备的出现频率和出现时段来判断该设备是否为干扰数据,剔除无效数据。设备采集时间分为若干个时段,若某 MAC 地址连续存在 N 个时段,且其出现频率达到 $W\%$ 以上,则此 MAC 地址对应的 Wi-Fi 设备是有效设备,即是公交车乘客所携带的 Wi-Fi 设备。采用不同时间粒度会影响 Blackcompass 数据的精度,N 和 W 值的确定取决于该城市公交运营效率、线路平均站间距以及道路运行效率等因素,需通过实地调查与人工统计对比确定。

本文以成都市 119 路公交车为例,对比 5 种统计周期(10s,15s,20s,25s,30s)情况下设备数据与实际数据(人工调查获取),统计结果如图 3 所示,得到结论,以 20s 为周期将观测时间分为若干个时间段,与人工随车调查的结果最接近,在后期的研究中,将数据采集的时间段以 20s 为一个周期统计,在 4 个周期及其以上都存在且出现频率在 80% 以上的 Wi-Fi 设备认为是公交车上乘客的设备,即为有效数据。

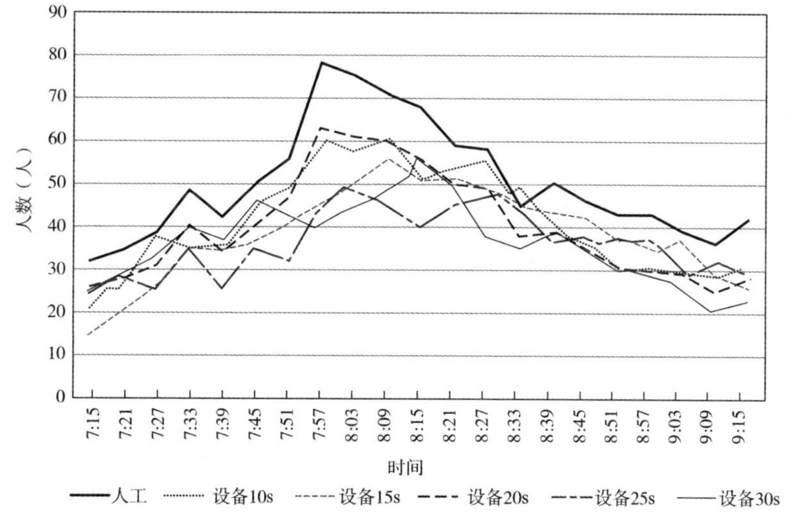

图 3 最佳时间粒度比较

(二)数据挖掘

基于 Wi-Fi 信号采集的公交 OD 数据分析系统是在公交车上设置 Wi-Fi 探针,通过上述 3 种身份识别方式,读取乘客所持有 Wi-Fi 设备的 MAC 地址,通过统计列表中的 MAC 地址的消失和出现可以得到公交车上下车及断面持有 Wi-Fi 乘客总人数。通过数学运算可进一步得到各站上车、下车的总人数以及出站台后公交车上的总人数;建立乘客乘坐公交车的详细信息数据库,将数据存入数据表中,通过对数据表的查询分析,得到单条线路公交 OD 矩阵、公交运营指标,以及整个城市所有公交站点之间的 OD 矩阵及公交运营指标。

1. 扩样率

针对没有携带 Wi-Fi 设备或没有开启 Wi-Fi 键的乘客，需要进行扩样校核，通过比对设备数据和人工随车统计，确定扩样系数。本文假设分别在平峰、早高峰、晚高峰 3 个特征时段中乘客持有 Wi-Fi 设备的比例是固定的，这个值称为 Wi-Fi 设备扩样率，平峰、早高峰、晚高峰时段分别对应一个 Wi-Fi 设备扩样率，用 K_1、K_2、K_3 表示，该系数的值可通过以下方式计算得出：

$$K = W/S$$

其中，S 是在一段时间内特定时段（早高峰/晚高峰/平峰）所有公交车（指具有 Wi-Fi 身份识别功能的公交车）的总乘车人数，其值可以从公交公司获取；W 为乘客中持有 Wi-Fi 设备的总人数，其值利用上述数据采集方法统计得出。

计算得出 K 后，可根据每个断面的有效 MAC 地址来计算每站上下车人数和车内人数；从第 n 站上车的 Wi-Fi 设备持有人数为X_n，下车的 Wi-Fi 设备持有人数为 Y_n，出站后公交车上的 Wi-Fi 设备持有人数为 W_n；其中，X_n 为在此站进入网络的 Wi-Fi 设备数量，Y_n 为在此站离开网络的 Wi-Fi 设备数量，W_n 离开此站后一直在网络内的 Wi-Fi 设备数量。则第 n 站上车总人数 A_n 为：

$$A_n = \frac{X_n}{K}$$

第 n 站下车总人数为 B_n：

$$B_n = \frac{Y_n}{K}$$

第 n 站出站后公交车上的总人数为 S_n：

$$S_n = \frac{W_n}{K}$$

表 2 为 2017 年 6 月 17 日，成都市 119 路公交在分别在早高峰、晚高峰和平峰所得到的扩样系数。

扩 样 系 数 表 2

早 高 峰	晚 高 峰	平 峰
1.202	1.117	1.136

以 2017 年 6 月 17 日 7:15—8:15 的成都 119 路客流数据为例，从图 4 中我们可以看出，扩样后的数据误差大大减少，说明该方法可行。本文在此基础上进行公交 OD 数据分析系统的开发。

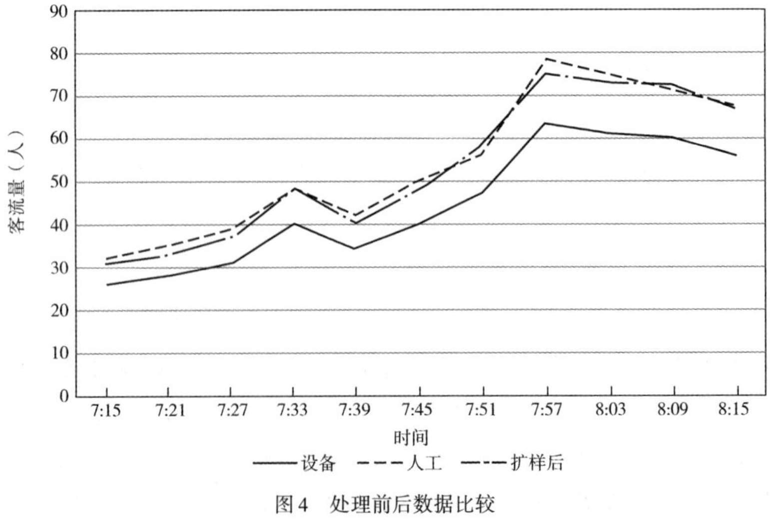

图 4 处理前后数据比较

2. 数据库实施方法

本文采用 MYSQL 软件进行数据库的搭建和数据处理，关系/联系（E-R）图如图 5 所示。

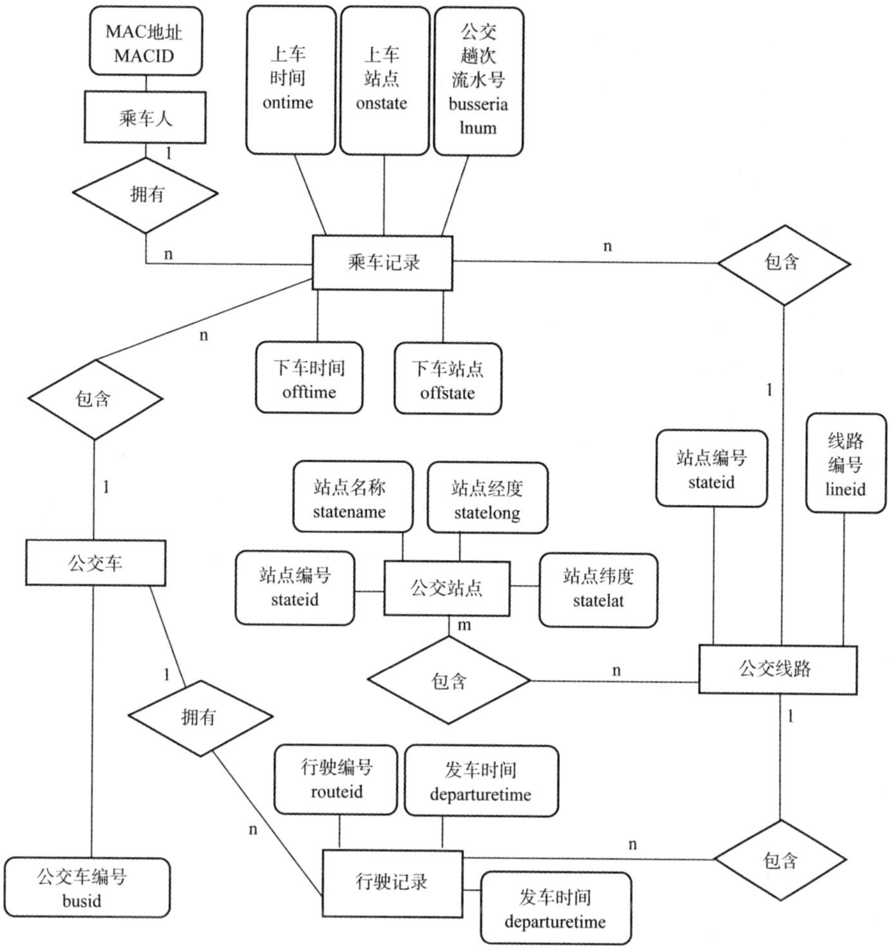

图5 数据库 *E-R* 图

数据表包括以下11个：

(1)乘车记录(MACID,乘客上车时间,乘客上车站点,乘客下车时间,乘客下车站点,公交线路,公交车趟次流水号,Wi-Fi设备扩样率)。

(2)公交站点(站点编号,站点名称,站点经度,站点纬度)。

(3)公交车(公交车编号,设备编号)。

(4)公交线路(线路编号,线路名称,站点编号)。

(5)GPS表(公交公司获取)。

(6)原始数据表(timestamp,MAC,strength,serial)。

(7)有效数据表(timestamp,MAC,strength,serial)。

(8)随车调查表(人工统计得到)。

(9)排班计划表(公交公司获取)。

(10)无换乘数据表。

(11)换乘数据表。

其中乘客记录表结合相关信息可以得到无换乘数据表和换乘数据表。无换乘数据表记录每一个Wi-Fi设备持有者乘车路线的详细信息,其具体来源是所述利用MAC地址识别乘客的身份的结果,每一个乘客每乘一次车将产生一条记录,所述特定的换乘确认方法是指乘客下车后15min内在同一站点乘坐另一趟公交车。

将该数据表命名为ODTable，其字段定义为：

(1) ID，记录的唯一标识，可作为表ODTable的主键。

(2) macID，身份识别标识，其值为Wi-Fi设备的MAC地址。

(3) onTime，乘客上车时间。

(4) onState，乘客上车站点。

(5) offTime，乘客下车时间。

(6) offState，乘客下车站点。

(7) busK，对应的Wi-Fi设备比例系数K。

(8) lineID，本辆公交车线路号。

(9) busID，本辆公交车车辆编号。

(10) busSerialNum，本辆公交车趟次流水号。

在数据表ODTable中，一条记录存储了一名持有Wi-Fi设备的乘客从上车到下车的所有信息。通过SQL查询分析，就可以统计得出某段时间内任意两个公交站点间的OD数据。

假设将某市所有公交站点从1到n统一编号，从第i站上车到第j站下车的人数为$X(i,j)$，$X(i,j)$可以通过SQL查询得到。例如，统计2017年7月23日从编号为1的站台上车，到编号为23的站台下车的人数，其SQL语句的写法为：

```
Select  sum(1/busk)  as  Xij  from  ODTable
where  offTime > ='2017 -7 -23'  and  offTime < '2017 -7 -23'  and  onState = 1  and  off-
State = 23
```

该语句返回的记录集只有一个字段，并且只有一条记录，其值就是$X(1,23)$。通过这种方法，就可以统计出任意两个站点之间的$X(i,j)$，进而得出整个城市所有公交站点之间的OD矩阵，及所述无换乘矩阵。所述换乘记录表，记录了乘客经过换乘的起止点信息，其数据来源为对所述无换乘数据表按照特定的换乘确认方法进行合并。

将该数据表命名为ODMultiTable，其字段可以定义为：

(1) ID，记录的唯一标识，可作为表ODMultiTable的主键。

(2) macID，身份识别标识，其值为Wi-Fi设备的MAC地址。

(3) onTime，乘客上车时间。

(4) onState，乘客上车站点。

(5) offTime，乘客下车时间。

(6) offState，乘客下车站点。

(7) busk，对应的Wi-Fi设备比例系数K。

(8) ODTableID，对应ODTable中多条记录的ID。

四、系统开发

(一) 系统框架

结合GPS和GIS地理信息系统，在MyEclipse的开发环境下实现公交OD数据分析系统的程序编写和网页制作，通过网页的形式展现我们的数据统计与分析。系统整体采用B/S结构(Browser/Server结构)，即浏览器和服务器结构，并且在技术架构设计方面采用先进的Java EE技术架构，基于多层软件构架，即客户层、表示层、业务层、集成层和资源层来构建系统，系统的分层架构设计如图6所示。

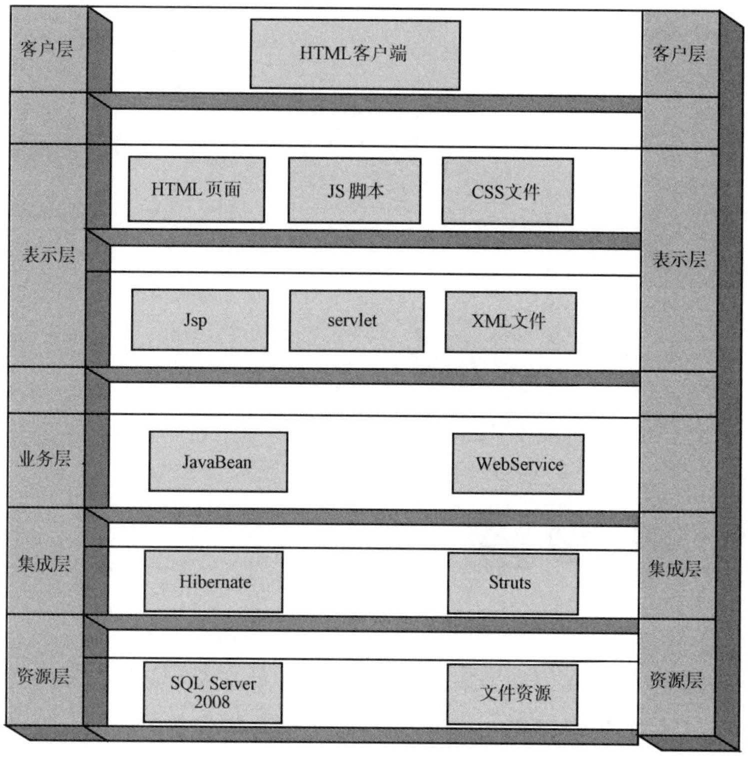

图 6 系统技术架构

采用 J2EE 技术架构,基于多层软件构架,即客户层、表示层、业务层、集成层和资源层。①客户层是将客户终端呈现给用户,通过终端操作与服务器进行会话。客户含有浏览器客户端和自助服务终端。浏览器客户端使用 HTML、CSS、JavaScript 与 AJAX 等技术实现;②表示层由 WEB 服务器及其组件构成,主要用于处理客户端的请求、响应业务层组件的请求。表示层含有 HTML 页面、js 脚本、css 文件、jsp 页面、servlet、xml 文件,引入了基于组件开发的 Struts 开源框架,具有良好的稳定性和可伸缩性,降低了系统开发的复杂度、提高了开发效率,支持所有的 Java EE 应用服务器;③业务层是整个架构中最核心的分层,主要是处理业务逻辑,由应用服务器及其组件构成;④集成层由若干接口组件和服务构成,用于集成各类组件,实现各个组件之间互联互通,集成层引入了优秀的 Hibernate 开源框架,用于对数据库进行持久化操作,支持 MySQL 数据库管理系统;资源层是整个架构的最底层,主要用于存储和管理持久化数据。包括文件系统等。

本系统所采用的网络架构如图 7 所示。系统通过建立服务器内网与外部 Internet 进行物理隔离,在逻辑上建立硬件防火墙、安全网关、入侵检测系统等,移动终端通过数据交换共享接口与服务器进行通信,并在设计上辅以 MD5 校验技术,多种加密机制并行的数据传输保护措施。系统的即时响应能力也很重要,因此在客户端频繁的刷新数据时应保证服务器端运行稳定,不出现致命性错误。方案设计中在服务器内网,本文采取内部千兆级光纤交换子网,保证各个服务器之间能快速实现交换,同时搭载 Web 服务集群,实现访问均衡负载,保证用户访问的效率,在数据库架构方面,本文采用数据库集群方案,实现秒级故障转移,提高服务器稳定性。

(二)系统功能

开发系统分为 4 个板块:①公交线路基础信息;②信息采集;③公交 OD 分析;④公交辅助评价。公交线路基础信息板块主要是对公交线路信息的查询和展示,包括线路编号、起终点信息、沿线站点信息等,结合即时地图,在地图上显示线路信息和走向及站点详情,还可以实现公交线路搜索功能。

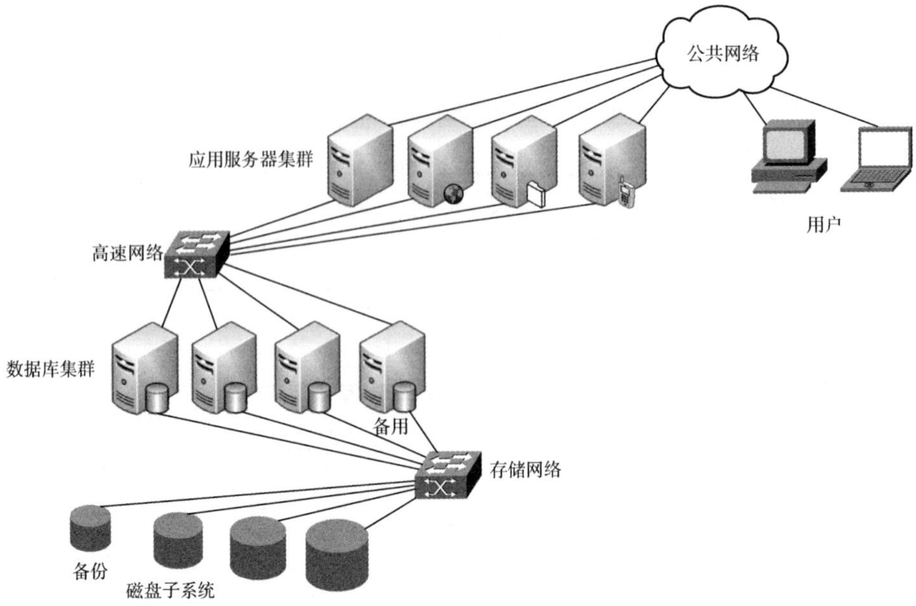

图7　系统网络结构

本系统实现数据开源化，所以在信息采集板块，可获取原始数据，按设备名称、输入时间段进行查询下载。并实现数据实时传输处理，所以在此板块，可根据车上有效设备的数量，进行实时监控，动态调度，避免人流量过大导致舒适度下降或造成安全事故。

在公交OD数据分析板块，主要功能为OD查询和OD热力图展示，OD查询部分分为微观查询、中观查询和宏观查询。微观查询部分是针对站点而言的，可对单一站点的上下车人数进行查询，也可对站点间的换乘人数进行查询；中观查询是针对公交线路而言的，可通过查询获取线路断面流量等基础信息；宏观查询则是针对公交网络而言。3种查询层层递进，有效贯通，保证OD信息的全面有效，能够更好地服务于调度和规划。同时为满足短期、远期、战略规划调度对观测时间的不同要求，所有查询均可输入时间段进行查询，相关人员可根据自己的要求获取不同的数据以及相关指标。OD热力图则是结合GPS和GIS对公交网络中站点和线路的客流量进行实时监控和展示，以地图的形式直观地用相应颜色来表示各站点或各线路的客流量，比如绿色表示该站点/线路断面客流量较小，红色表示该站点/线路断面客流量较大等。在线路热力图展示界面，输入线路编号，则可在地图上得到相应线路的情况。

公交辅助决策部分是对相关指标的展示和查询，分为客流指标、运营指标和时空分布特性三大部分，以此支撑公交管理部门的规划、调度和决策。客流指标包括：①线路断面客流；②线路日客流量；③最大客流集散地；④断面流量图；⑤线路最高断面满载率。运营指标包括：①平均运营速度；②线路平均发车间隔；③高峰发车频率。时空分布特性主要是通过图表的形式来进行客流分布的展示，得到相应的高峰、平峰、低峰，从而进一步确定相应时段的发车频率，展示内容包括：上下行方向各站点的客流分布图和全天客流分布图。

五、结论

基于Wi-Fi信号采集的公交OD数据分析系统是通过MAC地址的采集和分析，在数据库中进行数据的处理和储存，结合MyEclipse网页展示所构成的公交OD及相关指标的查询展示系统，实现公交信息实时查询。它改进了公交OD调查的方法，节约公交调度所需客流数据的调查成本，同时将公交OD调查变成常态化，为公交线路评价与优化提供数据支持，海量数据库支撑公交科学调度，有利于推动城市公交系统建设的信息化、科学化进程。

该系统不仅能运用于一条线路或一个区域,在不断的研究和探索中,它可依托整个城市路网,与城市智能交通系统相互呼应,建立公交大数据网络,实现公交智能优化调度,从根本上提升城市公交吸引力,让人们选择公交出行,真正实现"公交优先"。

参考文献

[1] 张游杰,张清萍,等. 一种基于 Wi-Fi 身份识别的公交客流数据采集及 OD 分析方法[J]. 计算机应用,2014,34:309-314.

[2] 张天然. 基于 GIS 的公交模型数据库构建及维护[J]. 城市交通,2014,12(5):65-71.

[3] 李铁柱,张亮,等. 城市公交规划调查数据分析处理系统开发[J]. 交通运输系统工程与信息,2004,1(2):115-120.

[4] 赵骞. 基于公交 IC 卡调查数据的公交调度优化研究[D]. 大连:大连理工大学,2007.

[5] 尹婷婷. 基于大数据的公交调度规则研究[D]. 北京:北京交通大学,2015.

[6] 王进. 基于 GIS 的公交规划技术研究[D]. 武汉:华中科技大学,2004.

[7] 朱敏. 城市智能公交评价指标体系及评价方法研究[D]. 长沙理工大学,2012.

2017年第三届中国交通运输院长论坛"新国线交通运输类大学生优秀论文"二等奖

基于铁路货运时效性的调车设备创新设计

兰州交通大学　交通运输学院　交通运输专业　万鑫兴

摘　要：基于我国铁路货运因时效性低下致使货运量数年持续下降的事实，提出改进创新铁路调车设备，以达到提高铁路货运时效性的目的。调车设备的创新设计包括车辆自行运动和车辆自行摘钩两部分，分别完成调车过程中车列或单位车组自行前后运动和在适当位置自行摘钩。通过分析计算，得出该套设备可以节约大量调车时间和车程，进而提高铁路货运的时效性的结论。

关键词：时效性；调车设备；创新设计

一、引言

数据显示，我国近10年来公路货运量每年的平均增长量约为铁路货运总量的1/3，铁路货运量同比下降严重[1]；同时，部分数据显示，我国公路交通事故每年造成约20万人死亡，其中公路货运约占一半，即每h我国有3人死于公路货运。随着我国经济转型，市场交易节奏越来越快，公路货运机动灵活的特点逐渐成为其强劲的竞争力；同时，在长期的发展中，公路货运车辆的运量越来越大，逐渐可以承担较大运量的运输任务。而铁路作为一个庞大的整体，改进发展意识较低，故在长期的发展中，未能像公路货运发展一样，对其缺陷进行有效改进。所以，出现目前铁路货运量与公路货运量严重不平衡的现象，最终不仅造成铁路货运的亏损，还造成我国公民的大量死亡。本文基于此，提出铁路调车设备的创新设计，旨在克服铁路运输不灵活的缺点，进而提高铁路货运的时效性。

二、调车设备分析与创新思路

目前，铁路调车过程的实现，必须依赖于专用调机的推送。而在调车场内，必然会存在多个车列等待一个调机推送的现象，这时就会造成车列在车站停留时间的增加；当采用多个调机同时工作时，又会因为调机的调车路径之间的干扰而使得调车效率严重下降。针对此问题，本文提出使用一种新型调机，此后称传动调机，该调机与车辆安装的新设备耦合时可以实现所有调车线上的车列乃至车组的平行作业。

在列车解体编组时，均需要专用调机依次推送车列或车组以便完成调车作业，此时，就会存在调机空走的情况；如果车列或车组在调车过程中能够借助传动调机而自行移动，不但可以节省专用调机的空程时间，还可以减少调机自行移动的能耗。

在车列解编作业中，人工摘钩一直是一项危险系数较高的工作。因此，本文在车辆上设计自行运动设备的同时，设计了自行摘钩设备，以提高解编效率，减少劳动人员。

在整个设计中，自行运动设备包括传动调机和车辆改进有关设备；自行摘钩设备主要借助车辆改进设备中的动力供给设备来完成作业；所有设备的动作都由控制设备控制完成。设计思路流程如图1所示。

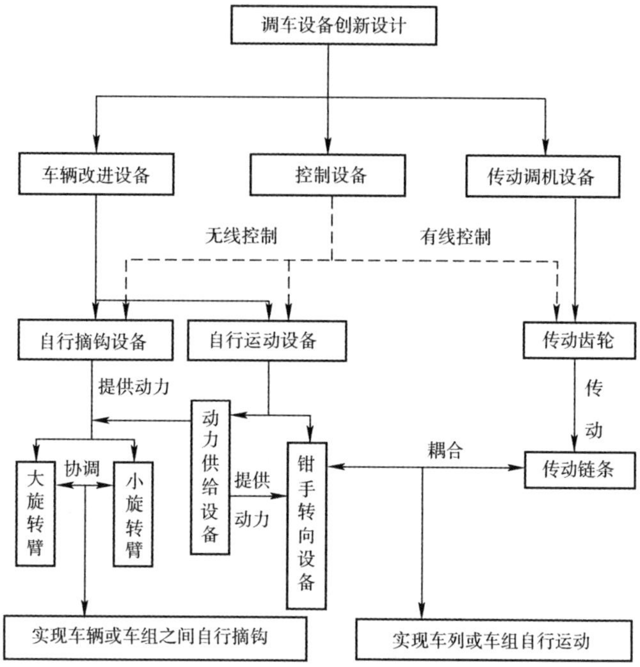

图 1 调车设备创新设计流程图

三、调车设备设计

基于以上分析，调车设备的设计主要从传动调机设备、车辆改进设备以及控制设备 3 个方面进行。其中传动调机设备是辅助车辆自行运动设备而专门设计的，控制设备用于协调整套设备的工作。

（一）传动调机设备

传动调机置于路基内部，所有设备均低于钢轨平面，其中传动链条下部置于路基内设置的微型隧道内。

传动调机设备包括大型电动机（2-001）、减速器（2-002）、传动齿轮（2-003）、混凝土支座（2-004）、传动链条（2-005）和控制电路，用于控制车辆在调车线上的前后运行。传动调机设备模型图如图 2 所示。

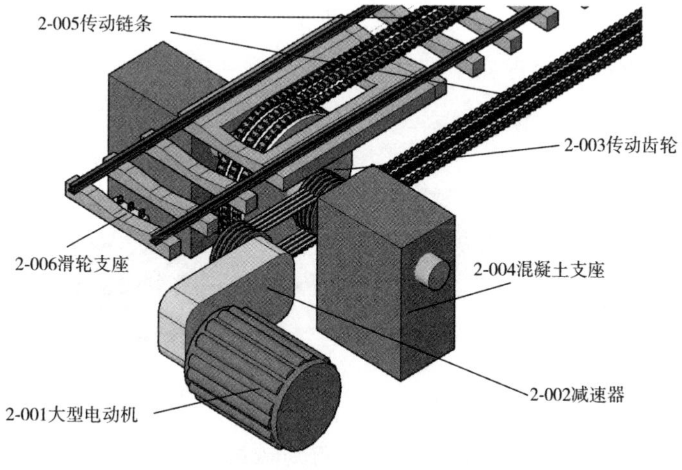

图 2 传动调机设备模型图

大型电动机(2-001)用于带动减速器(2-002)、传动齿轮(2-003)和传动链条(2-005)转动,混凝土支座(2-004)作为传动齿轮(2-003)的固定支座,控制电路用于控制减速器(2-002)的速度和电动机(2-001)的开关;大型电动机(2-001)用于带动一列车在最高调车速度下正常运行。

减速器转换后的速度满足列车多种前进速度要求用以摘钩分离车组;传动齿轮与传动链条(2-005)设计为单向齿,可以相互耦合连接,传动链条(2-005)设计为3条并分为两组,中间一条单独为一组,链条顶面与钢轨齐平,位于两条钢轨中间,枕木上空。

滑轮支座(2-006)用于平衡传动链条(2-005)的自身重力;传动调机设备控制电路由微机模块控制继电器动作,完成大电路的转换。

(二)车辆改进设备

车辆改进设备由液压动力设备、钳手转向设备、自摘钩设备和控制设备组成;液压动力设备是钳手转向设备、自摘钩设备的动力提供源;电子控制模块借助外部CPU传入的信息指令,控制液压动力供给设备以及钳手转向设备和自摘钩设备动作。车辆改进设备模型如图3所示。

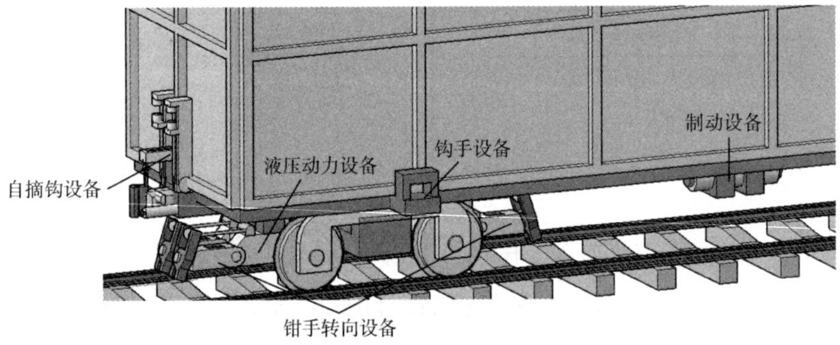

图3　车辆设备改进模型图

液压动力设备由动力辅助支架(5-001)、液压动力供给模块和供电设备组成;动力辅助支架与车底架连为一体,为液压动力供给模块提供安置平台,同时作为旋转臂与车辆底架中梁的传力介质;液压动力供给模块由蓄电池(5-002)、小功率电动机(5-003)和液压机(5-004)组成,蓄电池(5-002)通过小功率电动机(5-003)将电能转换为机械能,并累积做功,液压机(5-004)将电动机(5-003)所做功通过帕斯卡原理与杠杆原理放大以液压力形式输出,此液压力可满足车辆改进设备中设备的动作要求。液压动力模型如图4所示。

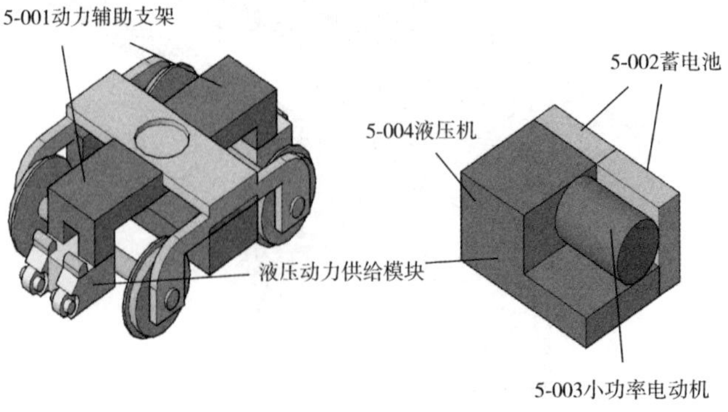

图4　液压动力模块模型图

供电设备由供电电路与弹簧连接电路(7-005)组成,用于牵引机车向蓄电池(5-002)充电,弹簧连接电路在车钩侧旁，当两车连挂时，弹簧连接电路中弹簧压缩电路连通；当两车辆分离时电路断开。

钳手转向设备由旋转臂（6-001）、钳手（6-002）、液压伸缩臂（6-003）、液压输送管（6-004）组成；旋转臂以动力辅助支架为支撑，可以在电子控制模块的控制下通过液压动力供给设备提供的动力向下旋转一定角度，并在电子控制模块的控制下复位；此外，旋转臂（6-001）还可以在旋转一定角度后，遇到方向向上足够大的压力时，自动复位以保证不与传动齿轮冲突；钳手（6-002）安装在旋转臂末端，并在一侧配套有液压伸缩臂（6-003），液压输送管为液压伸缩臂提供液压力，钳手（6-002）可以在电子控制模块的控制下，在旋转臂（6-001）旋转一定角度后，通过液压伸缩臂（6-003）的伸缩，抓紧或放开传动链条（2-005）；液压伸缩臂（6-002）可以通过液压输送管提供的液压力进行伸缩，为钳手（6-002）提供旋转动力。钳手转向设备如图5所示。

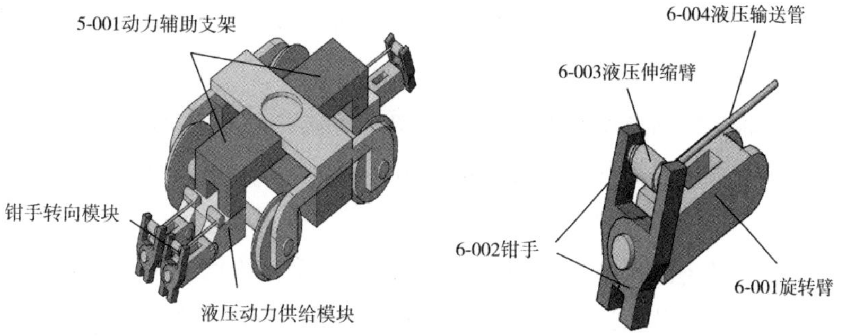

图5　钳手转向设备模型图

自摘钩设备由大旋转臂（7-001）、小旋转臂（7-002）、液压伸缩臂（7-003）、钩卡（7-004）、弹簧连接电路（7-005）组成；大旋转臂（7-001）上安装有液压伸缩臂（7-003），并在大旋转臂（7-001）内安装有液压输送管，在电子控制模块的控制下，大旋转臂（7-001）通过液压动力供给设备提供的动力，向下旋转90°，液压伸缩臂（7-003）压缩钩卡（7-004），使两车钩处于压缩状态；小旋转臂（7-002）末端安装有与锁铁相连的链条，在电子控制模块的控制下，小旋转臂（7-002）通过液压动力供给设备提供的动力，向上旋转一定角度，拉动链条和锁铁完成提钩作业；钩卡（7-004）安装在车钩上，与车钩连接为一体，用于配合液压伸缩臂（7-003）压缩车钩；液压输送管一端与大旋转臂（7-001）上的液压伸缩臂（7-003）相连，另一端与液压动力供给模块连接。自摘钩设备模型如图6所示。

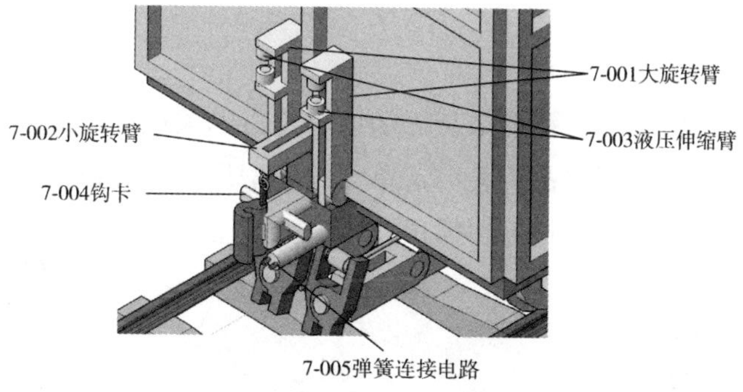

图6　自摘钩设备模型图

车辆控制设备由电子控制模块和外部CPU两部分组成，其中电子控制模块安装在动力辅助支架内部，设有减振、隔温装置，由微型计算机、继电器和控制电路组成；外部CPU是车辆控制设备实现对车站所有车辆精准控制的核心枢纽。

四、调车设备工作原理及应用

基于以上新设备的设计，传动调机置于路基内部，不与车列前进后退相互冲突，却可以带动同一线路上的多个车列或车组同时前后运动。任何车列或车组在接受调度指令后，只需一辆或多辆车的钳手转向设备中的钳手抓住传动链条，在传动链条的带动下向前或向后运动；而传动链条的运动则是由传动调机中的大型电动机带动的。调车作业的执行，即可以通过控制设备中的电子控制模块控制前后转向设备的不同动作来完成。

在以往的解编作业中，只有在驼峰才可以大规模地快速实现车列的解体，而自行摘钩设备的设计，可以实现车列在任何地方任何时间的自行快速摘钩，同时自行摘钩设备还节约了大量的劳动力。解体钩计划的执行，直接以控制设备中的电子控制模块控制自行摘钩设备动作来完成。

由于传动调机只能安装在车站调车线的直线地段，车列在曲线地段的运动必须采取适当措施。目前这里提供3套解决方案。

方案一：利用车列头部车辆与尾部车辆的协调转换。由于车列本身具备一定长度，当列车长度大于曲线长度时，头部车辆的钳手可以抓住传动链条时，尾部车辆的钳手还没有放开传动链条，车列可以继续运动。

方案二：利用车列本身具备的动能，当车列尾部车辆的钳手与传动链条分离时，车列此时具备的动能可以让车列继续运动一段距离，若这段距离大于曲线长度，尾部车辆在第二次抓住传动链条时，车列依然是继续运动的。

方案三：在曲线距离较长时，结合方案一与方案二，即可实现车辆自动走行两个方案运动距离之和。

五、设备校核与节约时间计算

（一）校核计算

设备的所有校核，此处以《列车牵引计算规程》为依据计算最大阻力[2]，将所有校核力 F 以车列前进所需最大牵引力137kN计，所有钢材型号均以65Mn型号碳素钢的各种应力为基准经行校核。

此外，以下校核旨在说明此设计的可行性，对设备尺寸选取的最优化问题并不作研究，对设计的实际施行仅提供借鉴作用，并不提供实际实施例论证。

1. 传动调机校核

（1）传动链条单元校核。

传动链条单元模型如图7所示，传动链条是传动调机传力的关键环节，设计要求，必须强度高、体积小方能起到节能的作用。在校核后发现，传动链条单元的模型尺寸设计依然可以缩小，并且可以采用强度较高的合金钢，这样可以使传动链条达到小体积、高强度的目的。所有校核过程见表1。

图7　传动链条单元模型图

传动链条结构强度校核表

表 1

截面积示意图	应力种类	许用应力(MPa)	截面面积(m^3)	校核计算(MPa)
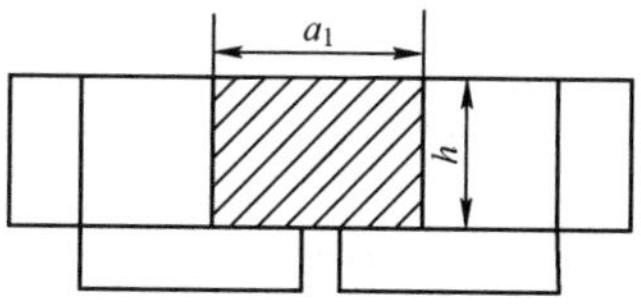	拉压应力	340	0.0015	$\sigma=\frac{F}{A}=\frac{F}{a_1h}=91.3$
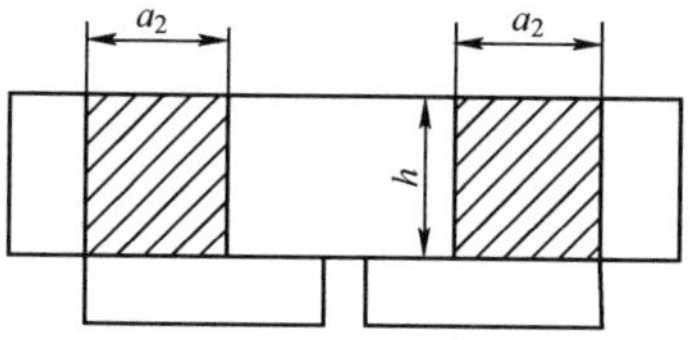	拉压应力	340	0.002	$\sigma=\frac{F}{A}=\frac{F}{2a_2h}=68.5$
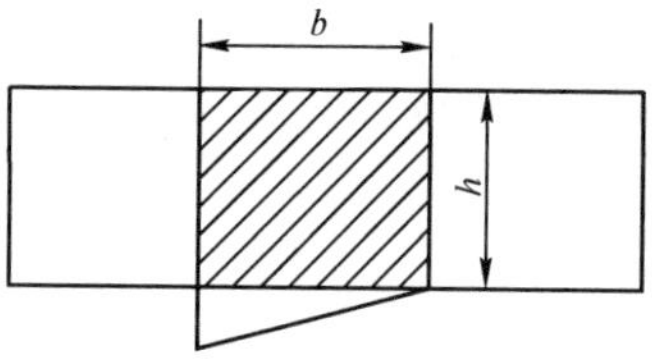	剪切应力	190	0.0025	$\tau=\frac{F}{S}=\frac{F}{bh}=54.8$
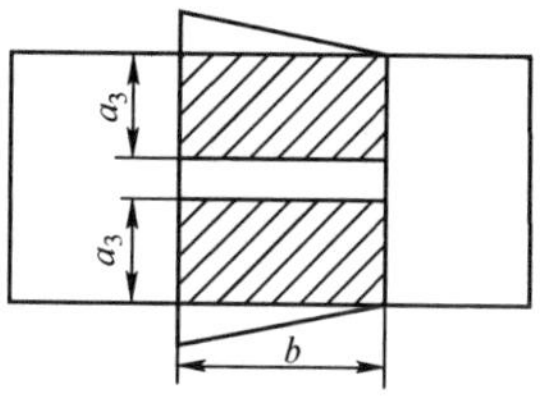	剪切应力	190	0.003	$\tau=\frac{F}{S}=\frac{F}{2a_3b}=45.7$
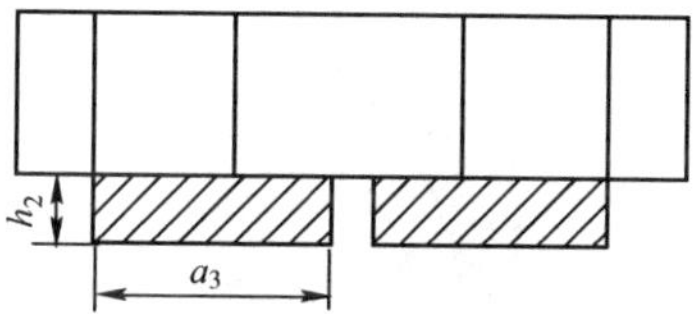	挤压应力	340	0.002	$\sigma=\frac{F}{A}=\frac{F}{2a_3h_2}=68.5$
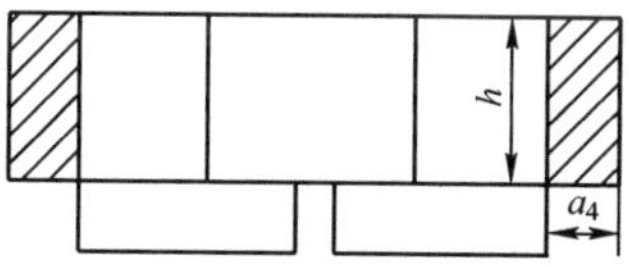	挤压应力	340	0.002	$\sigma=\frac{F}{A}=\frac{F}{2a_4h}=68.5$

(2)传动链条整体受力分析。

传动链条整体模型如图 8 所示,传动链条整体模型的分析,主要考虑链条自重对链条传力准确性的影响。所有校核过程见表 2。

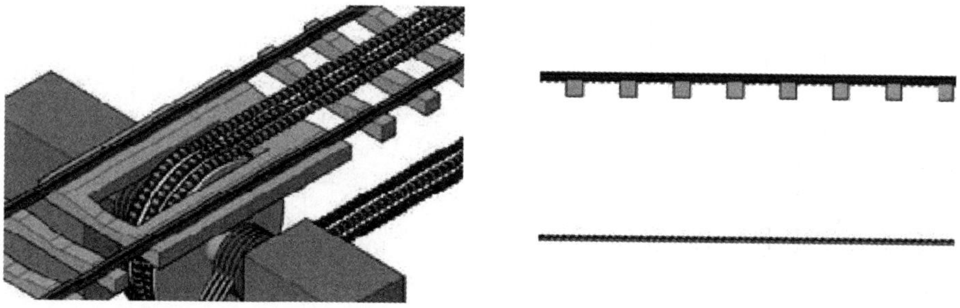

图 8 传动链条整体模型图

传动链条整体受力分析过程表 表2

受力分析示意图	结构分析计算
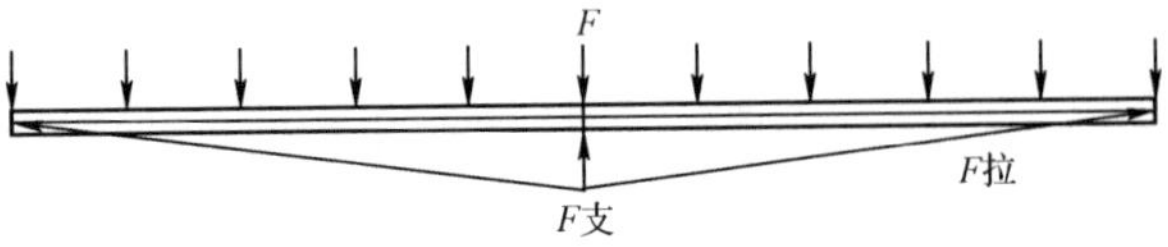	$\begin{cases} F_{\text{拉}}\cdot\sin\theta = nmg \\ F_{\text{拉}}\cdot\cos\theta = F_{\text{总}} \end{cases}$ $n=\frac{F_{\text{总}}\cdot\sin\theta}{\cos\theta\cdot mg}=\frac{F_{\text{总}}}{mg}\cdot\tan\theta$ 根据力的矢量性原则， 又知单位链条长0.1m,所以： $\tan\theta=\frac{0.05}{0.1n}$ 解二元一次方程： $\begin{cases} n=\frac{F_{\text{总}}\cdot\sin\theta}{\cos\theta\cdot mg}=\frac{F_{\text{总}}}{mg}\cdot\tan\theta \\ \tan\theta=\frac{0.05}{0.1n} \end{cases}$ 得：$L=2\times 0.1:n=33(\text{m})$

所以由以上两式可知两支座间的距离为33m。

(3)传动齿轮强度和轴径校核。

传动齿轮结构模型如图9所示，传动齿轮半径的大小主要受到传动链条的尺寸、电动机功率的大小以及整体力系平衡的要求。为了更为充分利用链条与齿轮之间的摩擦力，考虑将齿轮与链条的齿牙均设计为单向齿。所有校核过程见表3。

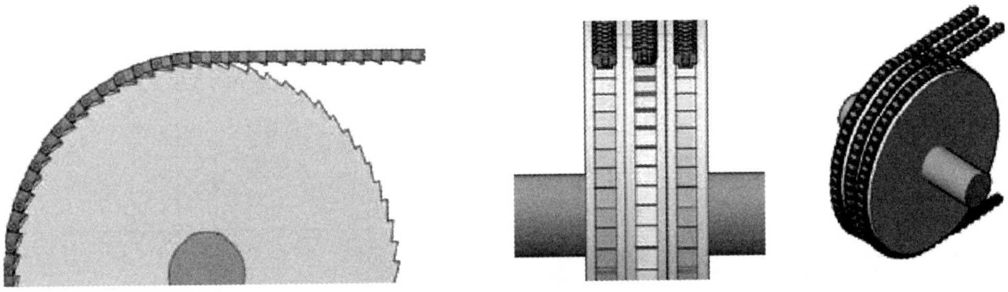

图9 传动齿轮结构模型图

传动齿轮结构强度校核表 表3

截面示意图	应力种类	许用应力(MPa)	截面面积(m^2)	校核计算(MPa)
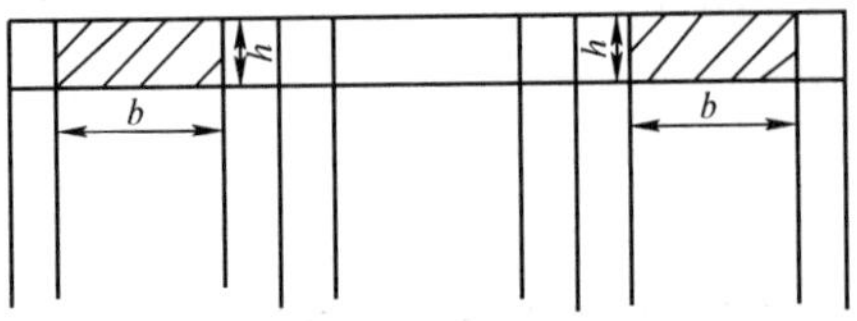	挤压应力	340	0.002	$\sigma=\frac{F}{A}=\frac{F}{2hb}=68.5$
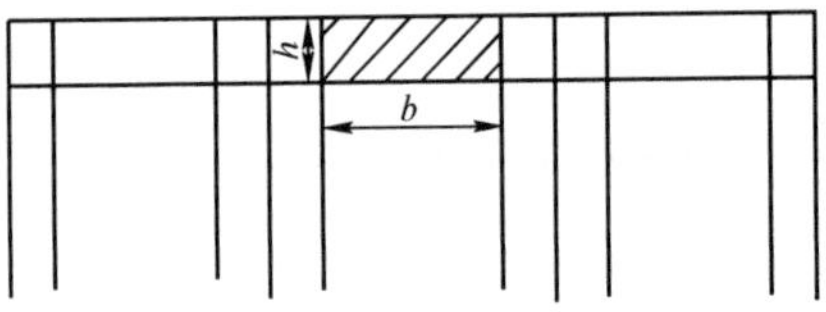	挤压应力	340	0.001	$\sigma=\frac{F}{A}=\frac{F}{2hb}=137$

续上表

截面示意图	应力种类	许用应力(MPa)	截面面积(m^2)	校核计算(MPa)
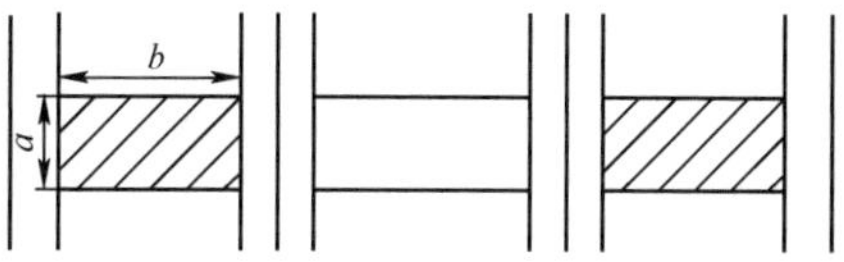	剪切应力	190	0.002	$\tau = \frac{F}{S} = \frac{F}{2ab} = 68.5$
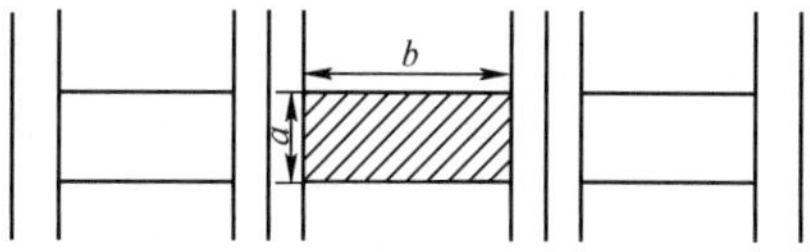	剪切应力	190	0.001	$\tau = \frac{F}{S} = \frac{F}{ab} = 137$
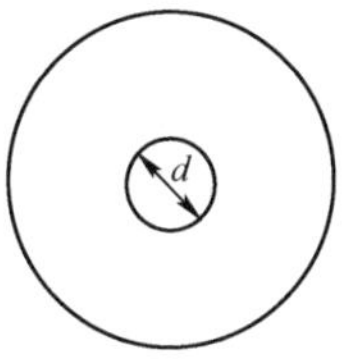	扭转应力	180	0.006	$\tau = \frac{16T_{max}}{\pi d^3} = 0.4$ $\varphi = \frac{32T_{max}180}{G\pi} = 1.3$ (此处 G 取 80MPa)
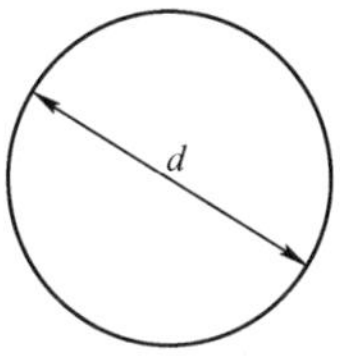	剪切应力	190	0.006	$\tau = \frac{F}{S} = \frac{4F}{\pi d^2} = 22.83$

(4)传动电机整体受力分析。

车列或车辆在向前运行时,传动电动机整体会受到车辆或车列的反作用力。为此,电动机需要满足稳定性的要求。如图 10 为单向大齿轮,对其进行受力分析,因其单向链条和单向齿轮的特殊性,其接触面都会受到切向力 F,F 取一列车起动时的阻力。对其正交分解 X 轴方向将形成一对平衡力偶,即产生顺时针力偶矩 $T_{1矩}$。

Y 轴方向将只会剩余方向向上的,到齿轮中心点的力矩 $T_{1矩}$。

$$T_{1矩} = 2 \times \sum_{\theta} F \cdot \cos\theta \cdot R \cdot \sin\theta = 61.517(\text{kN} \cdot \text{m}) \tag{1}$$

$$T_{1升矩} = 2 \times \sum_{\theta} F \cdot \sin\theta \cdot R \cdot \cos\theta = 61.517(\text{kN} \cdot \text{m}) \tag{2}$$

其中 $T_{1矩}$ 由主动轮上的转矩 $T_{2矩}$ 平衡,如图 10 所示。力矩 $T_{2矩}$ 力的方向向上。所以 $T_{1矩}$ 和 $T_{2矩}$ 均需对应力的作用点的重力来平衡。

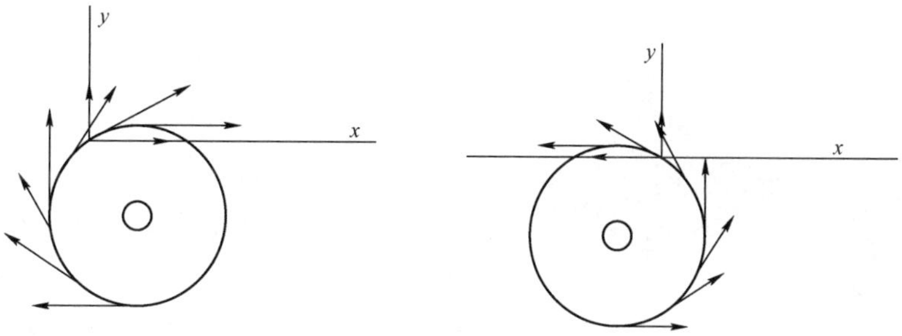

图 10 整体受力分析示意图

$$T_{2矩} = 2 \times \sum_{\theta} F \cdot \cos\theta \cdot R \cdot \sin\theta = 61.517(\text{kN} \cdot \text{m}) \tag{3}$$

$$T_{2升矩} = 2 \times \sum_{\theta} F \cdot \sin\theta \cdot R \cdot \cos\theta = 61.517(\text{kN} \cdot \text{m}) \tag{4}$$

所以混凝土支架所需克服的到齿轮中心点的力矩为：

$$T = T_{1矩} + T_{1升矩} = 123.034\ (\text{kN} \cdot \text{m}) \tag{5}$$

(5)电动机的选用与减速器的设计。

电动机的选取考虑诸如功率和转速等参数的设定。依照需要的功率选取有关电动机的参数，数据见表4。

部分电动机功率参数表　　表4

型　　号	功率(kW)	电流(A)	转速(r/min)	效率(%)	功率因数	质量(kg)	尺寸(mm)
Y315L1-2	160	292	2980	93.5	0.89	1160	1310×645
Y315L2-2	200	365	2980	93.5	0.89	1190	1310×645
Y355M2-2	250	446	2980	94.5	0.9	1770	1540×750
Y355L2-2	315	559	2980	95	0.9	1900	1570×750
Y315L2-4	200	361	1490	94.5	0.89	1270	1340×645
Y355M2-4	250	461	1489	94.7	0.87	1800	1570×750
Y355L2-4	315	577	1489	95.2	0.87	1940	1340×750

以调车最高行驶速度15km/h计，车列前进的最大功率为：

$$P = F \cdot V = 40 \times 10^3 \times 15 \div 3.6 = 167\ (\text{kW}) \tag{6}$$

所选的电动机还应适当留有备用功率，一般电动机的负载率为0.75～0.9，因此这里选用功率为200kW，转速为1489r/min，型号为Y315L2-4的电动机。

传动齿轮(从动轮)转动的线速度为：

$$v = \omega \cdot r = 2\pi rn \tag{7}$$

从动轮因微型隧道设计要求半径R定为1m，要求从动轮的转动的线速度最大为15km/h，则其角速度为：

$$\omega = \frac{v}{r} = \frac{15}{1 \times 3.6} = 4.17\ (\text{rad/s}) \tag{8}$$

在设计中，需通过一减速器衔接传动齿轮与电动机，使与从动轮同轴上的主动轮的角速度为4.17rad/s。为满足力学刚度强度要求，主动轮半径设计为0.2m，则：

$$v = \omega \cdot r = 0.834\ (\text{m/s}) \tag{9}$$

因此，减速器的设计，其输出的线速度必须在0.834m/s的邻域区间，即0～1m/s的区间，此处只提出设计要求，不对减速器的设计作详细设计论述。

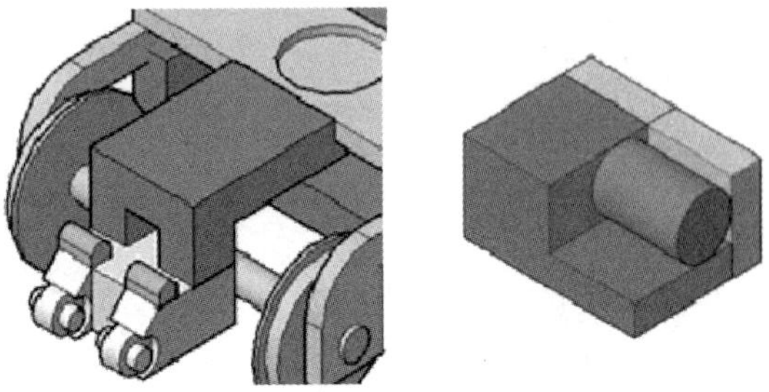

图11　动力供给设备模型图

2. 车辆改进设备校核

(1)动力供给设备校核。

动力供给设备结构模型如图11所示，动力辅助支架位于横梁之下，与横梁焊接为一体，内部空心，用于装设电子控制模块。其受力主要为拉力与剪切力，设计尺寸时，除了满足结构强度和刚度之外，还要考虑到节约成本，减轻车体负重。动力辅助支架下的动力供给模块，其外壳与动力辅助支架连为一体，内部装有动力供给模块的蓄电池、电动机和液压机等元件。因此，外壳的强度校核也在考虑范围之内。此外，钳手转向设备的旋转轴部分也在校核范围之内。所有校核过程见表5。

动力供给设备结构强度校核表　　　　表5

截面积示意图	应力种类	许用应力(MPa)	截面面积(m^2)	校核计算(MPa)
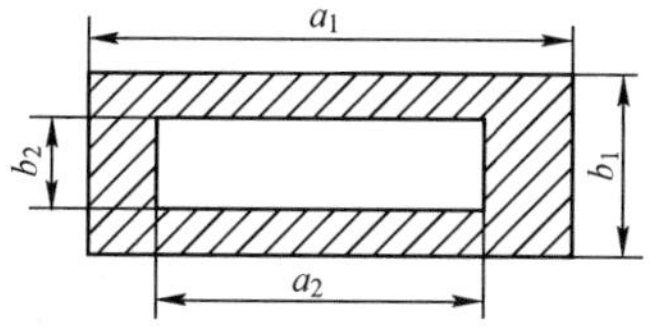	拉伸应力	340	0.08	$\sigma=\frac{F}{A}$ $=\frac{F}{a_1b_1-a_2b_2}=1.72$
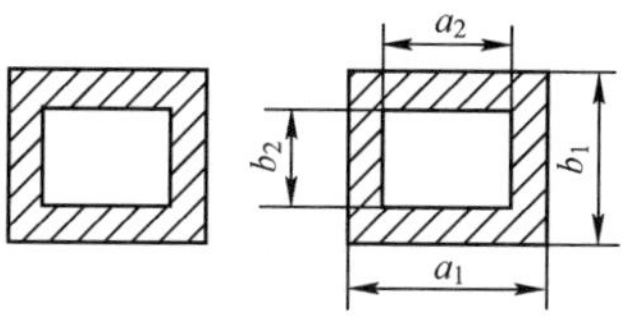	剪切应力	190	0.02	$\tau=\frac{F}{S}$ $=\frac{F}{2(a_1b_1-a_2b_2)}=3.4$
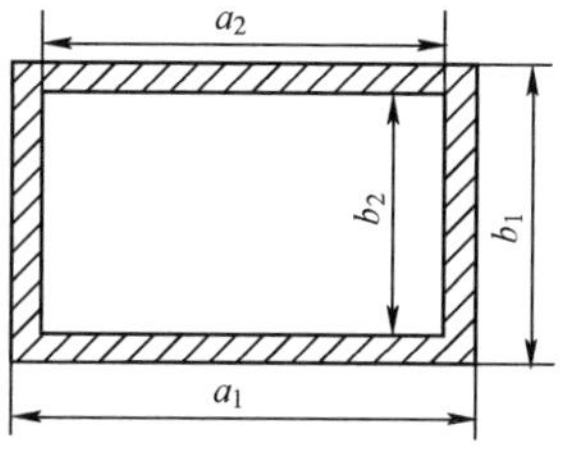	拉伸应力	340	0.02	$\sigma=\frac{F}{A}$ $=\frac{F}{a_1b_1-a_2b_2}=6.8$
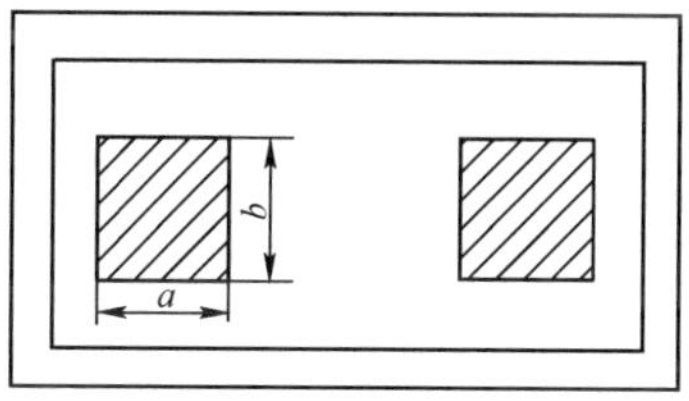	拉伸应力	340	0.02	$\sigma=\frac{F}{A}=\frac{F}{2ab}=3.4$
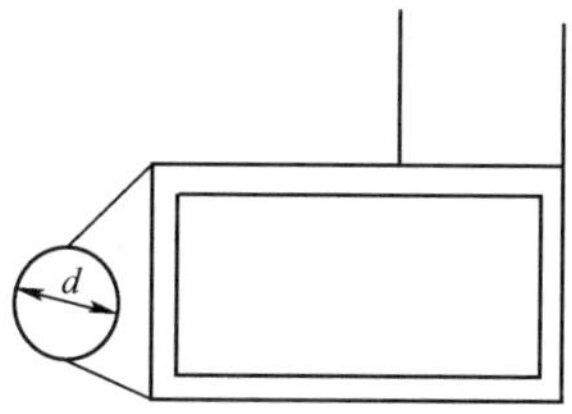	剪切应力	190	0.02	$\tau=\frac{F}{S}=\frac{4F}{\pi d^2}=6.8$
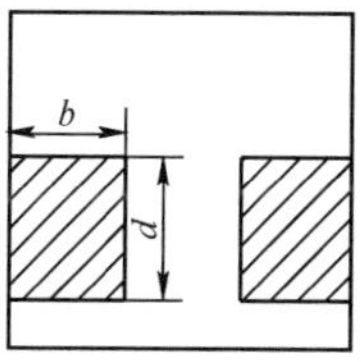	挤压应力	340	0.02	$\sigma=\frac{F}{A}=\frac{F}{2ab}=6.8$

(2)钳手转向设备的校核。

钳手转向设备结构模型如图12所示。钳手转向设备主要受到拉力与剪切力，同时部分位置受到挤压应力，不同的截面受到的拉力与剪切力不同，故对不同的截面分别进行强度校核。钳手与旋转臂连接处是该设备较薄弱的环节，主要涉及其对应的剪切应力的校核。所有截面校核过程见表6。

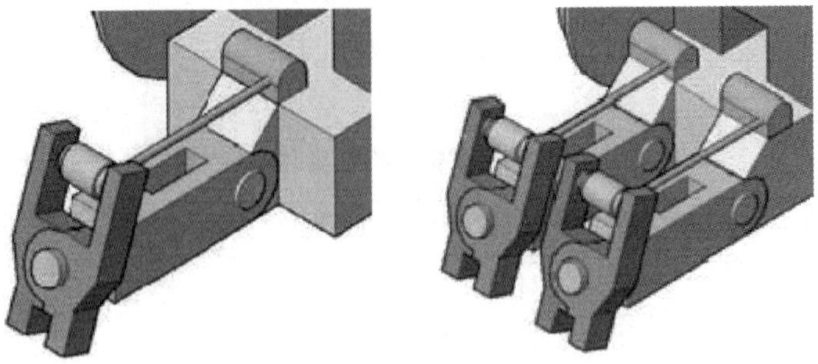

图 12　钳手转向设备模型图

钳手转向设备结构强度校核表　　表 6

截面积示意图	应力种类	许用应力(MPa)	截面面积(m^2)	校核计算(MPa)
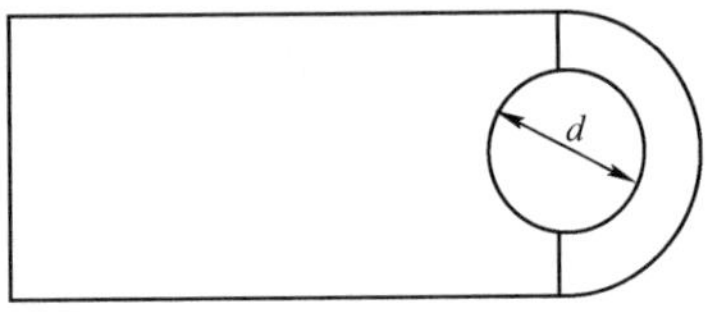	剪切应力	190	0.02	$\tau=\frac{F}{S}=\frac{4F}{\pi d^2}=6.8$
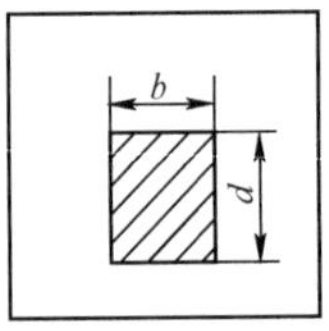	挤压应力	340	0.01	$\sigma=\frac{F}{A}=\frac{F}{bd}=3.4$
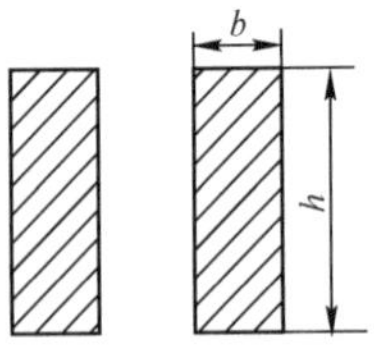	拉伸应力	340	0.05	$\sigma=\frac{F}{A}=\frac{F}{2bh}=2.7$
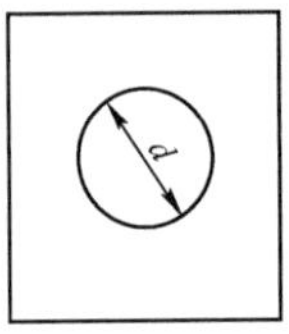	拉压应力	340	0.01	$\tau=\frac{F}{S}=\frac{4F}{\pi d^2}=13.7$
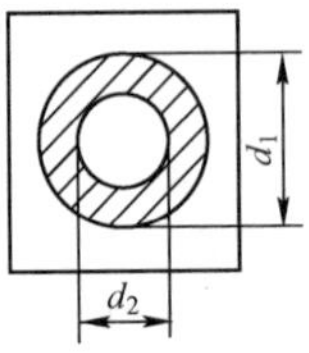	挤压应力	340	0.01	$\sigma=\frac{F}{A}=\frac{4F}{\pi(d_1^2-d_2^2)}=13.7$
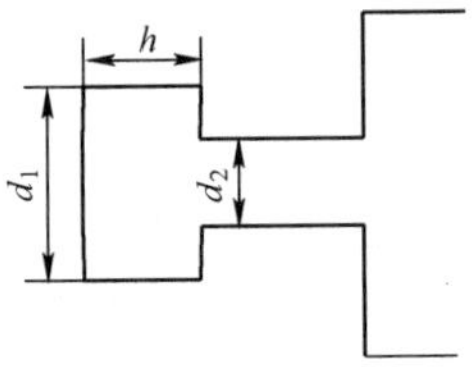	剪切应力	190	0.06	$\tau=\frac{F}{S}=\frac{F}{\pi d_2 h}=2.28$

(3)自摘钩设备的校核。

自摘钩设备结构模型如图 13 所示。自摘钩设备中,小旋转臂旋转所克服的阻力较小,而设备强度远远满足条件,故无须校核。大旋转臂上的液压伸缩臂结构所受剪切力是校核的薄弱环节,大旋转臂与车底架连接处的旋转轴也是校核的重点。在对所有拉压力校核后,对钩卡的强度也需进行校核,所有校核过程见表 7。

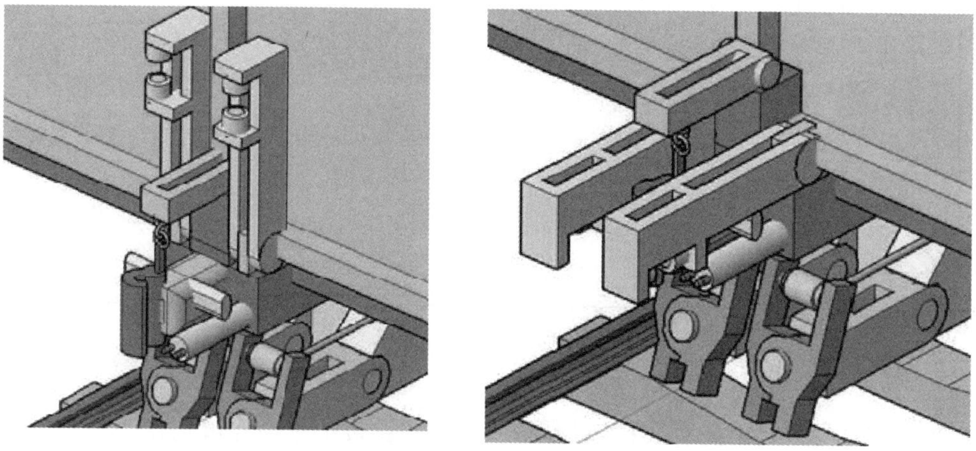

图 13　自摘钩设备模型图

自摘钩设备结构强度校核表

表 7

截面积示意图	应力种类	许用应力(MPa)	截面面积(m^2)	校核计算(MPa)
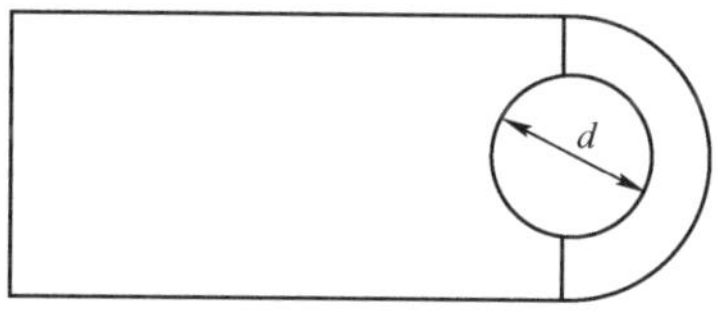	剪切应力	190	0.02	$\tau=\frac{F}{S}=\frac{4F}{\pi d^2}=6.8$
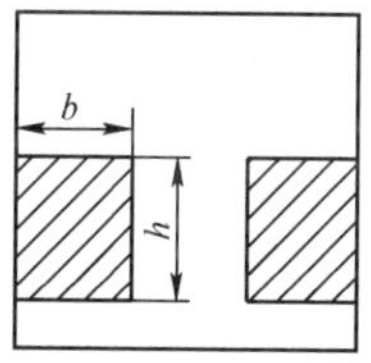	挤压应力	340	0.05	$\sigma=\frac{F}{A}=\frac{F}{2bh}=2.7$
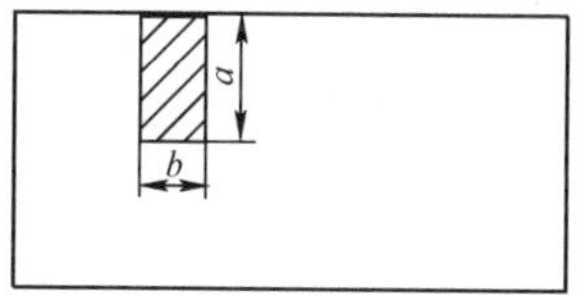	剪切应力	190	0.01	$\tau=\frac{F}{S}=\frac{F}{2ab}=6.8$
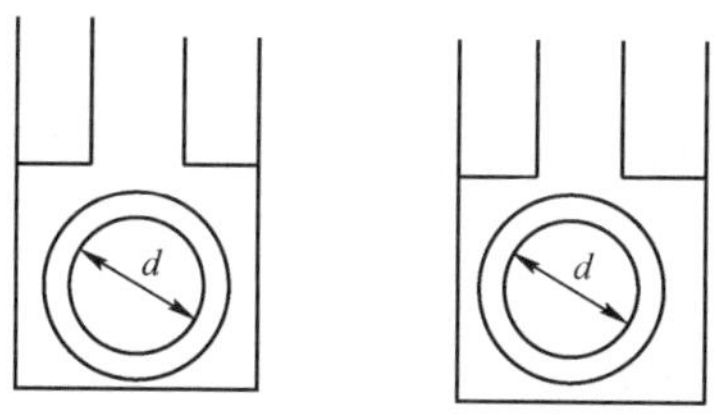	挤压应力	340	0.06	$\tau=\frac{F}{S}=\frac{F}{2\pi d^2}=2.3$

续上表

截面积示意图	应力种类	许用应力(MPa)	截面面积(m^2)	校核计算(MPa)
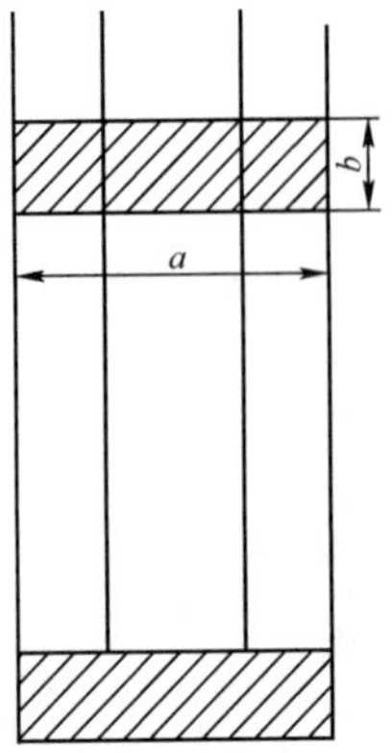	剪切应力	190	0.06	$\tau=\frac{F}{S}=\frac{F}{ab+2bh}=2.3$

(二)节约时间计算

为方便分析,以三级六场中的有调车列为研究对象,计算每个车列在编组站中节约的中转和停留时间。

(1)设一条标准的调车线(包括推送线、解体线)的长度为 L 。

(2)设车场之间的曲线(咽喉)平均距离为 S_i ,i 为调车线股道编号,新站场咽喉区很短,一般远小于 S_i ,此处为方便分析,暂时以 S_i 计。

(3)设 X_{ij} 为不同调车线上车列的车辆数,j 为车列的别号。

(4) Y_k 为每个车列中不同的组号数,n 为进入调车线股道数,k 、n 都取整数。

(5) L_0 为车辆标准长度,v 为机车平均走行速度, T_0 为节省的人工指挥延误以及咽喉路径缩短等时间。

以列车到达作业完毕后为始端,对推送和解体过程进行分析。新解编设备可以直接使车列自行运动到推送线,自行摘钩解体后到达调车线,此过程不需要专用调机推送,也不用专用调机绕行和空走。此外解体过程不需要整场。其节约时间计算如式(10)所示。

$$T_1=\frac{2\times\sum_i S_i+\sum_{i,j}(L-L_0X_{ij})+L}{vn}+\frac{2L+S_i}{v}+T_0 \tag{10}$$

通过查阅站场平面布置实际数据,调车速度取15km/h,结合实际模拟出 n 值,计算可得平均每辆有调中转车辆解体节约时间约为0.5h。通过分析,此节约时间为专用调机的整场时间和空走时间。

以列车集结结束为分析的始端,此处以列车编组情况的不同,节约的时间分为两种情况。

第一种是直接在集结线集结等待,达到满重满轴的发车条件的车列,该种车列可以节约的时间计算如式(11)所示。

$$T_2=\frac{2L+S_i}{v}+T_0 \tag{11}$$

第二种是若干集结线上的车列,需要按一定顺序连挂起来,该种车辆涉及列车的编组,此种车列集结可以节约的时间计算如式(12)所示。

$$T_3=\frac{\sum_k[\sum_{i,j}(2\times S_i+L_0X_{ij})Y_k]}{v}+\frac{2L+S_i}{v}+T_0 \tag{12}$$

通过查阅站场平面布置实际数据,调车速度取15km/h,结合实际模拟出 n 值,计算可得平均每辆涉及编组的有调中转车辆编组节约时间约为 4h，平均每辆不涉及编组的有调中转车辆编组出发节约时间约为 0.2h。

通过上述计算分析，单位车辆在有集结编组作业的车站中，新设备可以在该车站节约 4 ~ 5h，而在实际生产中，单位车辆在运输过程中至少要进行两次及其以上的集结编组。故新设备可节约每一货运车辆 8 ~ 10h 的运输时间。

六、结论

本文以改善铁路硬件设备的灵活性为手段，用以提高铁路货物运输的时效性。设计并论述了新发明的传动调机设备、车辆改进设备的工作原理；对设备的可行性进行了一定程度的校核论证；最终通过计算分析，得出新设备可以极大提高铁路调车效率，节约调车人员，提高铁路调车自动化程度，从而提高铁路调安全系数；新设备可以节约单位铁路货运车辆 8 ~ 10h 运输时间，可以在一定程度上提高铁路货运的时效性。

参考文献

[1] 盛来运. 中国统计年鉴[M]. 北京：中国统计出版社，2016.
[2] 毛保华. 列车运行与计算设计[M]. 北京：人民交通出版社，2008.

2017年第三届中国交通运输院长论坛“新国线交通运输类大学生优秀论文”二等奖

长途道路客运接驳运输接驳点客源配置优化方案

重庆交通大学　交通运输学院　交通运输专业　王菁,于振亚

摘　要:为提出科学、有效的长途道路客运接驳运输接驳点客源配置优化方案。本文首先从长途道路客运现状及国家政策分析了长途客运接驳运输的市场环境;其次以旅客出行调查分析为数据基础,提出了接驳点客源配置方案的开展思路,并从线路分布、发车时间和原地换乘时间对方案的开展提出了具体的要求;接下来,根据收益与成本的关系,将旅客的出行价值作为重要影响因素,建立了接驳运输经济效益计算模型;最后,以全国接驳运输信息平台发往北京的7条线路为研究对象,分析了线路的分布情况、客流量和载客率情况、发车时间和接驳时间,在此基础上优化了各个线路的发车时间,提出了各个线路在接驳点的配客方案,通过对比分析了开展接驳点客源配置前后的经济效益,得出了在合适的线路组织开展接驳点客源配置具有较大经济效益的结论。

关键词:接驳运输;出行特征;旅客时间价值;客源配置

一、引言

据2013年全国长途客运调研数据汇总统计分析,运行里程大于或等于800km的跨省客运线路共有10713条,占全国跨省客运线路总量的35.8%[1]。其中,高速客运班线8893条,占800km以上跨省客运班线总量的83%。有71%的跨省长途客运线路(≥800km)需要在凌晨2:00至5:00间运营,占长途客运比例较大,较为容易产生安全隐患,是施行接驳运输的首要考虑对象。全国跨省长途(≥800km)客运线路与夜间运行情况分布示意图(2012年)如图1所示。

国务院交通管理部门对道路长途客车在凌晨2:00至5:00必须停止运行的规定,使得旅客出行时间延长,并且引发了旅客投诉及社会治安等诸多问题[11]。道路客运相对其他交通方式的“夕发朝至”比较优势尽失,造成了客流量和企业效益逐步下滑。大多数长途客运班线难以正常周转,部分专线甚至停运了,旅客对此做出了强烈反应,形势极其严峻。因此,开展接驳运输是大势所趋。此做法不仅可以有效地提升长途客运的服务质量,还能发挥长途客运的优势,从而满足道路客运企业可持续发展的迫切需要。

二、长途道路客运接驳运输接驳点客源配置优化方案

(一)旅客原地换乘调查分析

1.换乘次数

根据对新国线运输集团北京分公司接驳运输线路的旅客进行随车访问调查可以发现,旅客接受原地换乘情况如图2所示,由图中可以看出,超过2/3的旅客表示可以接受原地换乘,其中1/2的旅客接受最多1次换乘,1/5的旅客可以接受最多2次换乘,只有少数人接受多次换乘。同时,在调查中,旅客对于在

原地换乘所带来的在途旅行时间增加和换乘时容易产生的混乱也表达了相应的担忧。在长途道路客运接驳运输组织中如果能通过有效的措施提高组织的效率和换乘时的安全、便捷性，将会有更多的旅客愿意接受在接驳点进行换乘。

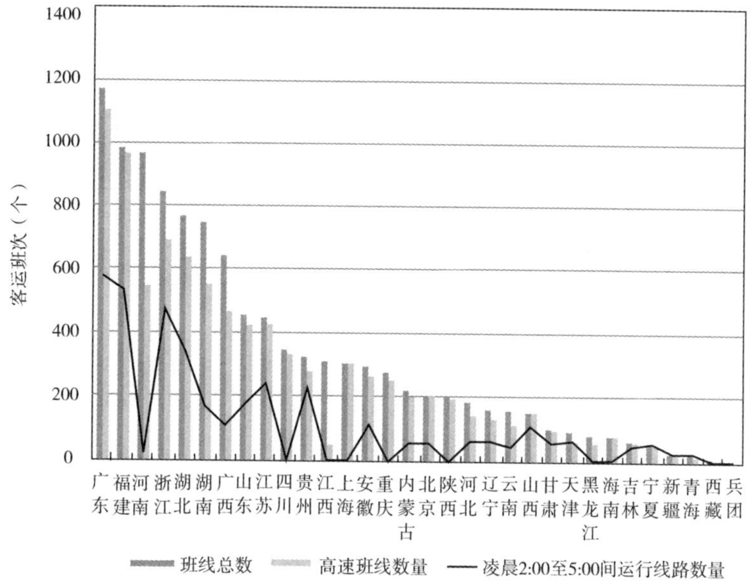

图 1　全国跨省长途（≥800km）客运线路与夜间运行情况分布示意图

2. 换乘时间

在进一步调查过程中，得到旅客可以接受原地换乘等候时间如图 3 所示，由图中可以看出，74% 的旅客可以接受 20min 以内的换乘，只有 8% 的旅客能够接受超过 40min 的换乘。因此，在组织旅客换乘时，要协调好车与车、人与车、人与人之间的关系，尽量保证换乘的时间不超过 20min。

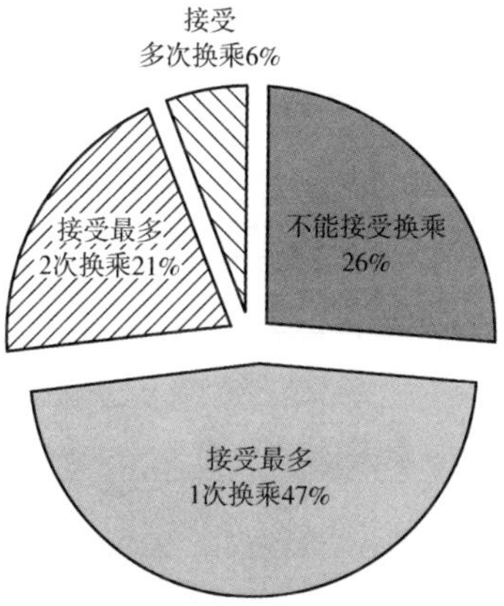

图 2　旅客对原地换乘接受程度统计图

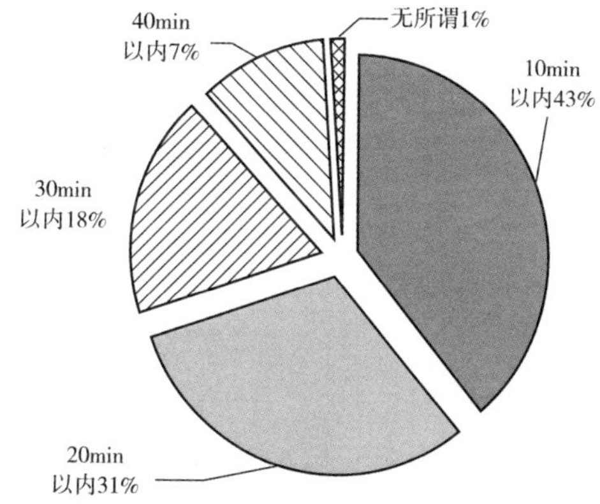

图 3　旅客对换乘时间的接受度分析

（二）接驳点客源配置优化方案描述及开展要求

1. 方案描述

针对目前开展接驳线路的车辆实载率低的现状，应合理配置客运资源，尽量使客车运力的分布与运量保持均衡，才能充分提高运输效率，提高运输经济效益。

在旅客出行中，存在不同城市出发的接驳运输车辆在各自行驶一段路径后，在某个位置交汇，然后经由同样的线路行驶至同一个目的地的情况[12]。因此可以组织这些线路上载客率较低的接驳车辆在合适的接驳站点，更换驾驶员并同时重新配载客源，以提高接驳车站到目的地车站线路车辆的实载率，具体示意图如图4所示。

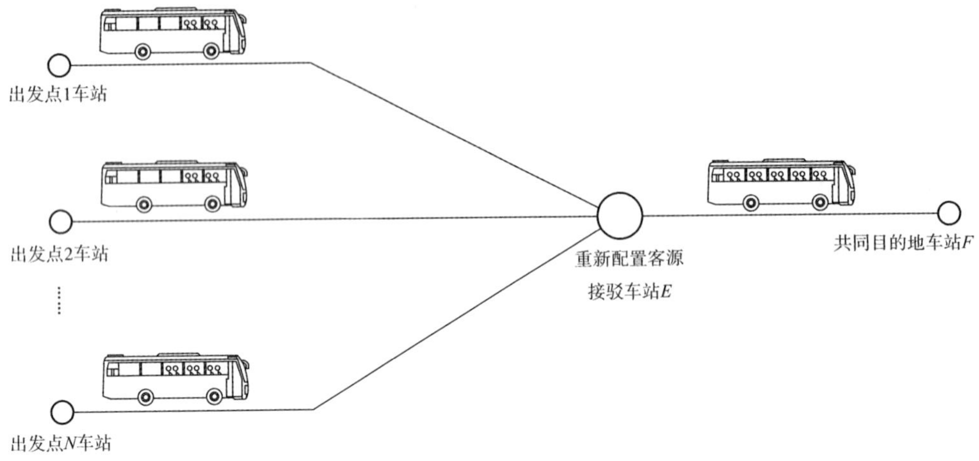

图4　接驳点客源重新配置优化示意图

2. 开展要求

(1)线路要求。

开展接驳点客源配置方案,需要对各区域接驳线路分布进行调查,筛选出符合上述示意图的线路,即存在多条线路在各自行驶一段距离后,经由同一个接驳点后的相同线路行驶至同一目的地,并对各个线路的实载率进行调查,确定各个线路的近期载客情况,为开展接驳点客源配置奠定基础。

(2)发车时间要求。

为了保证接驳站点在一定时间间隔范围内产生足够的客源,应协调各个线路出发车站的发车时间和发车间隔。在协调过程中,应遵循以下两个原则:

①时间区间。根据长途客运班次数据库统计,我国长途客运班车发车时间呈现在白天集中发班的特点。800km以上客运班线发车时间在8:00至20:00的客运班次占总数的92%,其中10:00至11:00的班次发车频率最高,达到1187个班次。详细信息如图5所示。因此优化的发车时刻表应符合此规律,处于8:00至20:00之间。

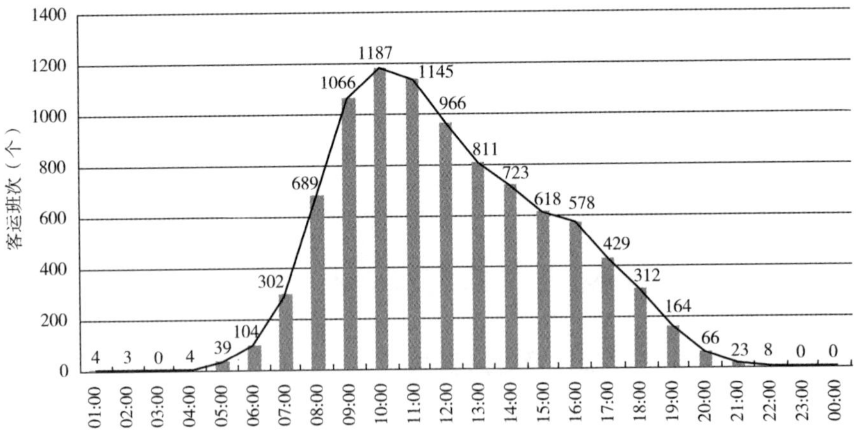

图5　800km以上客运班次发车时间频次分布

②发车间隔协调。根据旅客出行线路分布特征,存在不同城市出发的接驳运输车辆在各自行驶一段路径后,在某个位置交汇,然后经由同样的线路行驶至同一个目的地。但是这些线路的发车时间间隔存在着一定的差异,部分线路发车时间间隔较长,部分线路发车时间间隔较短,在协调各个线路的发车时间时应选择合适的时间节点进行统筹。

(3)原地换乘时间要求。

在进行接驳点客源重新配置时应满足两个要求,第一个是考虑到旅客对原地换乘的接受程度,在整个出行过程中,只能开展一次接驳点客源重新配置;第二个是在接驳点重新配置客源时,应通过高效的组织协调措施,保证旅客原地换乘时间不超过20min。

(三)长途道路客运接驳运输接驳点客源配置方案计算分析

1. 假设条件

(1)现行接驳运输组织模式与优化的组织模式吸引的客流量在短期内不会发生改变,即各个接驳线路的客流量在优化前和优化后是一样的。

(2)单车驾驶员的成本是一致的,不受线路里程和车型的影响。

(3)接驳车辆每 km 油耗不随着载客人数的改变而变化。

2. 现行接驳运输组织模式经济效益计算分析

(1)现行接驳运输组织模式线路分析。

根据全国接驳运输信息平台的线路数据,目前开展接驳运输的区域线路绝大多数都是在运行途中设立一个接驳站点,在这种模式下各个线路等效于独立的运行状态,除了会在同一接驳站点更换驾驶员,各个线路的旅客和车辆互相不受影响[12]。现行接驳运输组织模式下的线路运营等效模式如图6所示。

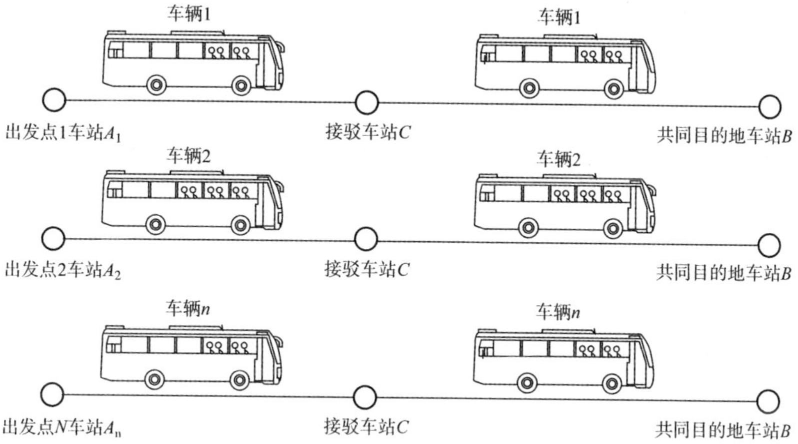

图6　现行接驳运输组织模式下的线路运营等效模式示意图

(2)参数设置。

P_i——线路 i 的票价,$i=1,2\cdots n$;

N_i——线路 i 对应乘客人数,$i=1,2\cdots n$;

a_i——线路 i 出发车站与接驳站点的距离,$i=1,2\cdots n$;

b——接驳站点到共同目的地的距离;

c——单车每 km 行驶成本;

d——单车驾驶员成本;

Z_1——综合经济效益。

(3)经济效益计算。

在不考虑接驳站点服务成本和车辆折旧的情况下,各个接驳线路单次发班的经济效益等于客运票收入减去运营成本。其中客运票收入等于各个线路的票价乘以实载人数,运营成本主要包括车辆的油耗成本和驾驶员成本。经济效益计算公式为:

$$Z_1 = \sum_i^n P_i N_i - c\sum_i^n a_i - nbc - 2nd \tag{1}$$

3. 开展接驳点客源配置方案后经济效益计算分析

(1)增加参数。

Vot——单个旅客在接驳站点换乘时间的价值;

γ——接驳点客源配置后,由接驳点发往共同目的地的客车数;

Z_2——客源配置后综合经济效益。

(2)综合经济效益计算。

在接驳点开展客源配置,当各个线路的载客率较低时,能够在一定程度上减少从接驳站点发往目的地车站的客车数量,并减少驾驶员的配置数量,从而减少一定运营成本,增加综合经济效益。但是在接驳站点开展客源重新配置会增加旅客的在途旅行时间,因此本文在计算客源配置后的综合经济效益时将旅客增加的时间成本纳入了考虑范围。客源配置后综合经济效益计算公式为:

$$Z_2 = \sum_i^n P_i N_i - c\sum_i^n a_i - \gamma bc - nd - \gamma d - \sum_i^n Vot N_i \tag{2}$$

$$Vot = \sum_i^k \frac{GDP_i}{302 \times 8p} \tag{3}$$

式中:Vot——单位时间价值,元/h;

GDP_i——i 地区人均生产总值,元/人;

k——影响区的分区数;

P——线路影响区总人口,万人。

4. 接驳点客源配置前后指标对比分析

在长途道路客运接驳点开展客源配置优化,影响的对象主要为从接驳点到目的地车站的线路运营指标,主要包括载客率,运营成本和经济效益,各指标对客源配置的影响和计算方法见表1。

接驳点客源配置前后指标对比分析　　表1

运营指标	客源配置前		客源配置后	
	指标描述	计算方法	指标描述	计算方法
载客率	从接驳点到目的地车站的载客率与各个出发车站到接驳点的载客率是相等的	所有线路各个日期的实际载客总人数除以所发车次的核定载客总人数	客源配置后,乘客总人数不变,但减少了从接驳点发往目的地车站的核载座位数	所有线路各个日期的实际载客总人数除以客源配置后所发车次的核定载客总人数
运营成本	配置前,从各出发车站到接驳点的车辆数和驾驶员人数与从接驳点到目的地车站的车辆数和驾驶员人数是一致的	配置前的运营成本等于车辆油耗成本和驾驶员成本,计算公式为:$\sum_i^n a_i + nbc + 2nd$	配置后,减少了从接驳点发往目的地车站的车辆数和驾驶员人数,即减少了车辆油耗成本和驾驶员成本,但增加了旅客出行成本	配置后的运营成本等于优化后的车辆油耗成本、驾驶员成本、旅客出行时间成本之和,计算公式为:$c\sum_i^n a_i + \gamma bc + nd + \gamma d + \sum VotN_i$
经济效益	配置前,在不考虑车辆折旧和接驳点组织成本的变化下,经济效益只与客运票收入、车辆油耗成本和驾驶员成本有关	配置前,经济效益等于各线路客运票收入减去运营成本,计算公式为公式(1)	配置后,经济效益还与旅客出行时间成本有关,需要综合考虑节省的油耗成本、驾驶员成本和增加的旅客时间成本的关系	配置后,经济效益等于各线路客运票收入减去优化后运营成本,计算公式为公式(2)

三、案例分析

为研究在接驳站点开展客源二次配置方案的实际效益，本文选取了符合线路流向的7条发往北京的线路作为研究对象。

（一）线路现状分析

1. 线路流向分析

根据全国接驳运输信息平台的线路信息，可以得出所选线路的流向和里程信息见表2，并根据高德地图信息绘制所选线路到达接驳点的流向图如图7所示。从图中可以看出，从淮安、盐城、兴化、泰州、靖江、无锡和宁波出发的线路都会在泰安服务区更换驾驶员，然后从泰安服务区继续驶向北京。丽泽桥长途汽车站、北京木樨园、六里桥长途客运站、莲花池客运站、赵公口客运站均在北京市丰台区，5个车站的距离远远小于线路长度，本文在研究时将这7条线路的目的地车站视为同一个车站。

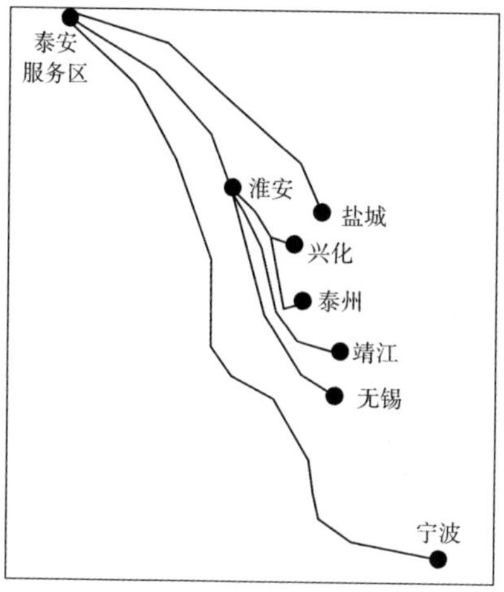

图7　线路流向图

所选线路流向及里程表　　表2

序　号	线路名称	起点站	途经接驳点	终点站	线路长度(km)
1	淮安—北京	淮安汽车站	泰安服务区	莲花池客运站	932
2	靖江—北京	靖江汽车站	泰安服务区	丽泽桥长途汽车站	1315
3	泰州—北京	泰州汽车南站	泰安服务区	丽泽桥长途汽车站	1007
4	无锡—北京	无锡汽车站	泰安服务区	六里桥长途客运站	1150
5	兴化—北京	兴化总站	泰安服务区	丽泽桥长途汽车站	1010
6	盐城—北京	盐城汽车站	泰安服务区	丽泽桥长途汽车站	1100
7	宁波—北京	宁波汽车站	泰安服务区	赵公口客运站	1500

2. 线路客流量和载客率

通过在全国接驳运输信息服务平台查询4月份行车单，可以获得以上7条线路的载客情况，见表3。由表中可以看出，4月1日—20日7条线路发往北京的旅客共计1444人次，发车共计2189座次。平均载客率为66%。

7条线路载客情况表（单位：人）　　表3

线路	淮安—北京	靖江—北京	泰州—北京	无锡—北京	兴化—北京	盐城—北京	宁波—北京	合计
4月1日	—	—	—	—	15(38)	22(37)	28(39)	65(114)
4月2日	—	—	—	—	21(38)	—	—	21(38)
4月3日	—	—	35(37)	—	27(38)	—	35(39)	97(114)
4月4日	—	—	—	—	35(37)	32(37)	—	67(74)
4月5日	—	34(37)	34(37)	—	35(38)	32(37)	30(39)	165(188)

续上表

线路	淮安—北京	靖江—北京	泰州—北京	无锡—北京	兴化—北京	盐城—北京	宁波—北京	合计
4月6日	—	—	30(37)	—	35(37)	35(37)	—	100(114)
4月7日	—	—	—	—	26(38)	30(37)	19(39)	75(114)
4月8日	—	—	—	—	27(37)	29(37)	—	56(74)
4月9日	—	31(37)	—	20(44)	33(38)	35(37)	23(39)	142(195)
4月10日	—	—	—	—	—	—	—	—
4月11日	—	—	—	—	—	—	—	—
4月12日	—	—	37(37)	—	23(37)	23(37)	—	83(111)
4月13日	—	31(37)	—	—	9(38)	30(37)	16(39)	86(151)
4月14日	—	—	—	21(44)	30(37)	30(37)	—	81(118)
4月15日	—	—	—	—	—	30(37)	25(39)	55(76)
4月16日	—	—	—	31(44)	13(38)	28(37)	—	72(119)
4月17日	—	—	20(37)	32(44)	33(37)	21(37)	25(39)	131(194)
4月18日	7(38)	—	—	33(44)	—	34(37)	—	74(119)
4月19日	—	—	35(37)	40(44)	—	20(37)	12(39)	107(157)
4月20日	12(38)	—	—	23(44)	—	20(37)	—	55(119)

注:1.4月21—30日信息平台无数据。

2.表格括号里的数字为发车额定载客人数。

(二)发车方式优化

采用接驳点重新配置客源方案,需要保证各线路车辆到达接驳站点的时间在一定间隔范围内。在旅客出行特征调查中,得出绝大多数可以接受原地换乘时间为20min,因此各线路车辆到达接驳点时间间隔应控制在20min以内。结合上面的分析,目前有4条线路的接驳时间在00:00至01:00,有两条线路的接驳时间在01:00至02:00,据此可以将7条线路的接驳时间统一协调在01:00左右。利用前面计算的各条线路从出发车站到接驳点的时间间隔,并保证发车时间在8:00至20:00,即可以推算出7条线路的优化时间,见表4。

发车时刻优化表

表4

线路名称	拟订接驳时间	时间间隔	优化发车时间
淮安—北京	01:00	375min	18:45
靖江—北京	01:00	568min	15:32
泰州—北京	01:00	533min	16:07
无锡—北京	01:00	585min	15:15
兴化—北京	01:00	423min	17:57
盐城—北京	01:00	318min	19:58
宁波—北京	01:00	850min	10:50

(三)现行接驳运输组织模式经济效益计算分析

1. 参数取值

(1)各个线路的票价 P_i 取值。

根据北京市省际客运信息网公布的信息,各个线路的票价见表5。

7 条 线 路 票 价

表5

线路	淮安—北京	靖江—北京	泰州—北京	无锡—北京	兴化—北京	盐城—北京	宁波—北京
票价 P_i(元)	200	258	200	320	180	150	350

(2)各线路出发车站到接驳点距离 a_i 取值。

根据北京市省际客运信息网公布的信息,泰安市与北京市的公路行驶距离约为575km,即参数 b 的值为577km。据此,根据各个线路总的里程减去泰安到北京的距离,便可以计算出各线路出发车站到达接驳点的距离,见表6。

各线路出发车站到达接驳点的距离

表6

线路	淮安—泰安	靖江—泰安	泰州—泰安	无锡—泰安	兴化—泰安	盐城—泰安	宁波—泰安
距离 a_i(km)	357	740	432	575	435	525	925

(3)单位距离客车行驶成本及单车驾驶员成本。

本文考虑的单位公里客车行驶成本主要为客车单位距离油耗成本。客车单位距离油耗成本等于客车单位距离油耗乘以油价。本文所选油价以论文研究时期的北京柴油价格为准,为6.1元/L,由于客车的百 km 油耗受到车型、驾驶员驾驶习惯、车辆行驶路况和客车载客质量等诸多因素的影响,本文在研究过程中为了便于计算,综合考虑各个因素,将各个线路车辆的百 km 油耗取值为25L,即0.25L/km,因此客车单位距离油耗成本等于1.53元/km。

按照新国线运输集团有限公司驾驶员工资计算,驾驶员驾驶4~6h 的费用约等于150元,由于接驳运输车辆随车配备2名驾驶员,则由出发车站(目的地车站)至接驳点的单车驾驶员成本 d 的取值约为300元。

2. 效益计算

根据经济效益计算公式(1),现阶段7条线路的4月份经济效益值见表7,其中运营成本本文只考虑客车油耗成本和驾驶员成本。

7 条线路 4 月份经济效益表

表7

日　期	客运票收入(元)	油耗成本(元)	驾驶员成本(元)	经济效益(元)
4月1日	15800	5523.3	1800	8476.7
4月2日	9135	1545.3	600	6989.7
4月3日	24110	5381.01	1800	16928.99
4月4日	11100	3228.3	1200	6671.7
4月5日	37172	9075.96	3000	25096.04
4月6日	17550	4769.01	1800	10980.99
4月7日	9180	5523.3	1800	1856.7
4月8日	9210	3228.3	1200	4781.7
4月9日	33638	9294.75	3000	21343.25
4月10日	0	0	0	0

续上表

日　期	客运票收入(元)	油耗成本(元)	驾驶员成本(元)	经济效益(元)
4月11日	0	0	0	0
4月12日	14990	4769.01	1800	8420.99
4月13日	19718	7535.25	2400	9782.75
4月14日	16620	4987.8	1800	9832.2
4月15日	13250	3978	1200	8072
4月16日	16460	4987.8	1800	9672.2
4月17日	32080	8823.51	3000	20256.49
4月18日	15744	4868.46	1800	9075.54
4月19日	27000	7278.21	2400	17321.79
4月20日	12760	4868.46	1800	6091.54
合计	335517	99665.73	34200	201651.3

(四)接驳点客源配置优化方案后经济效益计算分析

1.配客方案

根据各个线路的载客实际情况进行客源配置,具体方案见表8。可以发现,能够在接驳点开展客源配置的日期是4月1日、4月7日、4月13日、4月14日、4月16日、4月17日、4月18日、4月19日、4月20日。

接驳站点客源配置方案和载客情况统计表　　表8

日　期	接驳点客源重新配置方式	载客人数(人)	核载人数(人)
4月1日	兴化—北京线路旅客并入盐城—北京、宁波—北京线路	65	76
4月2日	当天只有兴化—北京线路车辆,不进行客源配置	21	38
4月3日	各线路载客率达到71%,只能由3辆车一起运输	97	114
4月4日	各线路载客率达到86%,只能由2辆车共同运输	67	74
4月5日	各线路载客率达到77%,只能由5辆车共同运输	165	188
4月6日	各线路载客率达到81%,只能由3辆车共同运输	100	114
4月7日	宁波—北京线路旅客并入盐城—北京、兴化—北京线路	75	75
4月8日	各线路载客率达到72%,只能由2辆车共同运输	56	74
4月9日	无锡—北京线路旅客并入其他线路中进行运输	142	151
4月10日	—	—	—
4月11日	—	—	—
4月12日	载客率达到75%,只能由3辆车共同运输	83	111
4月13日	宁波—北京线路旅客并入其他线路中进行运输	86	112
4月14日	兴化—北京线路旅客并入其他线路中进行运输	81	81
4月15日	载客率达到72%,只能由2辆车共同运输	55	76
4月16日	无锡—北京线路旅客并入其他线路中进行运输	72	75
4月17日	无锡—北京线路旅客并入其他线路中进行运输	131	150
4月18日	无锡—北京线路旅客并入其他线路中进行运输	74	75
4月19日	无锡—北京线路旅客并入其他线路中进行运输	107	113
4月20日	无锡—北京线路旅客并入其他线路中进行运输	55	75

2. 增加参数取值

开展接驳点客源配置方案增加的参数有单个旅客在接驳站点换乘时间的价值 Vot，接驳点客源配置后，由接驳点发往共同目的地的客车数 γ，其中 γ 的值在效益计算时体现。本小节主要研究7条线路旅客出行时间价值的计算，查阅各地区的2016年统计年报可以得到各地区的生产总值和人口数，由于各地区统计的人口数为户籍人数，其实还存在着很多外来务工人员为当地的经济做了一定的贡献。因此，本文在利用公式(3)计算各地区旅客时间价值时，还需要乘以相应的修正系数0.7，从而得到7条线路对应出发点区域的旅客时间价值，见表9。

7条线路对应出发点区域的旅客时间价值 表9

地　区	地区生产总值(亿元)	人口(万人)	时间价值(元/h)
淮安	3048	567.56	15.56
靖江	801.75	66.67	34.85
泰州	4101.78	508.21	23.39
无锡	9210.02	486.20	54.89
兴化	748.85	158.25	13.71
盐城	4380	721	17.60
宁波	8541.1	591	41.87
平均值	—	—	28.84

3. 综合效益计算

根据配客方案，选择在4月份可以开展客源配置的日期，并利用综合经济效益计算公式(2)，分析7条线路开展接驳点客源配置后的经济效益值，见表10，其中旅客时间成本等于旅客时间价值乘以接驳点客源配置时间。

开展接驳点客源配置后7条线路经济效益表 表10

日　期	客运票收入(元)	出发车站—接驳点运营成本(元)	接驳点—目的地车站运营成本(元)	旅客时间成本(元)	经济效益值(元)
4月1日	15800	3784.05	2365.62	624.87	9025.46
4月7日	9180	3784.05	2365.62	721.00	2309.33
4月9日	33638	6396	4731.24	1365.09	21145.67
4月13日	19718	5216.25	3548.43	826.75	10126.57
4月14日	16620	3248.55	2365.62	778.68	10227.15
4月16日	16460	3248.55	2365.62	692.16	10153.67
4月17日	32080	5924.76	4731.24	1259.35	20164.65
4月18日	15744	3129.21	2365.62	711.39	9537.78
4月19日	27000	4959.21	3548.43	1028.63	17463.73
4月20日	12760	3129.21	2365.62	528.73	6736.44
合计	199000	42819.84	30753.06	8536.65	116890.5

(五)接驳点客源配置前后指标对比分析

1. 载客率

从各个出发点车站到接驳点的车辆载客率在客源配置前是不变的，载客率的变化体现在开展接驳点客源配置方案后，从接驳点到目的地车站的载客情况，开展客源配置前后从接驳点到目的地车站的载客率情况如图8所示。

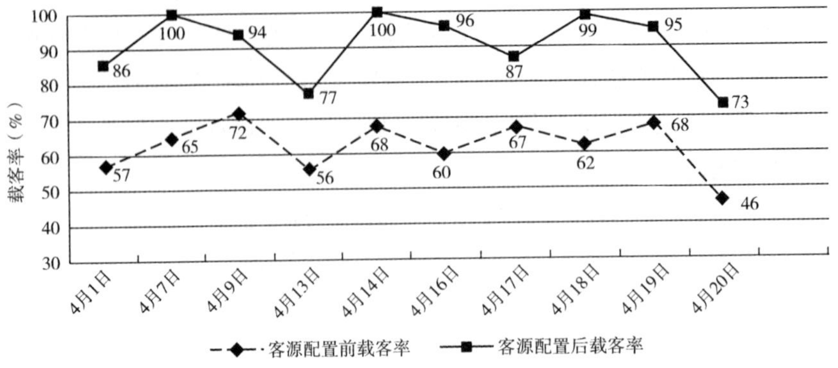

图8　开展接驳点客源配置前后载客率变化图

从图8中可以看出，开展接驳点客源配置后，各日期的载客率都具有较大幅度的上升。客源配置前10天的平均载客率为62.1%，最低载客率为46%，最高载客率为72%，客源配置后10天的平均载客率为90.7%，最低载客率为77%，最高载客率达到100%，这说明开展接驳点客源配置优化能够有效地提高从接驳点至目的地车站的载客率。

2. 运营成本

开展接驳点客源配置前，各线路的运营成本主要为客车的油耗成本和驾驶员成本；开展接驳点客源配置后，由于减少了从接驳点驶向目的地车站的客车数，从而减少了客车的油耗成本和驾驶员成本，但同时会增加旅客的时间成本，因此开展接驳点客源配置需要综合考虑减少的油耗、驾驶员成本和增加的时间成本之间的关系。各线路开展客源配置前后的运营成本如图9所示。

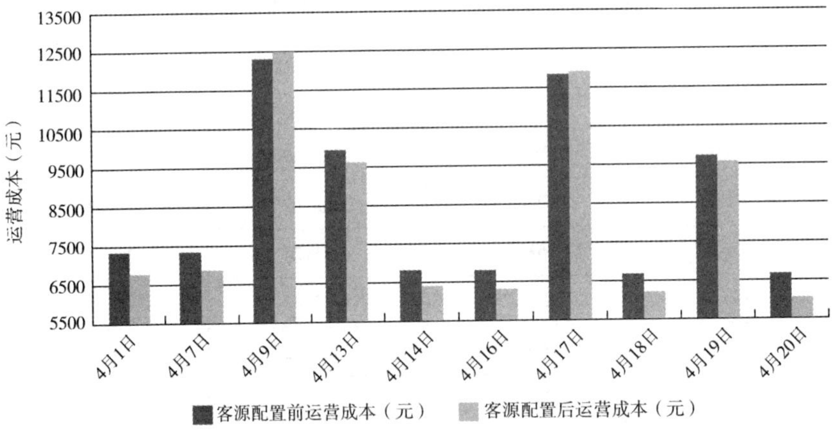

图9　开展接驳点客源配置前后的运营成本

从图9中可以看出，大部分日期在开展接驳点客源配置后运营成本相比客源前有所减少，只有4月9日和4月17日在开展接驳点客源配置后，运营成本相比客源配置前有所增加，但是整体运营成本是减少的，减少了3181.29元，这说明在合适线路开展接驳点客源能够减少一定的运营成本。

3. 经济效益

由于在建立经济效益的计算方法时，假设了开展接驳点客源配置前后的乘客人数不会发生改变，所以各个线路在开展客源配置日期的客票收入是不会发生改变的，则经济效益的变化只受到运营成本的影响，即运营成本的减少量就等于经济效益的增加量。各个线路在客源配置前后的经济效益见表11。

各个线路在接驳点开展客源配置前后的经济效益(单位:元)　　表 11

日　期	客源配置前的经济效益值	客源配置后的经济效益值	经济效益增加值
4 月 1 日	8476.7	9025.46	548.76
4 月 7 日	1856.7	2309.33	452.63
4 月 9 日	21343.25	21145.67	-197.58
4 月 13 日	9782.75	10126.57	343.82
4 月 14 日	9832.2	10227.15	394.95
4 月 16 日	9672.2	10153.67	481.47
4 月 17 日	20256.49	20164.65	-91.84
4 月 18 日	9075.54	9537.78	462.24
4 月 19 日	17321.79	17463.73	141.94
4 月 20 日	6091.54	6736.44	644.9
合计	113709.16	116890.45	3181.29

从表 11 可以看出,在开展接驳点客源配置后,由于将旅客的时间成本作为影响经济效益的重要指标,在这 10 天中的 4 月 9 日和 4 月 17 日的经济效益增加值为负值,说明在这两天开展接驳点客源配置所节约的汽车油耗成本和驾驶员成本小于旅客时间成本的增加量。但剩余日期的经济效益增加量均为正值,综合各个日期的经济效益增加量,得出 4 月份的经济效益值共增加了 3181.29 元,这说明在符合开展要求的线路和区域开展接驳点客源配置,具有较大的实际经济效益。

四、结论

根据本文的分析内容,在开展接驳运输组织模式过程中,对于部分线路的客流量低和载客率低的问题,应积极主动分析长途道路客运的市场环境和旅客出行线路分布特征,不断优化现有的接驳模式,才能够获得更大的经济效益。对此,本文主要取得了以下的研究成果:

(1)从国家政策、大于 800km 长途线路概况、公路客运量和周转量、高速公路里程和大型客车数量 4 个方面对长途道路客运开展接驳运输的市场环境进行了分析,指出了开展接驳运输的可行性。

(2)在分析了区域旅客出行线路分布特征、旅客对原地换乘的接受情况和旅客出行时间价值的基础上,提出了长途道路客运接驳运输接驳点客源配置优化方案,建立了效益评价计算模型。

(3)选取了符合线路流向的 7 条发往北京的线路作为研究对象,通过具体步骤描述了开展接驳点客源配置的具体思路,并通过对比分析客源二次配置前后的经济效益说明了方案的实际效用。

参 考 文 献

[1] 长途客运接驳运输现场会. 经验交流材料汇编[C]. 北京:交通运输部服务司,2015.

[2] 李燕芝. 区域快递业务量预测及接驳点选址问题研究[D]. 杭州:浙江工商大学计算机与信息工程学院,2015.

[3] 周伟,姚志刚,王元庆,等. 基于节点重要度的公路运输站场建设序列[J]. 长安大学学报(自然科学版),2006,26(2):69-72.

[4] 桂小玲. 道路客运的组织方式及其优化方法研究[D]. 广州:华南理工大学交通学院,2005.

[5] T. Nagatani. Complex motion of a shuttle bus between two terminals with periodic inflows[J]. Physica A, 2016,449:254-264.

[6] 寇玮华,李宗平. 运输网络转运结点有容量限制的最大流分配算法[J]. 交通运输工程与信息学报,

2008,6(4):5-9.
[7] Srinivas P,Chao Z. Stochastic quasi-gradient algorithm for the off-line stochastic dynamic traffic assignment problem[J]. Transportation Research Part B:Methodological,2006,40(3):179-206.
[8] Vis LF. A. Minimum Vehicle Fleet Size Under Time- Window Constraints At A Container Terminal[J]. Transportation Science,2005,39(2):249-260.
[9] 曹霖. 区域一体化道路客运线路网络优化研究[D]. 长沙:长沙理工大学交通运输学院,2008.
[10] Shangyao Yan,Hao-Lei Chen. A scheduling model and a solution algorithms for inter-city bus carrier[J]. Transportation Research Part A,2002:805-825.
[11] 荣理. 高速公路长途客运接驳运输组织模式研究[D]. 成都:西南交通大学交通运输与物流学院,2015.
[12] 熊燕舞. 接驳运输的三种探索[J]. 运输经理世界,2013(8):40-43.

2017年第三届中国交通运输院长论坛“新国线交通运输类大学生优秀论文”二等奖

基于ANSYS仿真的南京长江大桥维修前后力学行为分析

东南大学 交通学院 道路桥梁与渡河工程专业 杨子晔,董鑫,夏悦

摘 要:本文基于ANSYS建立改造前后南京长江大桥的有限元模型,对改造前后桥体在恒载、列车荷载作用下的杆件及桥面系受力进行验算,结果表明,采用钢结构正交异性桥面板代替原桥面板,不仅消除了原桥面体系的既有病害,同时也减轻了桥面系的自重荷载,从根本上改善了整个上部结构的受力性能。研究成果可以为我国连续钢桁架结构体系的双层式公铁两用桥梁上层公路混凝土桥面板的加固改造设计与分析提供理论支撑。

关键词:南京长江大桥;桥梁改造;ANSYS;主桁验算

一、引言

“十三五”时期,南京将把握“一带一路”倡议与长江经济带建设的国家战略叠加机遇,强化南京作为我国长三角特大城市的门户地位和辐射带动功能。作为长江上第一座由中国自行设计和建造的公铁两用特大桥——南京长江大桥,近年来在运营过程中一直超负荷运行,桥梁病害日趋严重[1]。因此研究南京长江大桥的改造方案,使之适应当代交通需求,对于促进长江经济带的腾飞具有重要意义。本文基于ANSYS建立有限元模型,分析桥梁结构改造前后的力学性能,为南京长江大桥正桥上层公路混凝土桥面板的技术改造设计提供支撑,也为我国连续钢桁架结构体系的双层式公铁两用桥梁上层公路混凝土桥面板的加固改造方案设计提供参考。

二、全桥有限元模型的建立

本次改造范围为公路纵梁及其以上桥面系结构,主桁架和铁路系统均保留其原结构,以3×160m连续钢梁(甲式)结构为例进行建模分析。

由于每根杆件自身截面组成复杂,构成桁架体系的杆件形式多样。因此为了较为准确地计算主桁各杆件的内力,以及方便建模,使用合理归一化的杆件抗弯惯性矩、截面外形尺寸、净截面面积和全截面面积计算出杆件的等效翼缘厚度、腹板厚度等截面特性。依照上述原则,最终建立的全桥有限元模型中主桁架杆件截面特性有28种,附属结构杆件截面特性有27种。

主桁架采用BEAM4单元模拟(3D弹性梁单元)[2],不仅可以承受轴向拉压作用,也可以用于分析弯曲状态和扭转状态下的受力。为模拟铁路沿线重力,在模型的相应位置添加用于结构受力分析的质量单元MASS21,由单个的节点生成。在静态分析计算中,同时使用R、KEYOPT命令流来对质量单元的质量属性进行赋值,从而使MASS21单元生效。

正桥旧桥面系是公路纵梁和混凝土桥面板非组合结构搭接而成,因此分别采用BEAM单元和Shell单元对纵梁和桥面板进行建模分析,同时通过建立无限刚度且质量密度为0的BEAM4单元用来模拟刚

性连接约束，按照正桥的实际连接情况，在必要位置处进行自由度耦合[3]。

旧混凝土桥面板采用Shell43单元（塑性大应变壳单元），每个节点包含6个自由度，适于模拟发生线性变化和扭撬现象的壳结构，按实际混凝土桥面板板厚建模。旧桥面混凝土板分为行车道板和人行道板，两部分高度不同，故需在其边界进行连接，连接单元使用刚度放大1000倍的Shell43单元以建立刚性连接。

正桥改造后桥面系为钢结构正交异性板，整个新桥面系全部采用Shell43单元、刚性连接进行模拟分析计算。按照实际构造尺寸建立钢桥面板的模拟面，为简化坐标和模型构造，不考虑横桥向坡度，做等效建模。

三、有限元模型的验证

南京长江大桥通车前做过正桥钢梁通车鉴定试验，采用2台ФД－20火车头＋8辆G12油罐车进行了9组轮位的列车静荷载试验，测量了轮载作用下的主桁杆件轴力、节点挠度等。现选取荷载试验中3号轮位进行模型的验证，加载图如图1所示。静荷载试验中火车头和油罐车轴重分别按照25t、4t计算。

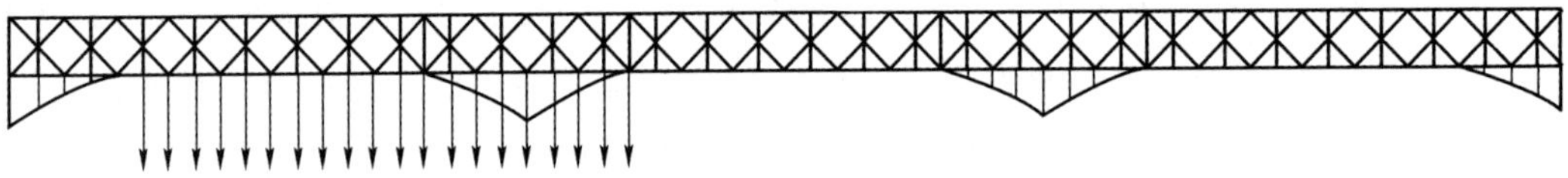

a）列车荷载试验轮位布置图

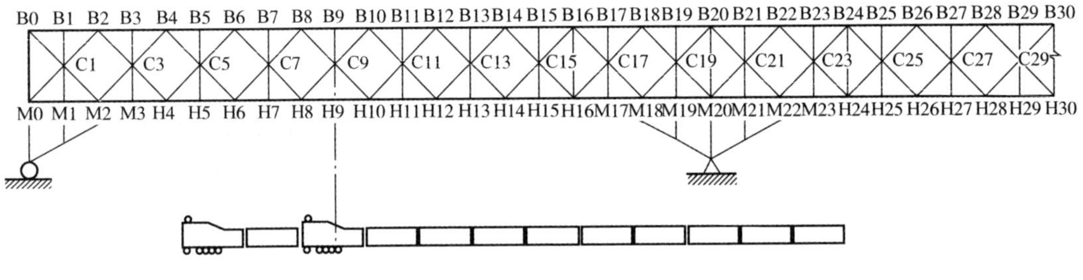

b）列车轮位模型加载图

图1 列车轮位布置与加载图

使用ANSYS分析计算，其结果对比见表1，对比数据可知，模型在挠度变形、主桁架轴向力及支座反力等方面均与原桥实际情况较为接近，故可以作为维修改造工程计算分析的基础模型。

计算值与实测值误差 表1

杆件/节点编号	计算内容	计算值	实测值	误差（%）
上弦B8-B10	最大轴向力	－9723.2 kN	－10335.8 kN	6.26
下弦H8-H10	最大轴向力	9403.5 kN	9892.5 kN	5.19
B9	竖向挠度	107.3 mm	104 mm	3.17
C9	竖向挠度	107.9 mm	104 mm	3.75
H9	竖向挠度	108.3 mm	105.3 mm	2.86
H20	支座反力	8719.5 kN	9000 kN	3.12
H40	支座反力	1234.2 kN	1260 kN	2.05

四、桥面系改造前后受力性能验算

南京长江大桥正桥桥面系的改造需求主要是考虑到旧桥桥面系病害较多，行车舒适性、结构安全性两方面都不再满足目前的通行需求。此次桥面系改造面临两个问题：关于经过维修改造后新桥的桥面系对正桥主桁架结构的影响，这是关系到结构安全性的主要问题；新桥桥面系本身的结构性能问题。改造后的桥面系采用连续钢结构正交异性板，结构的整体受力性能有较大提高，桥面连续铺装对行车舒适性也有很大提升。虽然连续钢结构正交异性板的整体性能较好，但是新结构内部构件之间的相互影响也随之变大，构件在工作时的受力状态较为复杂，因此往往会在某些局部区域出现一些新的病害，譬如钢材的疲劳裂纹，桥面板局部应力过大导致的桥面铺装开裂等[4]。因此对于新桥面系进行计算分析同样重要，关系着工程品质。

计算工况考虑以下几点：

恒载（含主桁与桥面系两部分）：钢材密度取 7850kg/m^3；原正桥混凝土行车道板密度为2500kg/m^3；原正桥面铺装密度为 2400kg/m^3。

列车荷载：参照《铁路桥涵设计基本规范》（TB 10002.1—2005）[5]4.3.1 条“中-活载”计算图式。为考察全桥主桁架整体受力性能，不考虑“中-活载”列车头轮位的集中荷载，每一列车按 80kN/m 全跨满布加载，双线布载。

对于正桥改造前，其恒载包含主桁架恒载与原轻质钢筋混凝土桥面系的恒载；对于正桥改造后，其恒载包含主桁架恒载与正交异性钢桥面系的恒载。

正桥改造前后所承受的活载论文中均只考虑列车带来的荷载，暂不考虑改造前后上方公路桥行车道、人行道上的公路荷载。

1. 改造前后全桥恒载作用

全桥恒载工况主要考察桥面系改造前后主桁架结构受力性能的变化[2]。桥面铺装荷载改造前按实际桥面铺装 50mm 混凝土铺装层 +20mm 沥青砂磨耗层进行加载，改造后的桥面铺装暂定按 50mm 钢纤维混凝土铺装层进行加载。本节中恒载均为考虑改造前后主桁自身恒载与桥面系恒载的影响。恒载作用下桥面系改造前后的 3 ×160m 主桁结构变形如图 2 所示。

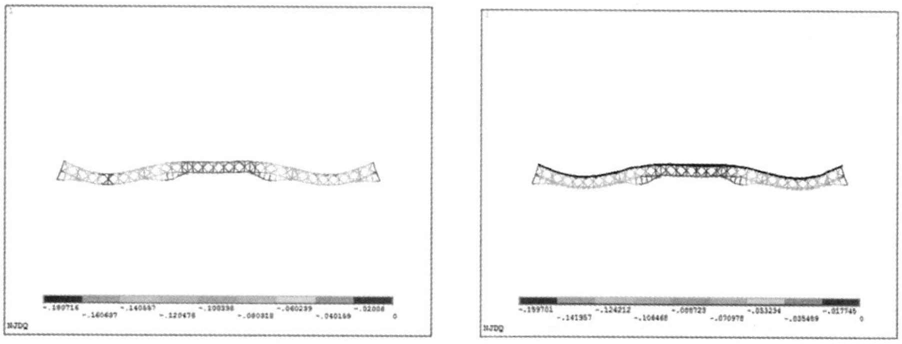

a) 正桥桥面系改造前　　　　b) 正桥桥面系改造后

图 2　正桥桥面系改造前、后恒载作用下变形图（单位：m）

提取主桁架上弦节点 B0 – B30 – B0′和下弦节点 M0 – H30 – M0′竖向挠度数据，对比如图 3 所示。

恒载作用下改造前后主桁最大挠度均发生在两个边跨跨中。上弦最大挠度发生在 B9 和 B9′位置，改造前为 157.65mm，改造后为 134.30mm。竖向挠度值减小了 23.34mm，变形量减小了 14.81％。下弦最大挠度发生在 H9 和 H9′位置，改造前为 157.94mm，改造后为 134.02mm。竖向挠度变形减小了 23.92mm，变形量减小了 15.14％。主要是钢结构正交异性板和新桥面铺装的材料自重比原桥面系的焊接钢纵梁、混凝土桥面板及铺装层要轻。

将恒载作用下桥面系改造前后主桁架结构的轴力分布值进行统计并分析，得到表 2，假设受拉为正。

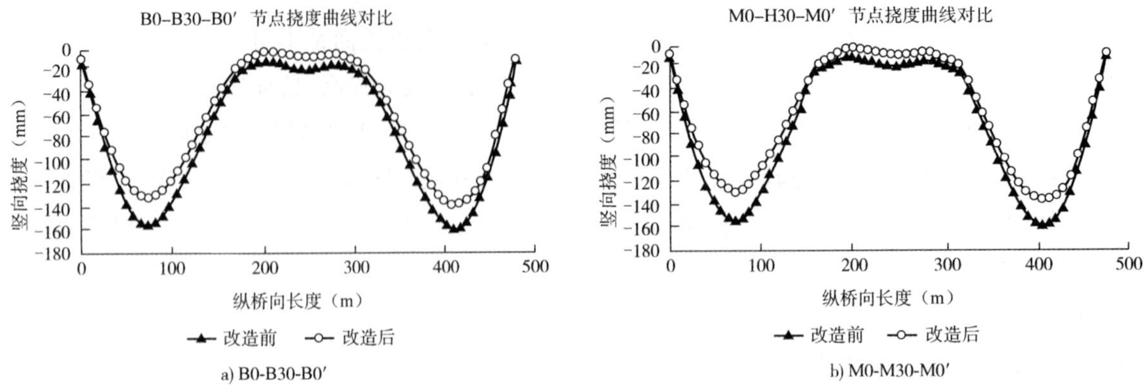

图3　B0－B30－B0′、M0－H30－M0′竖向挠度图

恒载作用下桥面系改造前后主桁架结构的轴力特征值　　表2

上弦杆件轴力(kN)			下弦杆件轴力(kN)			加劲弦轴力(kN)		
杆件名称	改造前	改造后	杆件名称	改造前	改造后	杆件名称	改造前	改造后
B6-B8	－12800.0731	－11038.8	H6-H8	12556.24	10719.68	H19-H20	－14379.8	－11441.3
B20-B22	12614.33765	10325.73	H24-H26	－5909.89	－5195.01	H20-H21	－14376.2	－11456.7

经统计分析，得知上弦杆轴力（受压）最大位置发生在B6-B8，改造后减小了13.76%。上弦杆轴力（受拉）最大位置发生在B20-B22，改造后减小了18.14%。下弦杆轴力（受压）最大位置发生在H24-H26，改造后减小了12.10%。下弦杆轴力（受拉）最大位置发生H6-H8，改造后减小了14.63%。原始数据中可以看出中跨支座位置的加劲弦受压轴力较大，故分析压力特征值。最大受压轴力发生在H19-H20和H20-H21，改造后分别减小了20.43%和20.31%。故可见桥面系改造后主桁整体杆件受力均有较大幅度减小。

同时，支座H0、HH0的改造前支座反力为8100.3kN，改造后支座反力变为6586.6kN，其支座反力减小了18.7%；支座H20、HH20的改造前支座反力为23501.3kN，改造后支座反力变为18072.5kN，其支座反力减小了23.1%；故桥面系通过改造成钢结构正交异性板以及铺装厚度的减小，减小了桥面系自重，支座反力整体总计约减小了21.97%，如图4所示。

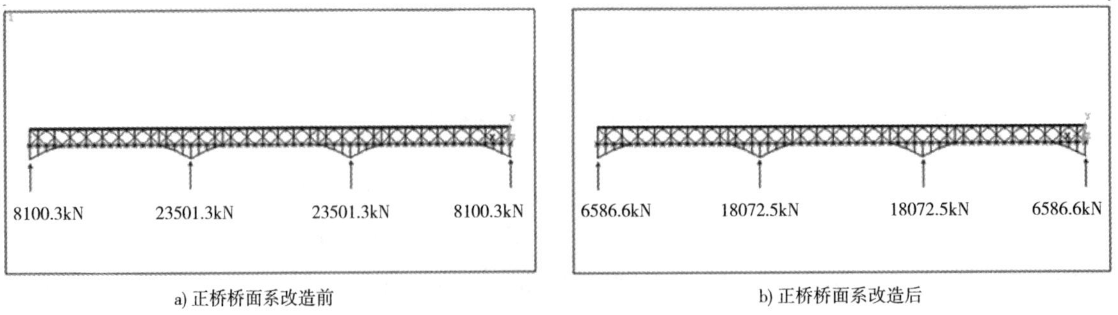

图4　改造前后恒载作用下支座反力示意图

通过对桥面系的改造，降低了桥面系的整体自重，对于主桁架的整体变形和主桁架各个构件的轴力都是有利的。

2. 改造前后列车荷载作用

在正桥的改造过程中，桥面系的自重荷载对正交异性板本身的受力影响并不显著，而往往是主桁的变形对正交异性板的影响较大。在桥面系改造后对主桁影响较大的荷载有列车荷载。列车以较快的速度通过正桥会引起主桁架较大的变形，从而对正交异性板产生影响。考虑列车荷载对主桁的受力影响，参照《铁路桥涵设计基本规范》（TB 10002.1—2005）[2]4.3.1 条“中-活载”计算图式，每一列车按 80kN/m 全跨满布加载，双线布载。

改造前后主桁结构变形如图 5 所示。

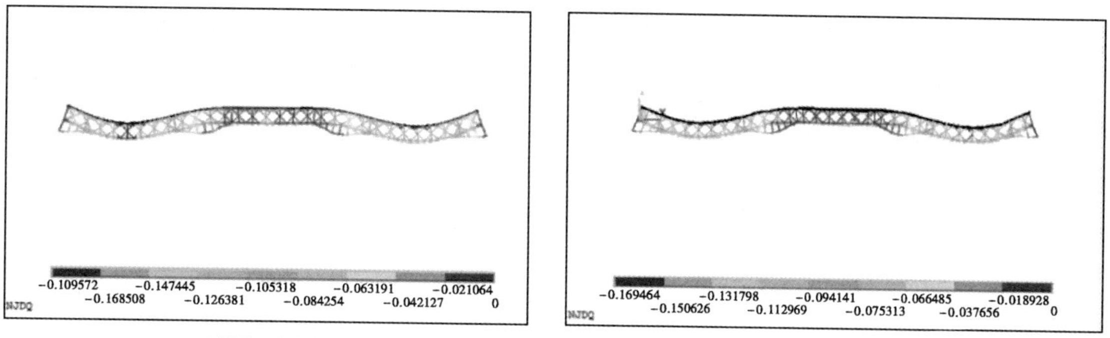

a）正桥桥面系改造前

b）正桥桥面系改造后

图 5　正桥桥面系改造前、后恒载作用下变形图（单位：m）

提取主桁架上弦节点 B0 - B30 - B0′和下弦节点 M0 - H30 - M0′竖向挠度数据，对比如图 6 所示。

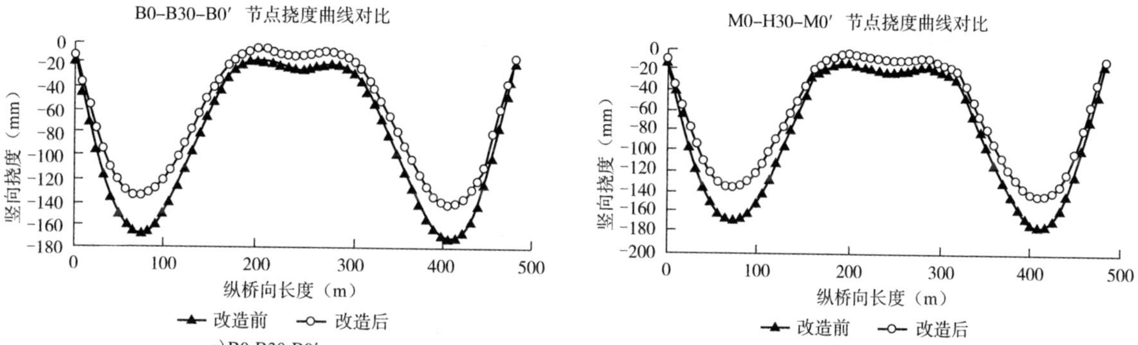

a) B0-B30-B0′

b) M0-M30-M0′

图 6　B0 - B30 - B0′、M0 - H30 - M0′竖向挠度图（单位：m）

列车荷载作用下改造前后主桁最大挠度均发生在两个边跨跨中。上弦最大挠度发生在 B9 和 B9′位置，改造前为 166.53mm，改造后为 135.28mm。竖向挠度值减小了 31.25mm，变形量减小了 18.7%。下弦最大挠度发生在 H9 和 H9′位置，改造前为 166.97mm，改造后为 135.00mm。竖向挠度变形减小了 31.97mm，变形量减小了 19.15%。其竖向变形情况经改造得到了一定改善。

分析统计列车荷载作用下桥面系改造前后的 3 × 160m 主桁结构变形，主桁架轴力分布特征值见表 3。

列车荷载作用下桥面系改造前后主桁架结构的轴力特征值　　表 3

上弦杆件轴力（kN）			下弦杆件轴力（kN）			加劲弦轴力（kN）		
杆件名称	改造前	改造后	杆件名称	改造前	改造后	杆件名称	改造前	改造后
B6-B8	-13552.63	-11866.50	H6-H8	13256.51	11491.73	H19-H20	-15241.68	-12334.30
B20-B22	13346.67	11112.58	H24-H26	-6252.82	-5576.76	H20-H21	-15237.90	-12351.10

可以看出，上弦杆轴力（受压）最大位置发生在 B6-B8，改造后减小了 12.44%。上弦杆轴力（受拉）最大位置发生在 B20-B22，改造后减小了 17.00%。下弦杆轴力（受压）最大位置发生在 H24-H26，改造

后减小了10.81%。下弦杆轴力(受拉)最大位置发生H6-H8,改造后减小了13.31%。加劲弦最大受压轴力发生在H19-H20和H20-H21,改造后分别减小了19.10%和18.94%。故可见桥面系改造后主桁整体杆件受力均有较大幅度减小。

由于考虑的荷载工况为列车荷载,正交异性板的应力完全是由主桁架变形产生的。下面考察正交异性板的应力分布。

图7和图8所示是桥面板(行车道板和人行道板)等效应力分布图,可以看到,行车道板两个边跨跨中区域和墩顶区域应力较大,大部分应力值在1.41MPa左右,少部分支座附近应力值达3.14MPa。从图7中可以看到,人行道板等效应力分布图的整体趋势与行车道板类似。在两个边跨跨中区域和墩顶区域应力较大,大部分应力值在1.94MPa左右,但是在人行道板的横向两端有应力集中现象,尤其是在行车道板、横梁腹板、行车道边梁腹板三者交汇的地方,最大应力值达7.72MPa。

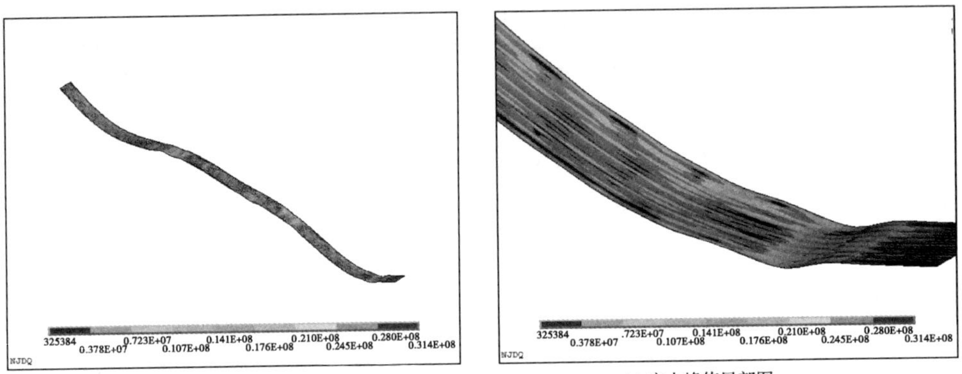

a)整体应力分布图　　b)应力峰值局部图

图7　3×160m行车道板等效应力分布云图

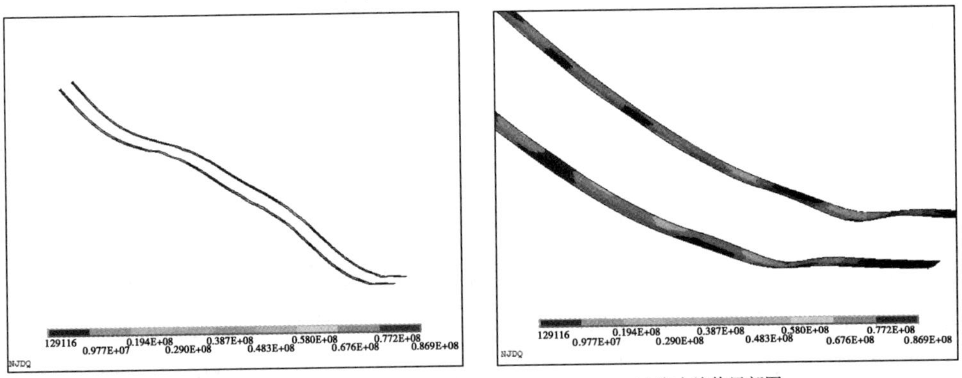

a)整体应力分布图　　b)应力峰值局部图

图8　3×160m人行道板等效应力分布云图

取墩顶、中跨跨中和边跨跨中3处位置,考察上述3个位置行车道板横桥向上整体坐标系X方向的应力(即纵桥向应力),如图9所示(横桥向坐标0处代表行车道一侧端部位置)。

墩顶位置是负弯矩区域,计算结果显示,行车道板横向中间区域处于受拉状态,两端处于受压状态。较大拉应力发生在纵梁的位置,最大拉应力为1.15MPa。跨中位置是正弯矩区域,计算结果显示,行车道板横向中间区域处于受压状态,两端处于受拉状态。较大拉应力发生在行车道板边梁的位置,最大拉应力达1.51MPa。

钢结构正交异性板对主桁整体的受力性能是有利的,减小了主桁的挠度变形,但减小的程度有限。桥面板受到主桁变形的影响不大,桥面板绝大多数位置拉应力值较小,纵梁位置拉应力值相对偏大,同时要注意行车道板和人行道板交汇位置可能会有应力集中的区域。

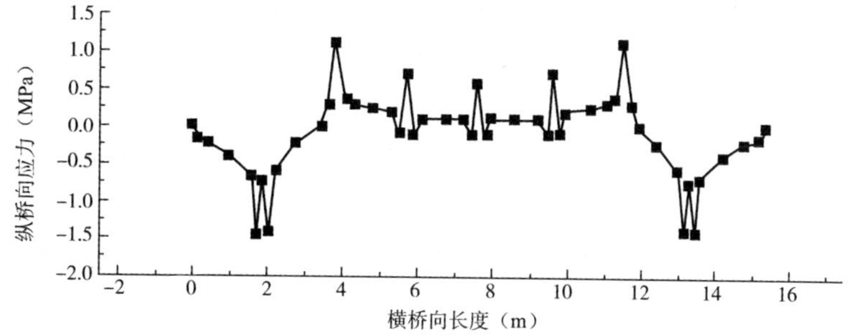

a) 墩顶位置行车道板纵桥方向应力曲线

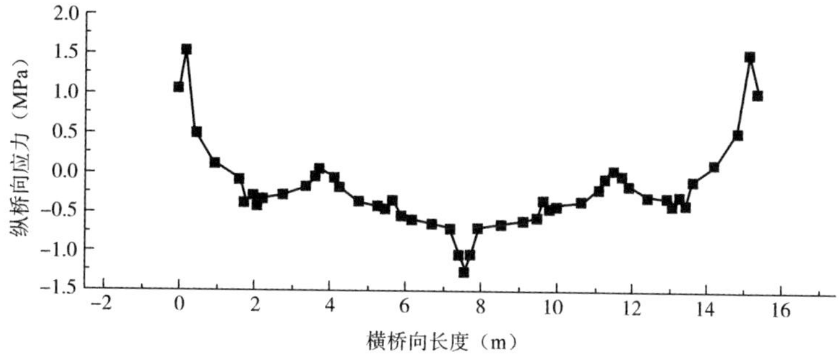

b) 中跨跨中位置行车道板纵桥方向应力曲线

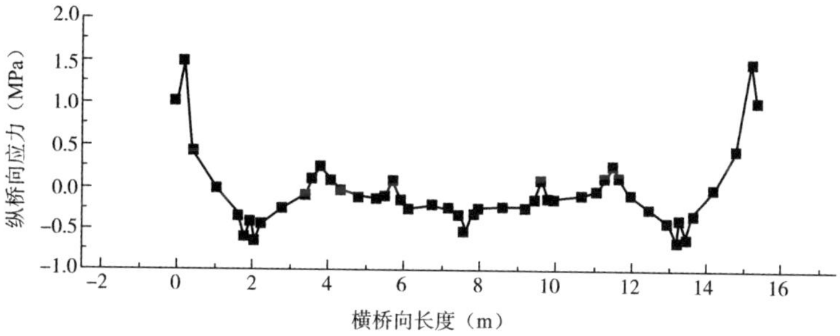

c) 边跨跨中位置行车道板纵桥方向应力曲线

图 9　3 个位置行车道板横桥向上整体应力分布图

五、结论

(1)本文借助 ANSYS 工具分析了改造前后在全桥恒载作用、列车荷载作用下主桁各个杆件的轴力分布与变化。研究结果表明,使用正交异性板改造原桥面板不仅减轻了桥面系的自重荷载、消除了原有病害,同时也改善了整个上部结构的受力性能。

(2)借助有限元软件对桥梁的设计、改造、施工进行模拟分析,可以快速、有效地预测实际工况中的潜在问题,对加快桥梁建设步伐具有重要意义,也为相似工况提供借鉴依据。例如本文所研究的成果可以为我国连续钢桁架结构体系的双层式公铁两用桥梁上层公路混凝土桥面板的加固改造设计与分析提供理论支撑。

(3)值得思考的是,正常运营的铁路桥段与正在维修的上层公路桥是否会互相影响。由于设计资料的缺乏,本文所研究的内容是改造前后结构的力学特性,并未对改造过程中施工所带来的桥梁动力行为特性的变化进行分析。

参 考 文 献

[1] 董国庆,林学永,刘向阳,等.南京长江大桥桥面合理修缮研究[J].江西建材,2017(15):164-165.

[2] 龚亚琦,刘小虎,杨文兵. 基于 ANSYS 的桥梁参数化建模[J]. 中南公路工程,2006,31(4):77-92.
[3] 张芹. 论桥面板维修加固[J]. 山西建筑,2016,42(28):156-157.
[4] 周楠,张广磊,王海龙,等. 自由度耦合与约束方程在 ANSYS 有限元计算中的应用[C]//'2012 中国钢结构行业大会论文集. 2012.
[5] 余波,邱洪兴,王浩,等. 正交异性钢桥面板构造细节疲劳性能及损伤演化研究[J]. 公路交通科技,2009,26(9):64-69.
[6] 单位铁道部第三勘测设计院. 铁路桥涵设计基本规范[M]. 北京:中国铁道出版社,2000.

2016年第二届中国交通运输院长论坛“新国线交通运输类大学生优秀论文”一等奖

“互联网+”交通背景下的智能拼车辅助决策系统解决方案及核心算法研究

华东交通大学　交通运输与物流学院

樊孟华，郝强，苏大苗，刘荃，肖月扬，李莉，张海超，李熙

摘　要：随着移动网络技术的快速发展，各种基于手机应用（App）的出租车打车软件出现在市场上。它使出租车拼车技术成为了可能，也给人们带来便利和绿色出行体验。但是也要看到，这些系统的运行都是基于乘客、出租车驾驶员的独立决策，有些系统效率不是足够好，因此也容易导致违约、抢单行为的发生，甚至会影响到驾驶安全。

文中通过把一天分为若干阶段，把动态的出租车调度问题转化为静态问题。为最大化出租车调度系统效益，本文建立了一个基于改进多对多接送客问题（MPDPs）的出租车拼车优化模型，模型考虑了旅客的时间窗和出行成本。然后设计了模型的智能启发式算法。最后结合两个例子得出了包括旅客乘车分配、拼车方案和出租车行驶路线的优化方案。结果表明本文的方法是有效的，特别在大规模路网中效果更好。

关键词：出租车拼车模型；MPDPs；智能启发式算法；动态调度

一、引言

2015年3月5日国务院总理李克强在政府工作报告中提出国家要制定“互联网+”战略，推动移动互联网、云计算、大数据、物联网等与各行业相结合，“互联网+”可以给运输调度组织提供快速、直接的大规模信息交流平台，为交通现代化注入强大动力。

2015年10月10日，交通运输部对外发布了《关于深化改革进一步推进出租汽车行业健康发展的指导意见》和《网络预约出租汽车经营服务管理暂行办法》。两个文件重点围绕科学定位出租汽车服务、构建多样化服务体系、动态调整出租汽车运力规模、完善价格形成机制、改革经营权管理制度、规范互联网新业态发展、建立公开透明监管机制等方面深化改革，明确了有关改革思路和重点举措。

目前，国内各城市乘客打车基本上采用沿途扬手招车的方式，出租车行业的运行效率很不理想，经常出现乘客打不着车，而空车满街跑的现象，造成了乘客因为长时间等车而对出租车管理和服务不满，同时大量的出租车却又处于满街找客、空载运行的状态。这既增加了乘客的时间成本，也增加了出租车的运营成本。大量的空驶出租车对本就负荷较高的城市交通体系带来更大的压力，其排放的尾气也对城市的生活环境造成了相当大的污染。同时空驶也意味着资源的浪费，油价的不断上涨和车辆本身的不必要损耗。

传统的出租车服务主要有扬手招车（以下简称扬招）、站点招车（以下简称站招）、电话招车（以下简称电招）3种类型。其中电招有利于缩短出租车空驶里程，减少出租车油耗，对改善城市交通、大气环境意义重大。国外多数发达国家如美国、英国、新加坡等建立了完善的出租车调度系统，电招业务超过传统

扬招业务,满足了乘客门对门的租车需求,实现了出租车高效运营。

进入21世纪以来,国内许多大中城市的出租车GPS调度中心系统正式投入使用,系统包含电招功能,一定程度上改善了出租车空跑的问题。但目前存在以下几点待解决的问题:电招违约现象普遍存在,驾驶员核心城区应招积极性不高,乘客约车需求难以满足;系统调度自动化水平偏低,调度人员工作负荷较大。2013年年底开始,网络招车在国内许多大中城市开始全面铺开,因其高强度的补贴政策,在推广初期起到了很好的成效。但随着2014年年底补贴政策的弱化、取消,其业务量跌倒了推广以来的谷底,甚至不如电招模式。2015年出租车行业变革进入深水区,伴随着破除垄断的阵痛和对"互联网+"的期盼,打车、拼车等软件迎来爆发性增长。

电招、网招在短时期内先后出现说明了市场对提高出租车辆组织调度水平的强烈需求,但随着实践证明,电招、网招推广实施得越久,其存在的问题就暴露得更明显。实践中发现,以上两种招车方式发挥的效果都极其有限,市场覆盖面较小,甚至出现了"郊区化"的现象。究其根本原因,主要由于其以发布交通需求信息为主,实行车主自主应答、抢答,组织调度水平偏低,个体车主盲目抢单效率低、也影响驾驶安全。

"互联网+"带来交通大数据,有效利用"互联网+"背景下的大数据技术,针对大城市出租车市场及调度中心硬件建设特点,进行"互联网+交通"背景下的智能拼车辅助决策系统解决方案及核心算法的相关理论研究,对提升城市出租车行业的运行效率,实现资源和环境的可持续发展具有重要意义。

二、相关研究

研究电招、网招出租车,就不得不提到车辆调度监控系统。国外对车辆调度监控系统的研究较早,20世纪90年代中后期就已经有许多比较成熟的产品投放到市场。目前,国际上流行的车辆调度系统是美国模块公司的DISPATCH(调度),它是综合监控系统,软、硬件功能都很强,经过多年的发展,现已能实现GPS定位、对设备转台自动监控、自动派车等功能,已经在世界范围内得到了广泛的使用。

基于这种车辆调度监控系统,在美国有一种新的电招服务,如果乘客利用安装有定位软件的移动电话向出租车调度中心发送电招请求,调度中心将确定乘客所在位置来搜索符合乘客要求的出租车,然后将乘客的位置信息发送给该出租车,然后该位置信息就显示在出租车上的移动数据终端上。

在国外,韩国、希腊及欧美国家的出租车已尝试"合乘制"。在美国,多人乘坐同一辆出租车(Carpool)是被鼓励和支持的。那样既有利于环保、有利于缓解拥挤的城市交通,又有利于乘客减少成本。

在新加坡,Comfort、City Cab、Trans-Island Bus Services三家出租车公司共同开发了一个基于GPS的车辆自动定位和调度系统AVLDS(GPS-based Automatic Vehicle Location and Dispatch System),为出租车管理服务提供有效支持。

在新加坡的许多地方都建有用于交通控制中心与装有GPS的出租车通信的站点。AVLDS包括差分GPS、无线传输网络、数字化调度系统和交互式声音应答装置,该系统能够即刻检测到离特定乘客最近的出租车,并能够识别每辆车的行驶路线以及相应的经纬度,因此能够实时协调调度中心操作员和出租车驾驶员之间的交互。

日本研究人员认为,电招服务需要遵循以下两个原则:离乘客最近的原则和空闲车辆中占用率最低的原则。一方面,调度中心操作员需要考虑离乘客最近的车辆;另一方面,为了公平起见,操作员需要对每辆车的服务权进行权衡,这就可能造成离乘客最近的车辆不被选中。这两个因素本身就是矛盾的。就此矛盾,他们提出了用模糊算法来解决这种问题。该算法的大致思想是:一旦有招车电话呼入,中心便派送离乘客最近并且占用率最小的那辆车前往乘客所在地进行服务。

虽然国内在20世纪90年代初期就已经开始了相关问题的研究，但是关键技术还不够成熟。直到21世纪伊始，北京上海等地的电调系统才逐步在出租车行业占有一席之地，并且针对出租车电招业务的特点，大致形成了三种调度模式："呼叫中心自动广播"模式、"对讲系统"加"呼叫中心"模式、"智能调度"模式。

"智能调度"模式则是目前最完美的解决方案，这个模式的结构是：在"对讲系统"加"呼叫中心"模式的基础上向公众发布智能客户端软件。乘客安装手机软件后，可以随时了解最近地点的空车，并能直接与驾驶员通话。对于使用非智能终端的乘客，可以通过拨打招车热线电话招车。

可以看出，国内外研究人员对出租车调度服务的重要性已逐渐重视，并初步形成了一些理论研究。但是国内虽然提出了"智能调度"的模式，但还没有一套完整的理论支持；而国外虽然提出了一系列方案，却都只是关于单一出租车和乘客之间的联系，并没有对出租车调度形成统筹规划，即无法合理分配整个路网中的车辆。

三、研究思路及方法

本思路基于电话招车调度问题（Dial-a-Ride Problem，DARP）理论，对目前研究较少的动态拼车条件下的DARP相关理论问题进行研究，为解决大规模动态DARP的快速求解，我们提出分阶段定期实时更新调度状态，把调度中新状态的出现与传统问题的邻域变换结合起来，整个优化是一个复杂的系统过程，但其本质为若干传统静态DARP子问题的连续优化，在优化算法中考虑招车应约的随机性现象和乘客对服务时间窗的需求，建立相应的优化模型，设计大规模问题的快速算法，并通过实例验证效果，图1为本项目的技术路线图。

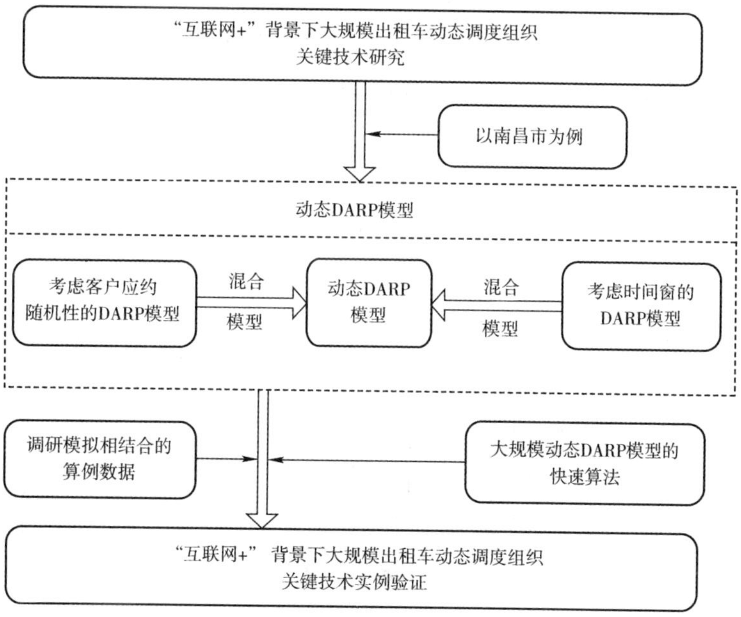

图1 技术路线图

1. 考虑乘客应约随机性的出租车优化调度模型及其算法研究

考虑乘客应约随机性的DARP模型有利于降低乘客爽约的概率，减少系统的爽约损失，提升调度的效率。本项目针对乘客需求，启发性地优先指派出租车对爽约概率较小的乘客进行服务，据此变换邻域进行优化求解。

2. 考虑时间窗的出租车优化调度模型及其算法研究

时间窗包括候车等待时间窗和运行时间窗，考虑时间窗的 DARP 模型能有效揭示对乘客的服务质量，提高应招成功率。本项目引入了软时间窗的概念，在目标函数中增加服务时间指标，加设罚值对违反时间窗要求的服务情况进行惩罚。

3. 大规模出租车动态优化调度模型及其智能启发式算法研究

大规模的动态 DARP 模型的研究具有很强的现实意义，如何针对该模型进行实时快速的计算也是一个亟待解决的问题。在算法中始终遵循让个体乘客成本降低、驾驶员收入增加的原则，首先以乘客为基准，满足乘客的需求，选择一条甚至多条路线，让乘客拼车后的成本比不拼车的少，然后若有多条路线，则选择可以让驾驶员收入最高的一条。

4. 灵活的运价机制

采用拼车模式后带来运价计算的问题，本项目采用的运价计算原则包括：基于传统计价方式、保证拼车后驾驶员收入增加、保证拼车后个体乘客的乘车成本降低。本项目采用的计费方式为：两人合乘路段每人支付65%，选择拼车后独乘路段支付95%。

四、解决方案

本项目组提出两个创新性的解决方案：

(1)应答对象的辅助决策功能。本项目组提出了出租车 App 软件的个体乘客、驾驶员辅助决策模式，通过采集出租车 App 软件公司的实时数据，结合软件公司既有的运营模式，通过建模计算得出应答方案，通过移动 App 端推荐给出租车驾驶员和乘客，辅助其应答决策。

(2)基于拼车的智能调度组织技术。运用快速智能调度算法为乘客和个体驾驶员提供快速辅助决策支持，也可为运输公司提供动态优化调度组织方案，本项目组据此编写了大规模智能快速调度算法，对移动互联网+拼车模式下大规模路网出租车动态调度组织解决方案及关键技术展开研究。

基于以上研究理论、解决方案及以下的核心算法，本团队建立了一个云平台框架，云平台框架如图2所示。

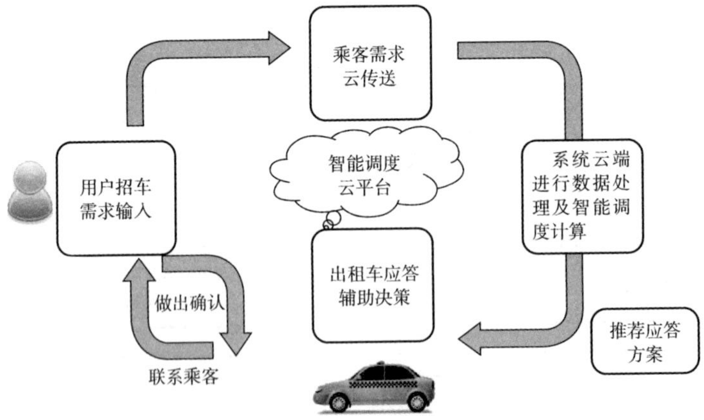

图2 云平台框架

围绕该云平台框架，我们整合了服务器、数据库、移动端以及算法平台，设计了一系列的数据交互方案，进行算法的计算及数据的处理，并且还自主设计并开发了一款名为易步(e-Pool)的拼车软件，用于检验该解决方案及核心算法的可行性及优化效果，提供更好的可视化基础，给用户更好的体验。具体的数据交互方案以及 App 界面见附录。

五、关键技术

1. 问题描述

现假设存在一普通路网 $G=(V,A)$，在路网上随机存在 m 辆出租车 $V_1=\{1,2,\cdots,m\}$（均未载客），随机存在 n 位乘客 $V_2=\{1,2,\cdots,n\}$，其目的地表示为 $V_3=\{1,2,\cdots,n\}$，整个路网有 k 个路口 $V_4=\{1,2,\cdots,k\}$，k_{ij}表示第 i 个路口与第 j 个路口之间的距离。我们把一天分为若干小段，已知在该段时间内出租车、乘客起点、终点地理坐标以及它们之间与路口之间的连接关系，每辆出租车可拼客一次但不能超过载客能力，乘客等待时间有所限定。运输过程由出租车接到指令开始，经过各路口，接送乘客，所有乘客接送完毕为止。试选择合适线路，在用车数量少、总路程短、乘客等待时间少的情况下使总成本最低。

出租车编号、乘客编号以及路口编号模式如图 3 所示，乘客目的地随情况而定，在有 m 辆出租车，n 位乘客的情况下，允许出租车拼客一次，给予拼车乘客一定的价格优惠 p，使出租车公司收益更可观，也可以节省乘客的花销。乘客可以等待时间为 t，各个点之间的距离都已知，运行程序，在尽可能少用出租车的情况下为出租公司寻找最优路线，并且各路线收益大于成本。

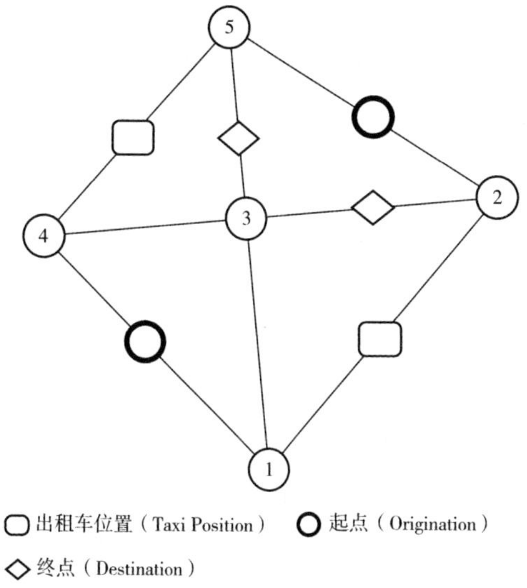

图 3　路网示意图

2. 模型说明

出租车线路筛选就是根据乘客与出租车的位置，乘客与乘客之间的距离，乘客所能接受的等待时间为约束安排数据。以出租车总里程最低即成本最少为目标，确定出租车行车线路。设某出租公司以一辆车在可拼客一次的情况下接收网召服务，对出租车及乘客进行编号，共有 m 辆出租车 n 名乘客。

I：乘客的集合，$i,k,l\in I$。

J：出租车的集合，$j\in J$。

x_i^j：乘客 i 与出租车 j 的搭乘关系。

d_i：乘客 i 到达目的地的最短距离。

d'^{j}_{i}：乘客 i 选择搭乘出租车 j 时，出租车 j 完成接送任务需行驶的最短距离。

$d''^{j}_{kl}(x_k^j,x_l^j)$：乘客 k 和乘客 l 选择合乘出租车 j 时，出租车 j 完成接送任务需要行驶的最短距离。

K：出租车计价系数，单位：元/km。

C：出租车成本系数，单位：元/km。

p_j：出租车 j 的拼车折扣。

T：乘客等待时间上限。

出租车总收入为：

$$z_{income}=K\cdot x_i^j\cdot d_i \tag{1}$$

出租车总成本为：

$$z_{cost}=C\cdot[(x_k^j\cdot x_l^j)\cdot d''^{j}_{kl}(x_k^j,x_l^j)+(x_k^j-x_k^j\cdot x_l^j)d'^{j}_{k}+(x_l^j-x_k^j\cdot x_l^j)\cdot d'^{j}_{l}]-\mathrm{p}_j \tag{2}$$

目标函数为：

$$Z_{\max} = \sum_{i \in I}\sum_{j=J} z_{income} - \sum_{j=Jk,l \in I}\sum_{;k \neq l} z_{\text{cost}} \tag{3}$$

$$S.t.:\sum_{i \in I} x_i^j \leqslant 2, i=1,2,3,\cdots,n; j=1,2,3,\cdots,m \tag{4}$$

$$\sum_{j \in J} x_i^j \leqslant 1, i=1,2,3,\cdots,n; j=1,2,3,\cdots,m \tag{5}$$

$$x_i^j = 0 or 1, i = 1,2,3,\cdots,n; j = 1,2,3,\cdots,m \tag{6}$$

$$t_i \leqslant T, i = 1,2,3,\cdots,n \tag{7}$$

$$z_{income} - z_{\text{cost}} > 0 \tag{8}$$

约束条件解释：

式(4)：一辆出租车最多搭乘两个人。

式(5)：一个人只能选择一辆出租车。

式(6)：1 表示乘客 i 搭乘出租车 j，0 表示未搭乘。

式(7)：乘客 i 的等车时间不超过 T。

式(8)：出租车不会亏本载人。

六、求解算法

1. 初始解生成算法

初始解的生成算法如下：

Step1：令出租车编号 $j=0$；

Step2：令 $j=j+1, i=j, n=0$；如未分配的出租车集合 J 中为空，转 Step6。

Step3：在待运输的乘客集合 I 中寻找未标记的离点 i 最近的乘客 k。如 I 中无点则转 Step6。如 I 中乘客点全被标记，则转 Step2。

Step4：如 $t_i, k \leqslant Tk$，转 Step5。如 $t_i, k > Tk$，标记乘客 k，转 Step3。

Step5：按最短路原则安排路线，分别计算 z_{income} 和 z_{cost}，如 $z_{\text{income}} \leqslant z_{\text{cost}}$，则令 $i=k$，构造路径新 rj，在 I 中剔除乘客 $k, n=n+1$。如 $n=2$，转 Step2，否则转 Step3。

Step6：结束。

2. 核心算法技术(MPDPs)简介

DARP(Dial-a-Ride Problem)本质就是一种特殊的 PDP(Pickup-and-delivery Problem)问题，传统的 DARP 确切地说是一种 One to One PDP。随着 PDP 问题尤其是 DARP 问题研究的发展，对 Many-to-many Pickup-and-delivery Problems(MPDPs)的研究逐渐兴起。MPDPs 与传统的 DARP 不同之处在于：DARP 取点和送点不同，而 MPDPs 取点也可同时为送点。

对 MPDPs 进行系统的算法研究最早可追溯到 Single-vehicle Dial-a-ride Problem，当前 Dial-a-Ride Problem 在现实中依然有着广泛的应用，如最近各大城市逐渐兴起的出租车电话、网络预订业务。目前对于 Single Commodity、Single Depot 或者 Single Vehicle 的 MPDPs 已有一些研究，但对于 P-D pair 的研究主要基于 One to One 条件下，且基本考虑单车场背景。Many to Many 条件下 PDP 一般基于 Single Vehicle 或 Single Depot，Multi-vehicle、Multicommodity、P-D Pair 模式 PDP 目前仅在文献 Pickup and Delivery with Split Loads(Transportation Science Vol. 42, No. 1, February 2008, pp. 32—43)中有所提及，因其变量过大，文献增加了一些约束条件以缩小解空间的规模。文献 Static Pickup and Delivery Problems: A Classification

Scheme and Survey 列举了 3 种例子：Swapping Problem（点对间走动，期间不去其他点）、Single-commodity PDTSP 和 One-commodity Q-delivery，其中第 3 种为第 1 种的一种变形。Timo（2015）对基于列生成方法的分支定价法对四种不同约束条件 PDP 问题进行探讨。Prahalad and Kamlesh（2011）针对 PDP 问题一种有效的列生成算法。Julia et al.（2014）探讨了多对多定位-路径有中间 hub 点、多商品取送问题。Ricardo et al.（2013）探讨了有 hub 点的定位-路径问题。Harilaos N. and Psaraftis（2011）探讨了多商品，装载能力限制的 PDP 问题。Jian et al.（2015）描述了多车场 PDP 问题，迭代局域搜索带自适应邻域选择策略，引入 New Perturbation Operators，效果比大领域搜索、粒子群算法、蚁群算法好。Luis and Mario（2015）提出有先后约束的 PDP 问题，相当于 MPDPs，采用分支-切割法进行了求解。Huey-Kuo et al.（2015）探讨了配对的 MPDPs 问题，解决了图书配送问题的一个实例。

3. 优化算法

结合 MPDPs 的相关研究成果，本文在生成初始解的基础上按如下步骤进行优化求解：

Step1：如 iterm < total_iterm，则随机选取一个乘客 i 和出租车 j，否则转 Step6。

Step2：如出租车 j 装载乘客为小于 2，转 Step3，否则转 Step4。

Step3：如 $t_i, k \leq Tk$ 且 $z_{\text{income}} \leq z_{\text{cost}}$，则将乘客 i 分配给 j 运载。

Step4：随机剔除出租车 j 运载的乘客 k。

Step5：找到乘客 i 原来所在出租车 l（如无，则直接转 Step1），如 $t_i, k \leq T_k$ 且 $z_{\text{income}} \leq z_{\text{cost}}$，则将乘客 k 分配给 l 运载，否则乘客 k 不运载，转 Step1。

Step6：结束。

七、算例及结果分析

以下路网地图中路口、出租车、乘客起点及终点的坐标均是由计算机随机生成。

在如图 4 所示的路网中，20 个人到不同的目的地去，22 辆车的位置如图 4 所示。

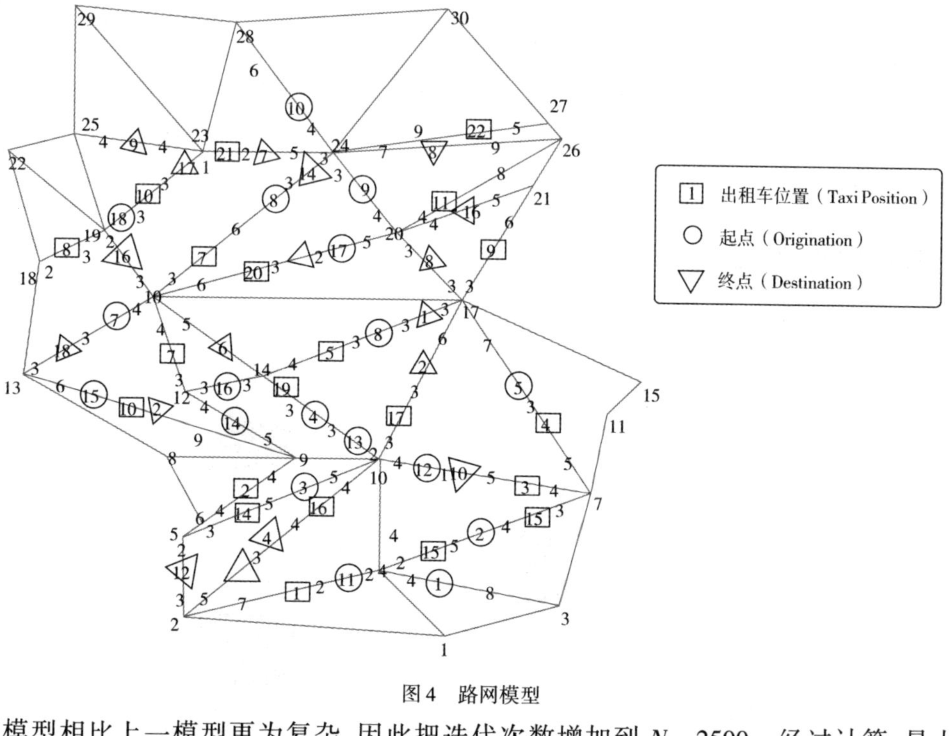

图 4　路网模型

此路网模型相比上一模型更为复杂，因此把迭代次数增加到 $N = 2500$。经过计算，最大的利润为 438.7 元。各个点的路线由表 1 可知。

算例二的路径方案优化

表1

出租车	乘客	路径方案
2号	14号	2号出租车—9—14号乘客—12—16—14号乘客目的地
4号	5号和6号	4号出租车—5号乘客—17—6号乘客—14—5号乘客目的地—16—6号乘客目的地
7号	7号和15号	7号出租车—16—7号乘客—13—15号乘客—13—18—19—23—7号乘客目的地—24—20—15号乘客目的地
12号	9号和17号	12号出租车—24—9号乘客—20—17号乘客—20—24—23—17号乘客目的地—23—9号乘客目的地
15号	2号和11号	15号出租车—2号乘客—4—11号乘客—4—10—2号乘客目的地—17—11号乘客目的地
17号	12号和3号	17号出租车—10—12号乘客—10—3号乘客—5—12号乘客目的地—5—10—17—3号乘客目的地
21号	19号和2号	21号出租车—19号乘客—24—20号乘客—24—20—17—19号乘客目的地—20号乘客目的地
22号	10号	22号出租车—24—10号乘客—24—20—17—10—10号乘客目的地

对比这两个例子可以看出，乘客人数越多时，即交通高峰期时，出租车可以拼车的路线十分丰富，出租公司的效率有更大的提升，即可用更少的车辆完成运输任务。

八、总结

本文把出租车调度问题转换为静态问题，采用应答辅助决策功能，基于拼车的智能调度技术，据此建立了出租车拼车调度模型，并结合MPDPs的相关理论成果设计并编写算法，围绕着核心算法，结合服务器、数据库、移动端软件等相关技术，我们搭建了自己的云平台框架，对算法进行了大规模的计算及算例验证，以及计算结果的可视化展示，最后发现模型及算法效果良好，尤其在大规模的算例中能取得更好的优化方案。

综上分析可知，目前制约出租车运营市场发展的不是硬件技术问题，而是调度组织模式的完善及相应的快速智能调度算法，调度组织模式的升级可引领出租车驾驶员和乘客分别进入“互联网＋运营”和“互联网＋乘车”时代。快速智能调度算法可为乘客和个体驾驶员提供快速辅助决策支持，也可为运输公司提供动态优化调度组织方案。

附录　数据传输及交互过程

（1）数据传输过程，如图5所示。

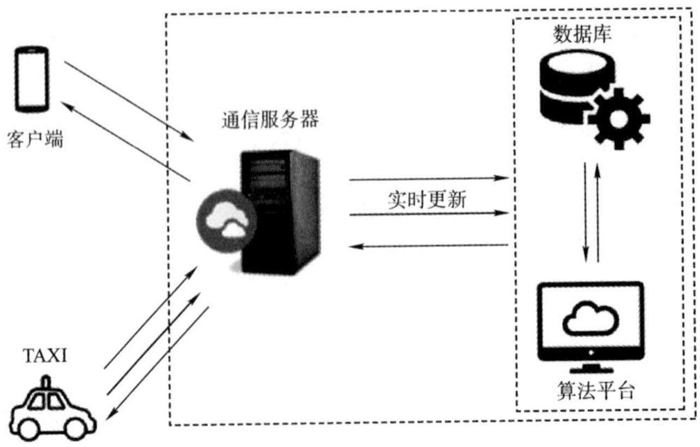

图5　数据传输过程

(2)乘客端与数据库的数据交互过程,如图6所示。

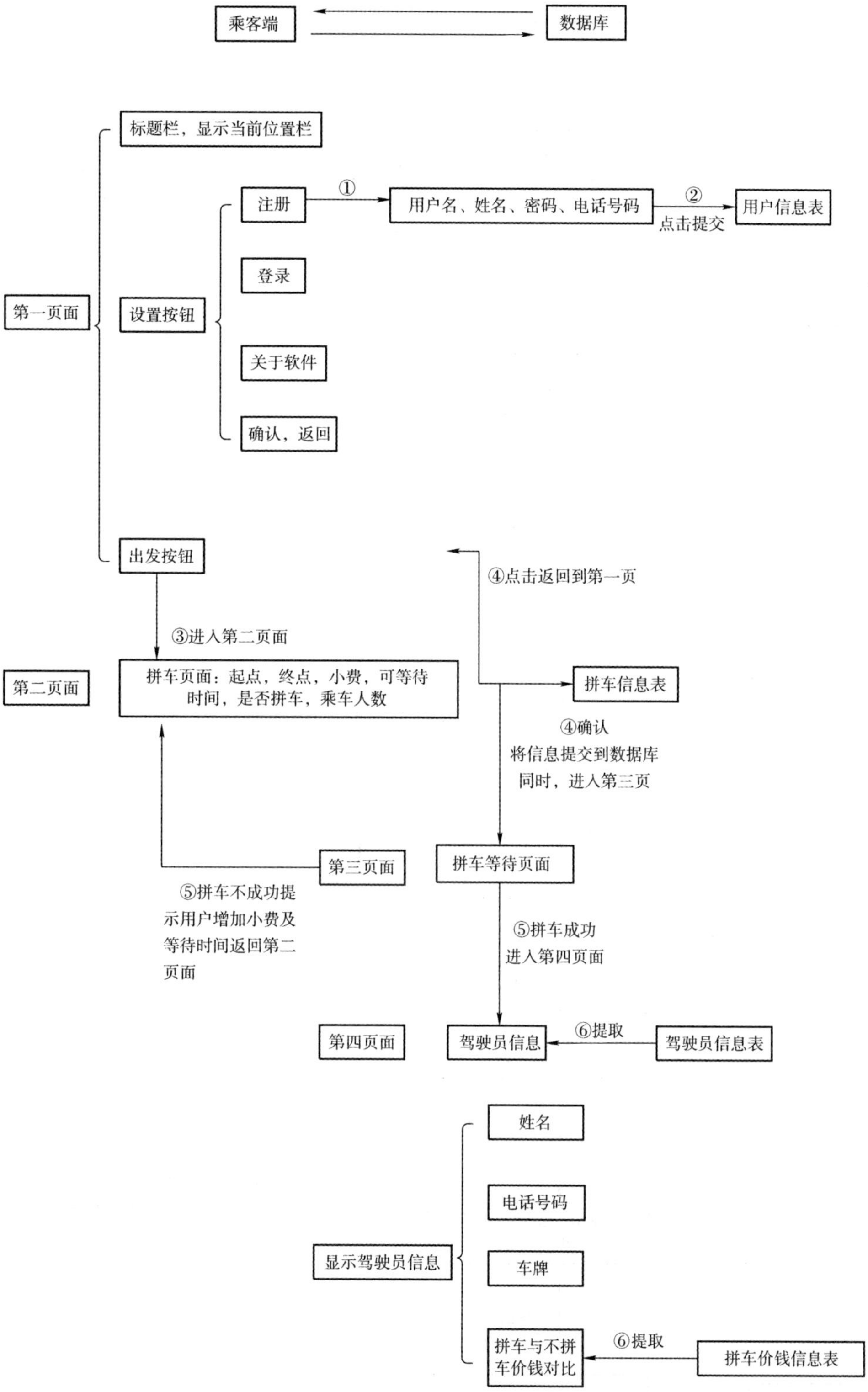

图6 乘客端与数据库的数据交互

（3）驾驶员端与数据库的数据交互，如图7所示。

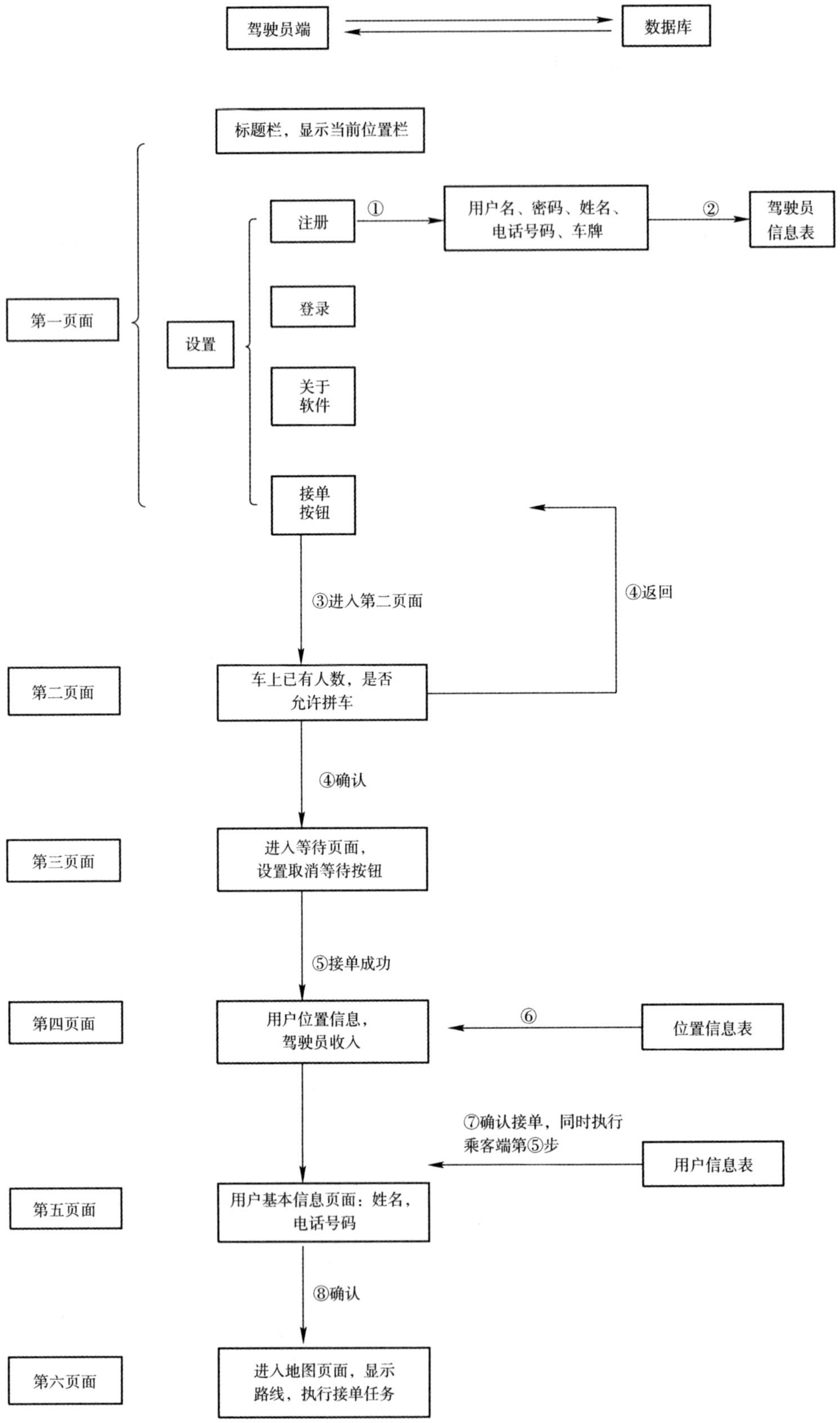

图7 驾驶员端与数据库的数据交互

(4)数据库与算法的数据交互,如图 8、图 9 所示;

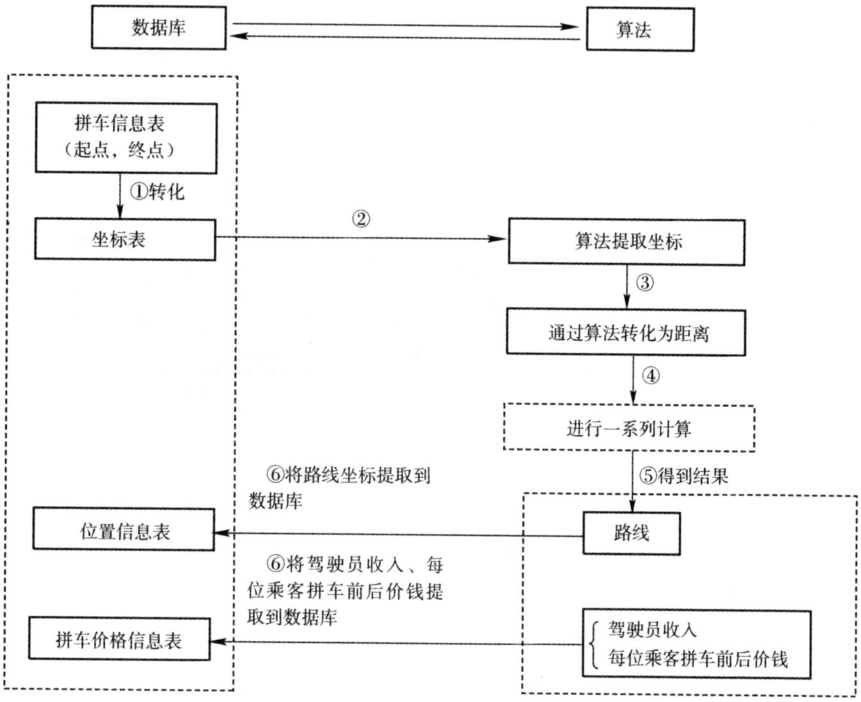

图 8　数据库与算法的数据交互

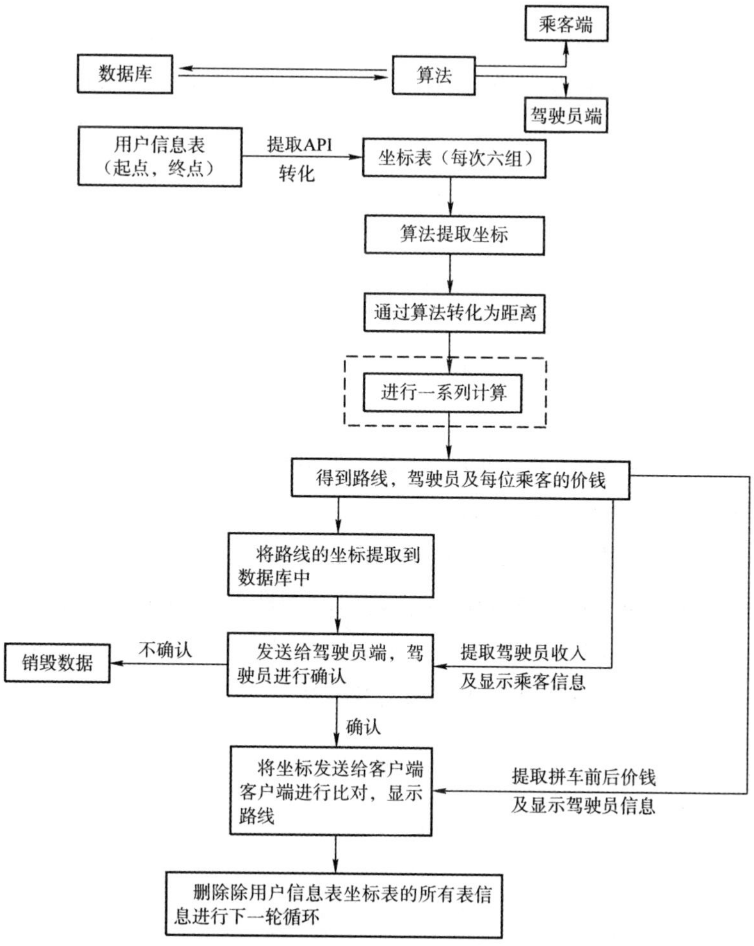

图 9　数据库与算法的数据交互

(5)驾驶员端及乘客端数据交互界面,如图10所示。

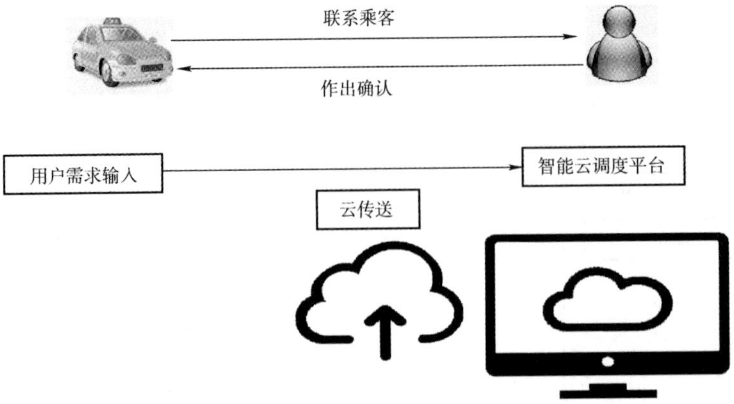

图10　用户输入云端传送

资助信息:
(1)2016年国家级大学生创新创业训练计划项目;
(2)江西省教育厅科技项目,NO. GJJ15528;
(3)江西省人文社科学重点研究基地项目,NO. 71271220;
(4)江西省人文社科学项目,NO. JC1509。

参考文献

[1] 刘志硕. 车辆路径问题的混合蚁群算法设计与实现[J]. 管理科学学报,2007,20(3):18-21.
[2] 龚延成. 带时间窗约束的物流配送线路启发式算法[J]. 交通与计算机,2003(6):78-79.
[3] 何正文. 求解资源约束项目调度问题的启发式算法综述[J]. 运筹与管理,2007,16(3):79-82.
[4] 李大卫. 一个求解带有时间窗口约束的车辆路径问题的启发式算法[J]. 系统工程,1998,16(4):21-30.
[5] 张宇楠. 启发式智能优化算法的研究与应用[D]. 南宁:广西民族大学,2013,20-30.
[6] 丁振凡. Java语言程序设计[M]. 北京:清华大学出版社. 2010.
[7] 王珊. 数据库系统概论[M]. 北京:高等教育出版社. 2006.
[8] 何玉洁. 数据库设计教程[M]. 北京:机械工业出版社. 2003.
[9] 张桂珠. Java面向对象程序设计[M]. 北京:邮电大学出版社. 2005.
[10] 熊伟. 运筹学[M]. 北京:机械工业出版社. 2014.
[11] 王玉英. 优化与决策[M]. 西安:西安交通大学出版社. 2013.
[12] Thomas H. Carmen. Introduction to Algorithms[M]. The MIT Press;third edition,2013.
[13] Huey-Kuo Chen, Huey-Wen Chou, Che-Fu Hsueh, Yen-Ju Yu. The paired many-to-many pickup and delivery problem:an application. TOP(2015) 23:220-243.

2016年第二届中国交通运输院长论坛“新国线交通运输类大学生优秀论文”二等奖

北京市西直门地铁站内缓冲区设计研究

北京交通大学　交通运输学院　吴玥琳，张小雨，郭肇，李志杰

摘　要：交通枢纽作为城市综合交通系统的重要组成部分，行人流容易在短时间内大量聚集，极易产生拥挤，带来安全隐患。国内外对枢纽内行人步行设施通行能力和服务水平等均有研究，但是研究人流突变状况下枢纽内缓冲区尺寸设计的较少，而设置合理的缓冲区能够有效缓解人流突变带来的影响。通过研究缓冲区内人流在速度突变点的速度变化情况，进而建立缓冲区通过时间模型，揭示行人在通过缓冲区时的行为特性，以此得到缓冲区长度的计算方法，同时考虑行人的肩宽和边界余距来计算缓冲区的宽度。最后利用仿真软件 Anylogic 验证缓冲区设计的可行性，达到改善目前枢纽内人流拥堵现状的目的，提高行人通过效率，保障出行安全。

关键词：城市交通枢纽；缓冲区；行人流特性；通过时间模型

一、引言

由于城市内交通枢纽人流量聚集疏散较大，枢纽内均需设置不同类型的缓冲区来过渡人流，目前对交通枢纽内缓冲区的概念尚无统一说法，本文将凡是具有过渡或疏散人流、防止人流大量聚集功能的通道或区域，均定义为缓冲区。缓冲区根据其位置可分为：进出口缓冲区、换乘缓冲区、通道缓冲区、电梯缓冲区、安检缓冲区等。若缓冲区设计不当，则会影响疏散人流的速度，导致行人换乘时间长，出现旅客滞留等问题。为了缓解交通枢纽内人流突变带来的影响，需要研究行人在缓冲区内的行为特征，设计出合理的缓冲区尺寸。国内外对行人速度、行人路径选择、行人流组织设计等行人流特性均有研究，对枢纽内设施通行能力和服务水平也有研究，如长安大学公路学院的周继彪等人拟合出西安市北大街地铁换乘枢纽内行人步行的平均速度为1.114m/s[1]，Noland 和 Polak 等从出行时间不确定性和各个角度研究了用户路径选择行为[2]，但是研究枢纽内人流突变状况下缓冲区尺寸设计得较少。

本项目主要建立缓冲区通过时间模型，揭示行人在通过缓冲区时的行为特性，以此来得到缓冲区长度的计算方法，同时考虑行人的肩宽和边界余距来计算缓冲区的宽度，并进行了验证。[3]

二、缓冲区内行人流特性分析

1. 现状调查

本文选取西直门地铁站从2号线、4号线换乘至13号线的一段共用的通道缓冲区作为研究对象。该缓冲区具有过渡2号线、4号线通往13号线人流的作用；同时，该区域所处位置较好，利于拍摄且不会影响客流的正常出行。本文在研究调研区域的尺寸时，利用轮式测距仪测量缓冲区的详细尺寸并用AutoCAD绘制了缓冲区平面示意图。

对于缓冲区内的行人流，通过拍摄视频的形式进行记录，一共进行了14个h的拍摄，累计一周七天

的平峰时间段和高峰时间段，拍摄时间为12:30至13:30和17:30至18:30。同时，统计了共3h的行人流数据，得到共计约5300个数据。

2. 缓冲区行人流密度-速度分析

对调研所得区域内（图1）不同密度下行人流速度进行统计分析，共筛选了18组数据，见表1。

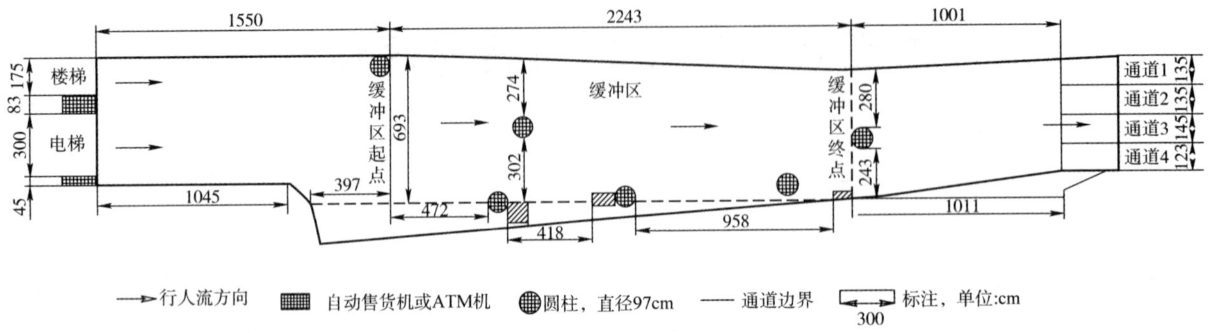

图1 缓冲区调查区域平面CAD图

缓冲区内不同行人流密度下的速度 表1

组　号	区域人数(人)	区域长度(m)	区域宽度(m)	区域面积(m^2)	区域密度(人/m^2)	区域平均速度(m/s)
1	1	2.4	6.0	14.4	0.0694	1.3846
2	1	2.4	6.0	14.4	0.0694	1.3500
3	2	2.4	6.0	14.4	0.1389	1.2574
4	3	2.4	6.0	14.4	0.2083	1.2280
5	4	2.4	6.0	14.4	0.2778	1.1257
6	4	2.4	6.0	14.4	0.2778	1.1881
7	5	2.4	6.0	14.4	0.3472	1.1533
8	5	2.4	6.0	14.4	0.3472	1.2019
9	6	2.4	6.0	14.4	0.4167	1.1262
10	6	2.4	6.0	14.4	0.4167	1.1263
11	6	2.4	6.0	14.4	0.4167	1.1756
12	7	2.4	6.0	14.4	0.4861	1.1349
13	7	2.4	6.0	14.4	0.4861	1.2153
14	8	2.4	6.0	14.4	0.5556	1.1764
15	9	2.4	6.0	14.4	0.6250	1.0936
16	9	2.4	6.0	14.4	0.6250	1.1382
17	10	2.4	6.0	14.4	0.6944	1.1765
18	10	2.4	6.0	14.4	0.6944	1.1565

对以上统计的速度与密度的关系做出它们之间的散点图，从图2中可以看出，当行人流的密度较小时，行人速度较大，即行人可以按照自己习惯的步速前进，不受周围行人的影响；之后随着行人流密度的增大，行人步速逐渐减小，直至步速逐渐趋近于零，此时缓冲区内形成拥挤现象。

为了得到更详细的密度-速度关系，使用MATLAB对所得散点图进行了曲线拟合，选择4次多项式对上述散点进行拟合，得到如下关系式：

$$y = 10.2x^4 - 18.27x^3 + 12.05x^2 - 3.555x + 1.564 \tag{1}$$

以上关系式密度范围为：$x \in (0, 0.7)$，用软件可以对此关系式进行拟合优度检验，得到表2的密度-速度数据统计参数。由表 2 可知方程的确定系数(R-square)为 0.8413,均方根误差(RMSE)为 0.03504,图 2 显示了拟合曲线和散点图之间的吻合程度,从中可以发现吻合程度较好。

密度-速度数据统计参数

表 2

确定系数(R-square)	调整后的确定系数(Adjusted R-square)	和方差(SSE)	均方根误差(RMSE)
0.8413	0.7924	0.01596	0.03504

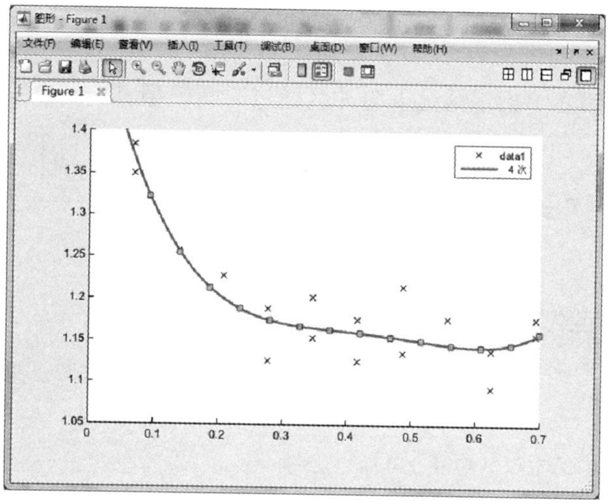

图 2 四次多项式拟合的密度-速度关系曲线图

将得出的密度-速度关系式与其他学者得出的关系式对比可以发现:由于交通枢纽密集的环境和从众心理的影响,行人跟随人流行走,个体移动速度会有所提高;在高峰期,乘客会为了赶时间而加快速度,并且行人目标基本一致,必然导致无论高密度还是低密度,行人流运动速度比其他学者在普通环境下观测到的要大[4]。从图 2 中还可以看出,在初期行人流速度密度下降趋势较大,在区域密度大于 0.3 人/m^2 之后,行人流速度下降趋势变缓。虽然和不同学者在不同环境下得出速度-密度关系有所差别,但是总体趋势基本一致。

三、缓冲区尺寸的设计

1. 缓冲区通过时间模型的建立

查找文献得到目前我国站台事故疏散时间 T 的计算公式为:

$$T = 1 + \frac{Q_1 + Q_2}{0.9[A_1(N-1) + A_2 B]} \tag{2}$$

式(2)没有体现行人流通过速度以及站台上可能发生的速度变化对疏散时间的影响,本文在此基础上做出改进,对已有的研究和现场的观测进行分析,建立了综合考虑行人不同速度和缓冲区末端不同设施通过能力的缓冲区通过时间模型。

通过现场观测可以看出,行人在通过缓冲区的过程中速度并非没有变化,而是受周围行人的密度和缓冲区终点的设施的影响。因此,本文将缓冲区分为两部分区域,一部分为匀速区,另一部分为减速区。图 3 给出了行人流通过缓冲区的示意图,由于要计算一次通过缓冲区总的时间,因而以最晚到达缓冲区出口的行人 X 作为研究对象,如图中圆圈所示。行人 X 通过缓冲区的过程可分为两个阶段,第一阶段如图 3a)至图 3b),此时行人 X 的速度主要受缓冲区通道内行人平均密度的影响,基本上可以视为匀速前行,在前进过程中,会出现一个速度的突变点,此时行人 X 的速度会突然降低,这是因为前方行人正在排队等待通过缓冲区终点,密度增大,行人流速度降低;第二阶段如图 3b)至图 3c),行人 X 通过缓冲区终点的时间主要受栏杆型通道、自动扶梯以及楼梯通过能力的影响。

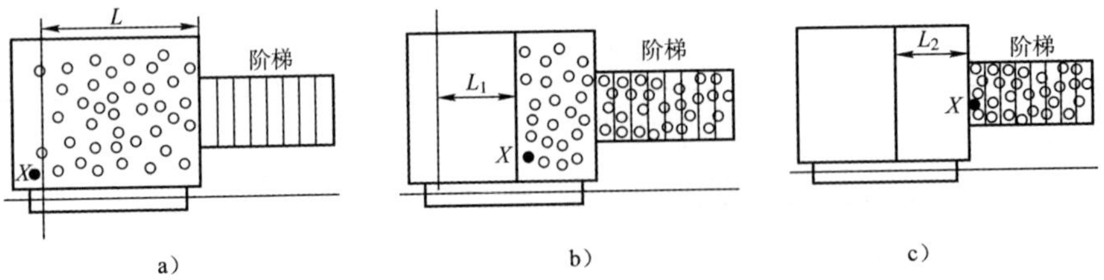

图3　缓冲区末端示意图

根据以上的分析，本文建立了正常情况下缓冲区通过时间模型，即：

$$T = \frac{l_1}{v_1} + \frac{\left[Q - \frac{l_1}{v_1}(A_1 N_1 + A_2 N_2 + A_3 B) \cdot \vartheta\right]}{A_1 N_1 + A_2 N_2 + A_3 B} \tag{3}$$

式中：T——总的通过时间；

l_1——行人从缓冲区起点到速度突变点的距离，即匀速区域长度；

v_1——在匀速区域的平均行走速度；

Q——总通过人数；

A_1——栏杆通道通过能力，人/(min · m)；

A_2——自动扶梯通道通过能力，人/(min · m)；

A_3——人行楼梯通过能力，人/(min · m)；

N_1——通道个数；

N_2——自动扶梯台数；

B——楼梯总宽度；

ϑ——饱和系数，是指行人在开始疏散时，通道内行人流不可能达到饱和，而是在一段时间后才达到，通常取值0.5～0.9。

为了计算行人通过缓冲区末端的时间，我们需要知道 l_2 的值，即速度突变点的位置，如图4a)所示，汇流点处的行人流会形成一个拱形。这样就会导致在入口附近，往往有行人从斜方向插入，使得行人流速度下降，而且行人速度的下降会随着行人流不断向后传播，从而形成一个减速波。

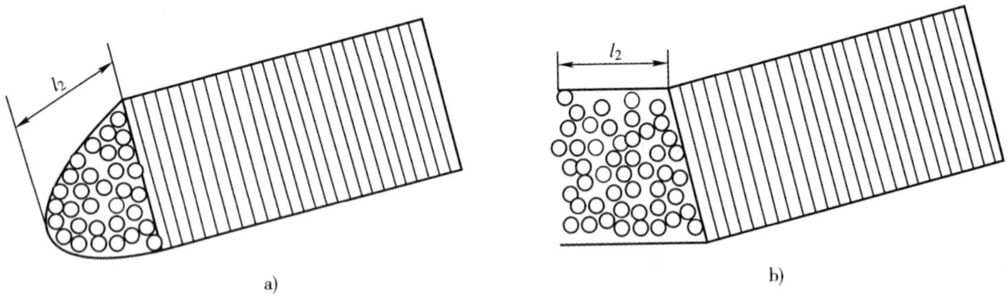

图4　汇流点行人形状示意图

为了防止该情况的出现，一般在入口处可设置一段距离的栏杆或扶手，从而起到约束行人流的作用，如图4b)所示，汇流点的行人流成为一个矩形，其面积近似为：

$$s = l_2 l_3 \tag{4}$$

式中：l_2——行人从速度突变点到缓冲区出口的距离，即减速区域的长度，$l_2 = l - l_1$，l 为缓冲区通道的总长；

l_3——缓冲区通道出口的宽度。

出口的宽度可以按照Pauls提出的有效宽度模型计算，即出口和楼梯在计算的过程中需要扣除边界效应。当楼梯或出口的边界为墙体时,边界效应宽度为0.15m;而当边界为扶手或栏杆时,边界效应宽度为0.09m。根据上述分析,可得 l_1 的计算公式为:

$$(l - l_1) l_3 P = Q - \frac{l_1}{v}(A_1 N_1 + A_2 N_2 + A_3 B)\vartheta \quad (5)$$

式中:P——行人在缓冲区匀速区域内的密度。

求得 l_1 后带入式(2)中便可求得正常情况下的缓冲区通过时间[5]。

以上给出的站台疏散时间模型既考虑了密度变化对速度的影响,又考虑了缓冲区末端设施如自动扶梯、楼梯和栏杆型通道的通过能力,考虑情况比较全面。

2. 缓冲区尺寸长度的计算

将上一节中式(2)和式(4)联立变形可得如下公式:

$$l = \frac{Q - \vartheta A - \vartheta Q}{l_3 P(1 - \vartheta)} - \frac{vQ - vAT}{A(1 - \vartheta)} \quad (6)$$

其中,

$$A = A_1 N_1 + A_2 N_2 + A_3 B \quad (7)$$

结合式(1),用密度 P 表示速度 v 可得:

$$v = 10.2P^4 - 18.27P^3 + 12.05P^2 - 3.555P + 1.564 \quad (8)$$

假设行人在匀速阶段行走速度一定,缓冲区内总通过人数已知,缓冲区出口宽度已知,则通过缓冲区通道行走时间可以求出该缓冲区的长度。当缓冲区通道行走时间最短时,便可求出缓冲区最优长度 L。

最终缓冲区长度的计算公式为:

$$L = \frac{Q - \vartheta A - \vartheta Q}{bP(1 - \vartheta)} - \frac{vQ - v t_{\min} A}{A(1 - \vartheta)} \quad (9)$$

式中:L——缓冲区最优长度;

$t_{\min}$——行人通过缓冲区最短时间;

b——缓冲区出口宽度;

v——行人在缓冲区匀速区域内的行走速度;

P——行人在缓冲区匀速区域内的密度。

3. 缓冲区尺寸宽度的计算

缓冲区内行人作为一个个独立可自由移动的个体,占有一定的空间。确定行人占据空间的面积最重要的因素是人的肩宽和胸厚。而当行人要想从门或者出口等横断面通过时,行人的宽度起着关键性的作用。查找资料得到中国成年人人体数据[6]见表3。

中国成年人人体数据 表3

百分位数	最大肩宽(cm)		肩宽(cm)		胸厚(cm)	
	男	女	男	女	男	女
1	38.3	34.7	33.0	30.4	17.6	15.9
5	39.8	36.3	34.4	32.0	18.6	17.0
10	40.5	37.1	35.1	32.8	19.1	17.6
50	43.1	39.7	37.5	35.1	21.2	19.9
90	46.0	42.8	39.7	37.1	23.7	23.0
99	48.6	45.8	41.5	38.7	26.1	26.0

从表3中得知，中国成年人最大肩宽不超过50cm，最大胸厚不超过35cm，加上行人所穿衣物和行人陌生环境下的私人空间，本文认为行人的安全空间为长轴长度在[65cm，85cm]范围、短轴长度在[40cm，50cm]范围内的椭圆，椭圆的长轴在这里就是行人的安全宽度。

因此缓冲区的宽度可以用同时并排行走的最大人数乘以行人的安全宽度来表示，考虑到Pauls提出的有效宽度模型[7]，则缓冲区通道宽度还应加上两侧的边界余距：当楼梯或出口的边界为墙体时，边界效应宽度为15cm；而当边界为扶手或栏杆时，边界效应宽度为9cm。得到如下公式[8]：

$$C = na + 2b \tag{10}$$

式中：C——缓冲区的宽度；

n——缓冲区内可以同时并排行走的最大人数；

a——行人的安全宽度；

b——缓冲区通道一侧的边界余距。

四、Anylogic仿真研究分析

利用缓冲区CAD平面示意图，将其导入Anylogic仿真软件中，按照实际的缓冲区尺寸进行绘制。研究在现有尺寸比例下，行人的行走状态和缓冲区的拥堵情况。查阅相关地铁设计规范得出1m栏杆型通道的通过能力为50.6人/min，换算得出四个通道总的通过能力是6.67人/s，并测量实际缓冲区长度$l=50.6$m。设定$Q=240$人/min，平均速度$v=1.3$m/s，利用速密关系式(1)求得通道前密度为1.3人/m^2，折减系数设为0.7，在此条件下，联立式(2)和式(4)求得此时通过时间$T=41.28$s[9]。仿真示意图如图5所示。

图5　Anylogic仿真示意图

反复观察行人流仿真进程，发现行人在栏杆型通道前会有减速滞留的现象发生，拥堵情况较为严重。对此，需要对缓冲区尺寸设计进行改善。利用行人流仿真结果，保持原有变量条件一定，观测并筛选出此时行人通过缓冲区的最短时间$t_{\min}$，将其带入缓冲区尺寸模型$L=\dfrac{Q-\vartheta A-\vartheta Q}{bP(1-\vartheta)}-\dfrac{vQ-vt_{\min}A}{A(1-\vartheta)}$中，求得最优长度$L=48.01$m。由于拥堵情况主要发生在缓冲区终点栏杆型通道起点处，改进栏杆型通道长度效果最佳，即将通道长度向行人流行走反方向增加2.6m（宽度保持不变）。缓冲区长度减小到48.01m时，得到行人此时通过平均时间为38.6s，比改进前通过时间减少。并且由仿真结果可看出，行人通过缓冲区更为流畅，缓冲区行人密度相对减少，排队现象基本不存在，如图6所示。

图6　改进后的仿真示意图

改进前后对比见表4。

改进前后对比表

表4

改进前后	通道长度(m)	缓冲区长度(m)	通过缓冲区时间(s)
改进前	3	50.6	41.28
改进后	5.6	48.01	38.6

观察改进后的仿真情况,行人流行走状态相比之前更加通畅,并且在栏杆型通道前的滞留情况基本消除,行人的通过效率大大增加。

综上,利用仿真软件 Anylogic 对上述建立的缓冲区模型进行检验,验证结果证明缓冲区尺寸模型较为合理,具有一定的现实意义。

五、结束语

本文通过研究缓冲区内行人流特性之间的关系,进而建立了缓冲区内行人通过时间模型。根据缓冲区内行人通过时间与缓冲区长度的关系得出求解缓冲区长度的公式,缓冲区宽度则是利用行人安全宽度来计算,最终可以求出缓冲区的合适尺寸,再通过计算机仿真软件 Anylogic 对缓冲区尺寸模型进行验证。本文将缓冲区尺寸与行人流特性结合起来研究,并考虑缓冲区末端不同设施对行人通过的影响。该项目的实施可以提高行人通行的舒适性和便捷性,对改善交通安全环境、建设和谐社会具有重要的意义。

参考文献

[1] 周继彪. 综合交通换乘枢纽行人交通特性及安全疏散研究[D]. 西安:长安大学,2014.

[2] 高春霞,董宝田. 交通枢纽内不确定情况下行人路径选择模型研究[J]. 交通运输系统工程与信息,2012(06):170-176.

[3] 单庆超. 城市轨道交通行人流运动建模及仿真[D]. 北京:北京交通大学,2009.

[4] 胡清梅. 大型公共建筑环境中人群拥挤机理及群集行为特性的研究[D]. 北京:北京交通大学,2006.

[5] 张朝峰. 地铁换乘站行人流特性和疏散时间模型研究[D]. 北京:北京交通大学,2010.

[6] CN – GB. 中国成年人人体尺寸[S]1988.

[7] Jake Pauls. The movement of people in buildings and design solutions for means of egress[J]. Fire Technology. 1984(1).

[8] 应冬霁. 关于地铁综合交通枢纽设计的思考[J]. 城市建设理论研究(电子版),2012,(6).

[9] 贾洪飞,等. 综合交通枢纽内部行人流特性分析及仿真模型参数标定. 交通运输系统工程与信息,2009,9(5):117-123.

[10] Marana A N, Velastin S A, Costa L F, et al. Automatic estimation of crowd density using texture[J]. Safety Science,1998,28(3):165-175.

[11] Pauls. J. L. Effective width model for evacuation flow in buildings[A]. 1980:215-232.

[12] 李兴莉. 交通流的随机因素分析和相变研究[D]. 上海:上海大学,2008.

[13] 洪昊. 交通流理论的新进展[J]. 交通运输系统工程与信息,2006,6(1):80-85.

2016年第二届中国交通运输院长论坛“新国线交通运输类大学生优秀论文”二等奖

立交桥隧混合路段交通拥堵时空演变特征分析

重庆交通大学　交通运输学院　吴琰飘

摘　要：交通拥堵随着城市发展而生，而解决拥堵的前提是分析拥堵。本文以重庆市渝鲁大道上一段立交、桥、隧混合路段为例，选择4个主要断面进行分析，分别从时、空维度出发分析各主要断面流量、速度的演变，并采用二维时空演变图、三维时空图和拥堵演变马赛克图对该路段交通流进行了深入分析以挖掘其时空演变特征。分析得到了该路段产生拥堵的两个主要位置，及其产生拥堵的主要原因，并结合实际情况给出了合理建议。

关键词：交通拥堵；时空演变；特征分析；立交桥隧混合路段；马赛克图

一、引言

随着社会生活不断提高，物质条件极大丰富，城市车辆数量增长明显，道路负荷日益加重，大量道路上的车辆数超出最大通行能力，形成拥堵。交通拥堵不仅给人们出行带来不便，还造成环境污染和能源浪费。然而，解决交通拥堵的前提是分析拥堵，本文研究渝鲁大道上一段由黄花园大桥、黄花园立交和石黄隧道3种构筑物混合而成的特殊路段的拥堵演变。国内现有的研究文献不符合本文情况，故本文意在采集大量实际数据后分析该混合路段交通流的时空演变特征，进而得出拥堵的原因，并提出解决方案，所提出的对策适用于多数不同构筑物连接形成的路段。

二、研究方法及数据处理

（一）研究内容及方法

（1）进行长时间交通观测，获取流量、速度数据及视频资料。

（2）分别分析流量和速度在时间和空间两个维度上的变化过程及特征。

（3）分析交通拥堵的时空演变过程及特征。

（4）分析典型道路几何特征、交通需求与交通参数及拥堵演变之间的相互关系。

（5）对研究路段提出建议，并适当延伸到山地城市多立交多桥隧道路。

（二）数据获取及处理

1. 时空划分

为分析时空演变，本文主要设置90m、140m、300m和1500m处4个断面，以及为拥堵演变马赛克图分析而添加如下断面：石黄隧道南进口为0m处断面，拥堵状态差异明显的140m和300m断面之间添加200m和250m断面，300m之后每隔100m添加一个断面，直到1500m处断面结束，如图1所示，省略绘制黄花园大桥中间部分。

测量时间为7:32至12:02,以3min为一个基本计数单位,进行拥堵演变马赛克图分析时合并临近两个基本计数单位(6min),其他分析不作变化。

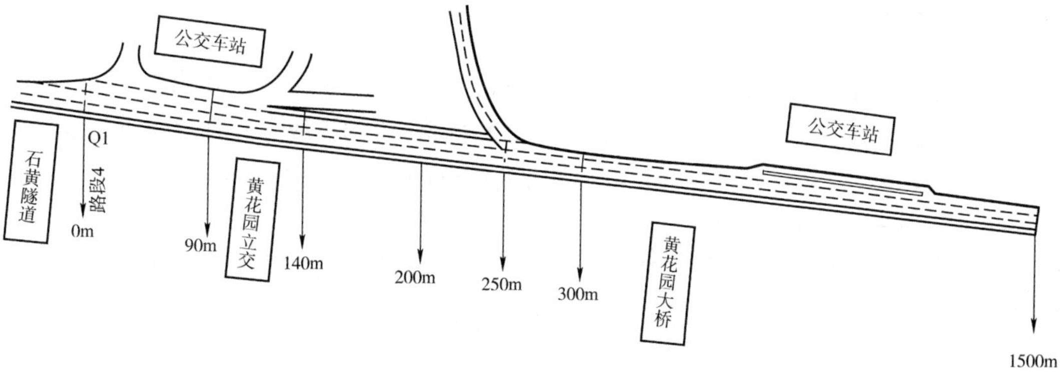

图1　路段空间划分示意图

2. 数据获取和处理

在合适位置安装摄像机,自动测得流量数据,人工处理速度数据。本文将得到的数据进行分析,采用6类图表来处理。

(1)流量、速度时变折线图:分析流量、速度随时间变化而发生的变化。

(2)流量的分布折线图:分析流量随空间位置变化而发生的变化。

(3)流量的时空演变二维图:将不同空间断面的测量数据绘制到同一图中,可直观地看出同一时间点不同断面流量的相对变化。

(4)流量的时空演变三维图:采用matlab工具绘制,作为(3)的补充。

(5)拥堵状态图:经反复观察视频材料,对每个合并后的计数单位、每个断面设定一个拥堵状态值λ(后文直接使用λ值表示),并在excel中进行统计。本文将研究路段的交通状态分为5个等级:重度拥堵、中度拥堵、轻度拥堵、基本畅通、畅通,图例见表1,全文均采用该图例描述拥堵状态的各类图表,不再赘述。

①拥堵状态折线图:分析λ与时间的关系,辅助其他图表进行分析。

②拥堵演变马赛克图:根据表1在excel中填充相应的颜色,形成拥堵演变马赛克图。从图中能清楚地看到拥堵状态随着时间和空间位置不同的变化,能更加直观地分析拥堵的传播情况和消散的传播情况。

拥堵状态图例　　表1

λ值	颜色	状态	分级描述
10		重度拥堵	3条车道车辆基本停滞,车头间距小于或等于安全距离
20		中度拥堵	3条车道车辆均不停滞,但行驶缓慢,车头间距等于或略大于安全距离
30		轻度拥堵	其中1条车道车辆处于中度或重度拥堵状态,余下基本畅通;或一半的时间处于拥堵,另一半处于较畅通状态
40		基本畅通	3条车道的车辆总数较多,但车辆车头间距大于最小安全距离,行驶速度适中,不会产生突然停滞的状态
50		畅通	3条车道总交通量较少,车辆均处于车头间距较大、速度较快的行驶状态

三、交通流在时间维度的演变

(一)流量与时间

本文仅分析 140m 断面情况(图 2),另 3 个断面分析方法一致,不再赘述。做出 140m 断面的时变关系(图 2 中靠上方的折线),作拥堵状态折线(图 2 中靠下方的折线)辅助分析,圈出变化异常的情况,并结合视频材料进行分析。

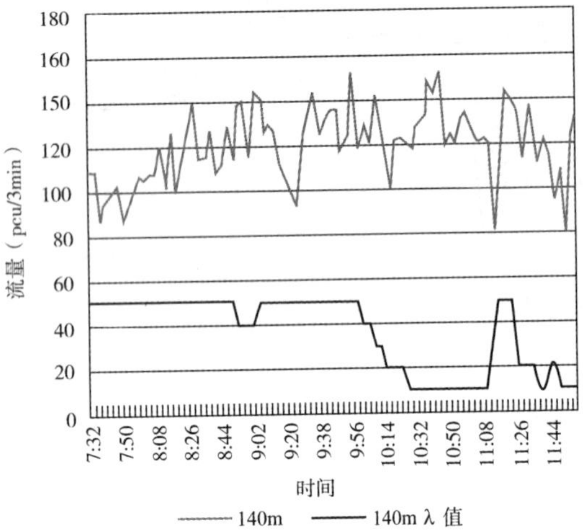

图 2　140m 处流量时变及拥堵状态图

(1)流量整体呈上升趋势,λ 保持最高值,如 7:32 至 8:35,原因可能是流量虽不断增加,但道路总流量未达通行能力,道路畅通。

(2)流量依旧整体上升但趋势减小,λ 值略微下降,如 8:56 左右,原因是流量逐渐接近道路通行能力,道路开始拥堵。

(3)流量形成一个低谷,λ 值为高值,如 9:05 至 9:29以及 11:14 左右,表明该时间段内到达该断面的车辆减少,可能是由于上游拥堵所致,如图 3 所示。

(4)流量的平均值由低变高,且 λ 值保持高值,如 9:32 至 9:56,可能是上游拥堵消散所致。

(5)流量值保持较高水平,λ 值却急剧下降,如 9:59 至 10:29,原因是上游到达车辆增多,在隧道口形成瓶颈,随后拥堵朝上游蔓延,大量合流车辆在上游的合流区与主线直行车辆交织、公交车换道停车等原因,导致拥堵传播到 140m 处断面,单位观测时间内通过的车辆减少[1]。如图 4 所示。

图 3　情况(3)现状图

图 4　情况(5)现状图

(6)流量较低,且小波浮动,λ 值一直较低,如 10:29 至 11:11,表明该断面严重拥堵,可能因为下游隧道口拥堵未消散,且合流车辆较多。

(7)流量出现峰值,λ 保持低值,如 10:47 左右,原因可能是合流车辆少,隧道口拥堵向逐渐消散,但随后合流车辆重新增多,拥堵波向下游传播速度大于消散波,拥堵再次形成。

(8)流量小幅度波动,整体呈下降趋势,λ 值下降,如 11:17 之后,表明此时午高峰即将到来。

(二)速度与时间

本文以 140m 断面的速度-时间演变分析为例,其他断面分析方法相同,不再赘述。将获取的 140m

所有数据单位观测时间内取平均值来分析[2]，形成该断面速度数据时变图，如图5所示，后文亦采用平均速度作分析。该断面位于黄花园立交南出口，临近石黄隧道北进口，由图5可以看出该断面速度变化情况明显。

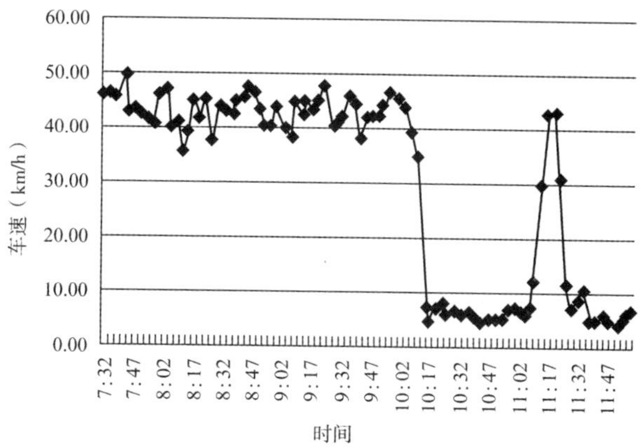

图5 140m处平均速度时变图

(1)7:32至9:56速度相对平稳，单位计测时间内到达该断面的车流量较少，石黄隧道未产生严重拥堵，车辆以较高速度、较大车头间距行驶。

(2)9:56开始速度突然大幅下降，原因可能是到达的流量增大，受到合流匝道和公车站点的影响，在石黄隧道进口处产生严重拥堵，通过量极小，拥堵倒灌回该断面，并向上游蔓延，多数车辆以极小的车头间距和速度前行，甚至停止。

(3)11:14开始速度变化趋于平稳，拥堵并未消散，处于稳定状态。

(4)11:29左右产生不稳定陡峰，原因可能是上游发生严重拥堵，到达该断面总流量减少，隧道口拥堵逐渐消散，但由于持续时间短，不排除偶然现象。

(5)11:38之后速度平稳变化，总体水平与大幅度变化之前相同，拥堵未消散，并继续保持。

四、交通流在空间维度的演变

若将所有时间的流量分布折线放在一起重合太多，难以分析，故本文将整个观测时间段取每30min的第一个单位测量时间段(3min)作为该30min的代表，分析其流量分布折线图，如图6所示，可以得出以下结论。

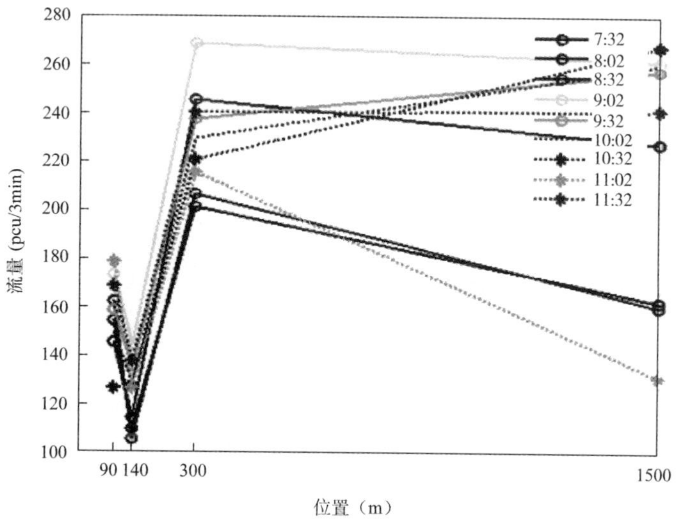

图6 9个特殊时间段的流量分布图

(1)比较9个时间段流量，140m处流量比90m处少，300m处流量大于下游两个断面。90m断面下游连接石黄隧道，车道数陡变，且上游公交站导致大量合流车辆缓行或滞留，但通过该断面流量是通过140m处断面和匝道流量之和，因此较140m处大，而300m处分流流量大，所以是三者中最大的。

(2)分析300～1500m处(含整个黄花园大桥),流量折线斜率为负/正,表示同一时间段通过300m处流量大于/小于1500m处。

①11:02时间段斜率负值最小,表明该时间段下游较上游畅通,可能是下游公交站使1500m处拥堵严重。

②9:02时间段斜率几乎为0,表明该段时间路段呈稳定流,未发生异常情况。

③10:32时间段上升斜率最陡,表明该路段在300m处发生严重拥堵,拥堵影响不大。

(3)由实际情况可知在300～1500m两个观测点之间,没有任何的分流合流匝道,故该路段流量分布理论上不应有变化。实际情况却是黄花园大桥被车辆基本覆盖,车头间距极小,车辆以极小的速度行驶。出现这种情况说明黄花园大桥拥堵的根本原因在于300m处因分流形成的瓶颈路段,大量分流车辆变道,影响直行。

五、交通拥堵的时空演变

(一)流量的时空演变分析

流量的时空演变二维图将时间作为横坐标,流量为纵坐标(单位pcu/3min),将不同断面的流量数据做成4条不同的折线放入图中同时观察对比,如图7所示。演变三维图如图8所示,可用作辅助分析。

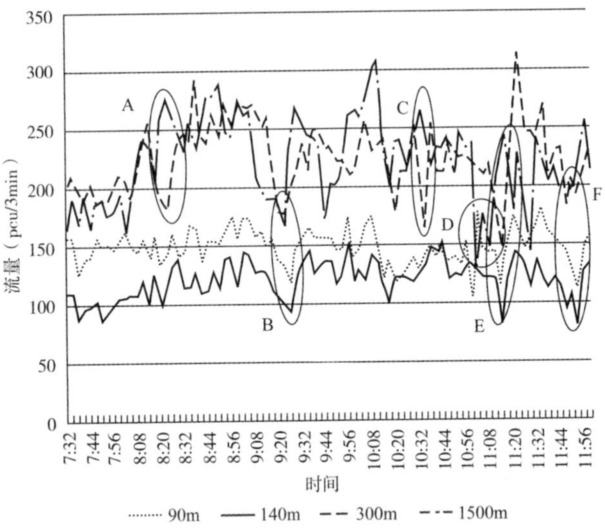

图7　四个断面流量对比图

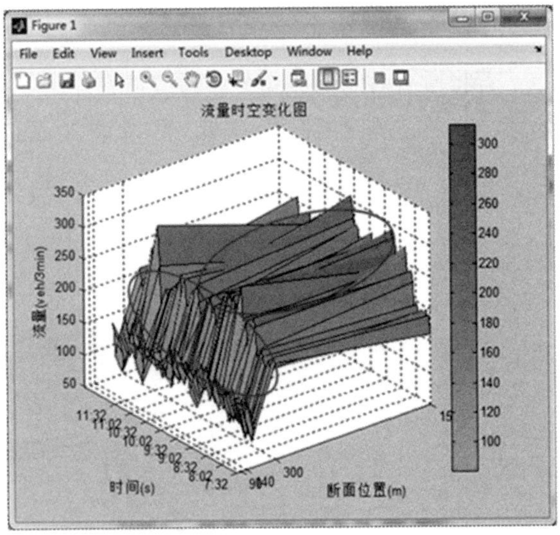

图8　流量时空变化三维图

(1)300m和1500m处断面流量较低,波动较小,路段未达饱和,车辆可畅通行驶,如7:32至8:02。

(2)300m处和1500m处断面流量上升后大幅度波动,可能因高峰到来,上游到达车流量增加,如8:02至9:23,同时90m和140m处流量小幅度增加,波动依旧平稳。

(3)8:23至8:26出现异常情况(圈A),300m处突降,1500m处陡升,造成该现象的原因是大量车辆欲通过该分流区分流,而砸到拥堵造成外侧车道排队拥堵,靠近中央分隔带的车道也时常用于等待换道,影响直行,如图9所示。

(4)9:23左右4个断面的流量同时急剧下降到到低谷(圈B),原因是300m上游发生事故,大量需分流的车辆紧急变化车道,产生严重拥堵,导致上游行车缓慢,下游到达车辆少,如图10所示。

图9　圈A所示匝道拥堵情况

(5)9:29至10:17,事故处理完毕,拥堵逐渐消散,4个断面流量上升,300m处上升到比之9:23略小且大幅度波动,其余3个断面都几乎回到之前的水平且小幅度波动。

(6)300m断面在10:35左右因下游拥堵传播到此、靠近中心线两条车道基本处于停滞状态(圈C),如图11所示,而1500m处在11:05左右形成的低谷(圈D)可能是因为下游的大量公交车从港湾式公交站驶入主线,造成合流拥堵。

(7)在11:14左右1500m突然产生陡峰,但同时其他3个断面却产生低谷(圈E),原因是上游车辆正常到达1500m处,而下游某处可能发生交通事故,或因大量公交车从港湾式公交站驶入主线导致拥堵,使到达另外3个断面车流量极少,如图12所示。

(8)11:20至11:53内4个断面流量呈整体下降趋势(圈F),原因是午高峰到来使300m处分流区形成拥堵,拥堵向上游传播,而下游140m和80m处到达的车辆较少,如图13所示。

图10　圈B所示车祸情况图

图11　圈C所示拥堵情况图

图12　圈E所示下游情况图

图13　圈F情况图

图14　11:53后交通情况图

(9)11:53之后,4个断面流量整体回升,直行车辆太多,导致下游隧道口产生严重拥堵,向上游传播,如图14所示。

(二)拥堵演变马赛克图分析

为进一步了解时空演变特征,本节绘制并分析拥堵演变马赛克图。对视频资料进行反复观察后肉眼判断整条路段所分断面的λ值,在excel表格中,横向为断面位置,纵向为单位时间(6min),将λ值换成相应颜色填入表格,形成拥堵演变马赛克图(图15)。该图色块区分明显,可更清晰地反映拥堵和消散传播趋势,结合时间和断面信息,可进一步得到其开始、结束时间等信息。

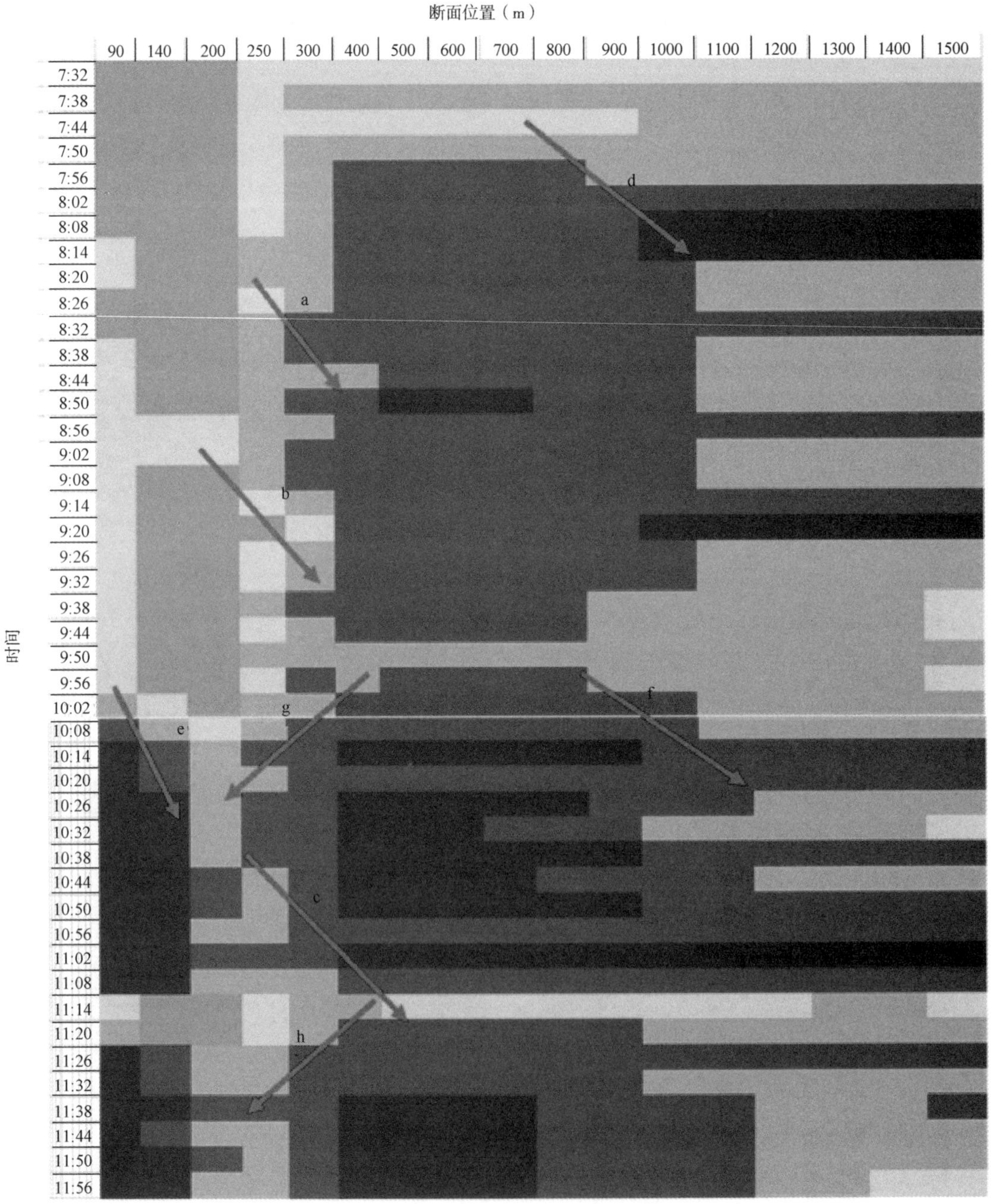

图15　拥堵演变马赛克图

选择变化明显的部分为例,用箭头线在图中做出(仅代表变化的大致趋势),并将其按从 a 到 h 编号,表示不同的时空变化,箭头线穿过部分存在一些基本特征:色块均呈阶梯状变化,箭头线斜率大小取绝对值,可大致表示波传播的速度,绝对值越大传播速度越快,反之越慢,但仅用于定性分析。

(1)a、b、c 箭头线均表示下游消散,消散波向上游传递。箭头线从左上指向右下,但斜率不同,顺着箭头方向色块代表的 λ 值增大,且箭头线下方 λ 偏大,上方偏小,表示随着时间的推移,下游拥堵首先消散,紧接着上游拥堵也消散,且根据斜率判断 3 个部分演变速度大致相等,后文分析方法相同,不再赘述。

(2)d、e、f 箭头线表示下游首先发生拥堵,随着时间的推移,下游拥堵逐渐倒灌到上游。

(3)g、h 箭头线表示上游到达的车辆越来越多且形成拥堵,随着时间的推移,拥堵逐渐传递到下游。

除此之外,从图 15 中还可得一些信息。

(1)200m 下游的拥堵不会在 10:02 之前发生,因为该段时间内上游到达的车流量较小,而在 10:02 之后 200m 下游基本处于中度或重度拥堵。

(2)200m 下游的拥堵不会蔓延至 200m 上游,原因是该处为 3 车道路段,本身不符合车道数平衡原则,通行能力大,上游增加的车辆虽然形成拥堵,但消散波传播速度大于拥堵波。

(3)第 2 个瓶颈路段位于 300m 处,不管该处下游路段处于何种状态,上游均处于不同程度的拥堵状态。

(4)11:14 至 11:20 出现异常情况,整个路段在短时间内从拥堵变为较为畅通,其后突然回到拥堵状态,结合视频资料看到,该路段上流量小,猜测是在 1500m 上游发生事故导致拥堵,车辆无法畅通地到达下游,而在 11:20 拥堵问题得到解决。

六、典型道路与拥堵的关系

在隧道口上游合流区形成典型道路,本章主要研究典型道路与拥堵的关系。研究路段如图 16 所示,Q_1 为快速路主线(路段 1)合流之前的流量,Q_2 为合流匝道(路段 2)的流量, Q 为主线与匝道合流之后(路段 3)的流量,C 为路段 3 的最大通行能力。

当道路上出现 $Q_1+Q_2>Q$ 时,路段 3 上的流量不断增加,车道占有率也随之增加,当增加到一定程度,即 $Q>C$ 时,路段 3 上就会发生交通拥堵。畅通时 Q_1+Q_2 几乎等于 Q,但拥堵时 Q_1+Q_2 将远大于 Q 值,若长期处于 $Q_1+Q_2>Q$ 情况,路段 3 将越来越拥堵,且拥堵将向上游倒灌。本文暂不讨论与通行能力 C 之间存在的关系。

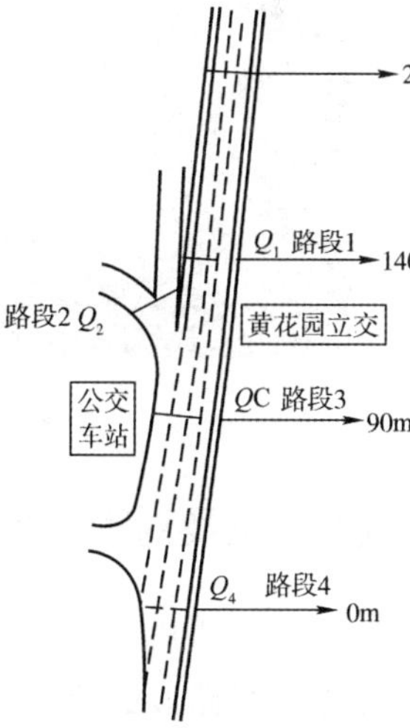

图 16　典型路段示意图

从观测数据可得到任意时间段的 Q_1、Q_2 和 Q,本文定义一个 q 值,且 $q=Q_1+Q_2-Q$,将 q 值以面积形式反映出来,如图 17 红色面积部分。另外,本节将路段 3 的 λ 值同样以面积形式绘制到同一张图内进行比较分析,如图 17 中蓝色面积部分。该图横坐标为时间,主纵坐标是 λ 值(无单位),次纵坐标表示 q 值(pcu/3min)。

面积在横坐标以上/以下表示 q 为正/负值,即上游主线和匝道流量之和小于/大于下游主线流量。理论来说,正值可能会出现较大值,但是负值不应过小,不排除数据误差。结合视频材料,对图 17 进行分析可得出如下结论:

(1)在 q 值非正或非正值个数较多的时间段内(圈 M),λ 值较高,表示合流后路段流量较小,车辆行驶畅通,如图 18 所示。

(2)一段时间内,当 q 逐渐变为较小正值时(圈 K),λ 值随着 q 增加而急剧下降,在合流后路段流量增加,逐渐达到道路通行能力,拥堵形成,并向上游传播。

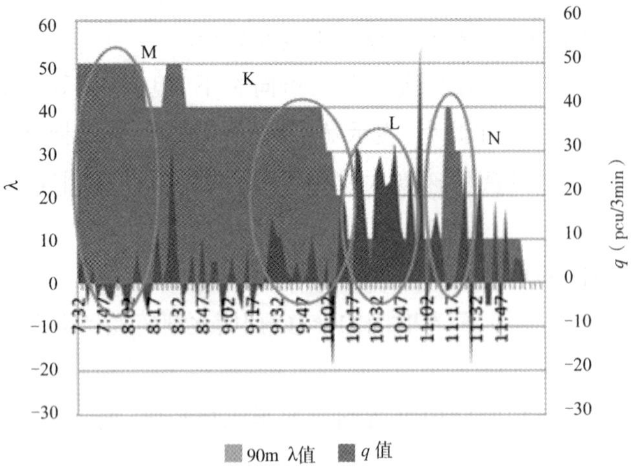

图 17　倒灌数据处理图

图 18　圈 M 现状图

（3）在 q 持续为正或正值较多、较大的时间段内，如在 10:11 至 11:11（圈 L），λ 值随着 q 增加不再变化，原因是合流区下游已达通行能力，公交站加重拥堵情况，拥堵持续，如图 19 所示。

（4）当不满足上述 3 种情况，但 λ 值突然增加，而 q 非大量非正值（圈 N），可能原因是路段上游突发情况形成拥堵，车辆到达该处缓慢，同时合流车辆少，之前形成的拥堵消散，如图 20 所示。

图 19　圈 L 现状图

图 20　圈 N 现状图

七、结论及对策分析

从上文分析可知，该路段产生交通拥堵位置主要是隧道口以及 300m 分流区，如图 21 圆圈所示。解决这 2 个瓶颈路段的拥堵问题，研究道路的拥堵问题就能得到较大缓解。本章所提对策可适用于多数不同构筑物连接形成的路段。

（一）隧道口瓶颈路段

该路段拥堵产生的主要原因如下：

（1）主线在隧道口车道数的剧烈变化，常有可容 6 列车并排行驶的 4 车道骤然减到 2 车道，形成瓶颈路段，造成拥堵。

(2)位于匝道与主线合流区下游,合流区大量车辆换道产生拥堵。

(3)隧道上游公交站点导致公交车需变道至最外侧车道,并停车等待,大量的排队公交使匝道入口被封死,同时从匝道合流的其他车辆需变道至其他两条车道,形成混乱。

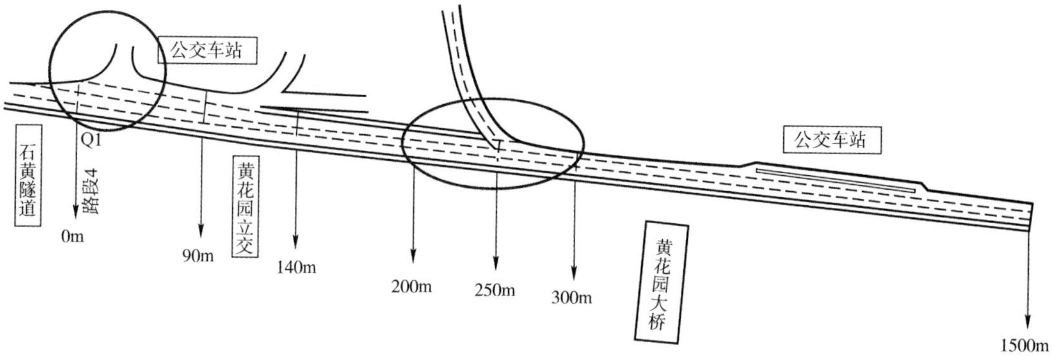

图 21　瓶颈路段示意图

针对该路段拥堵的原因,靠改变道路条件可最有效地解决问题,但由于道路已建成,重建将带来更高的经济成本,也给人们出行带来不便,故本文考虑从交通信息及控制方向对该路段进行改进。

1. 匝道定时控制

从前文中可知,该路段在 10:02 之后才发生拥堵,故设计在 10:02 之前匝道保持放行,10:02 至12:02 采用信号灯定时放行,具体放、禁时间可用仿真算出,本文不作详细介绍。另外可以配合视频记录违章,设备安置示意图如图 22 所示。

2. 匝道感应控制

从前述分析可以看出 200m 是一个分界断面,该断面上下游拥堵情况几乎截然不同。因此,本文将 200m 断面作为参考面,在该断面最外侧车道布设感应线圈,同时在 2 条匝道适当位置布设感应线圈,示意图如图 23 所示。

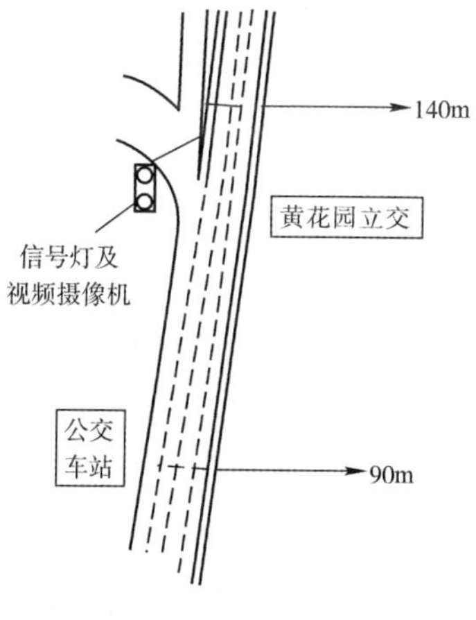

图 22　定时控制设备布设示意图

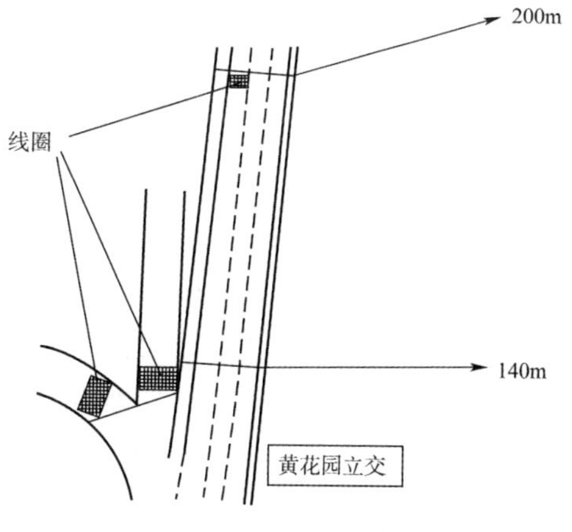

图 23　线圈布设示意图

当主线和匝道三个线圈同时检测到车辆排队,匝道禁止放行;三个线圈中任何一个不满足要求时匝道放行,表示匝道车辆不多,或主线车流不大,放行不会影响主线车流。流程图如图 24所示。

(二)分流瓶颈路段

该路段拥堵的主要原因如下:

(1)不满足车道平衡原则[3]。

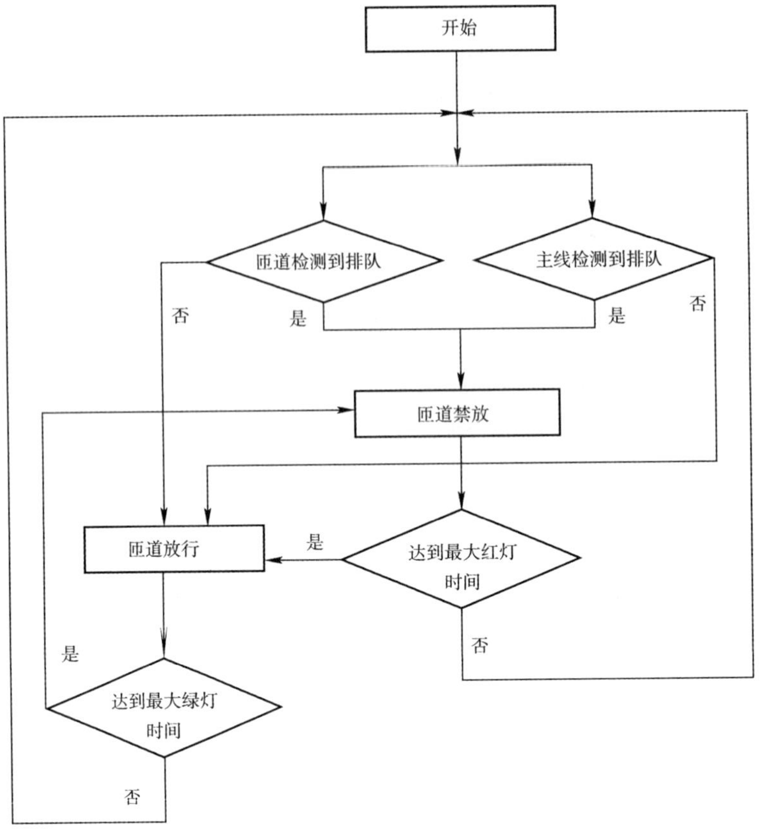

图24　感应控制流程图

(2)道路的设计建设与流量的实际情况不符，由上文可知南北方向过江车流量极大，但在分流之前主线仅采用双向六车道不能满足需求。

(3)300m下游邻接分流匝道，由于该匝道是由北向南车辆在过黄花园大桥后最近的向西分流出口，下一个转向匝道极远，因此大量车辆选择在该处分流，形成的交织区产生排队，蔓延至上游。

(4)分流匝道为1车道加1条应急车道，但匝道出口合流产生的拥堵使匝道上车辆运行缓慢，甚至排队等待，从而南北方向主线最外侧两条车道发生严重拥堵。

同样，本文考虑从交通工程和交通信息及控制方向对问题进行改进。

1. 匝道感应控制

从前述分析可以发现，300m断面下游较上游畅通，但在整个观测时间段内，该断面上下游均处于中度或重度拥堵状况，分界不明确，故采用定时控制不能起到作用。本文建议采用感应控制。

根据深入调查，在300m处上游找到一个拥堵状态的分界面，布设一块可变车道信息板，两侧车道不变，中间为可变车道。该举措的目的是提醒上游车辆尽早变道，可适当缓解交通拥堵。同时，在匝道上合理位置布设感应线圈，检测车辆是否排队。当匝道上车辆已经排队到感应线圈位置，中央车道变为右转，其余时刻中央车道均呈现直行信息。另外，添加视频摄像机，对因变道位置不合适的车辆进行抓拍，并制定地方法规进行惩处。示意图如图25所示。

2. 增设公交车站

为解决300m处车道不平衡问题，考虑将三车道缩减到两车道。对于建成道路采用封路措施不符合实际，本文考虑对道路作以下设计，示意图如图26所示。

(1)将该车道有效转换为公交车专用道，设置公交车站，为从黄花园大桥直行而来需要在下游原来的站点停靠的公交车提供停靠站点，同时在匝道上修建人行天桥供乘客安全穿过匝道。

(2)位于90m处的公交车站仅为从匝道汇入的公交车提供停靠服务。

(3)在新增公交车站附近布设视频摄像机拍摄违章占用公交车专用道的车辆,并进行惩罚。

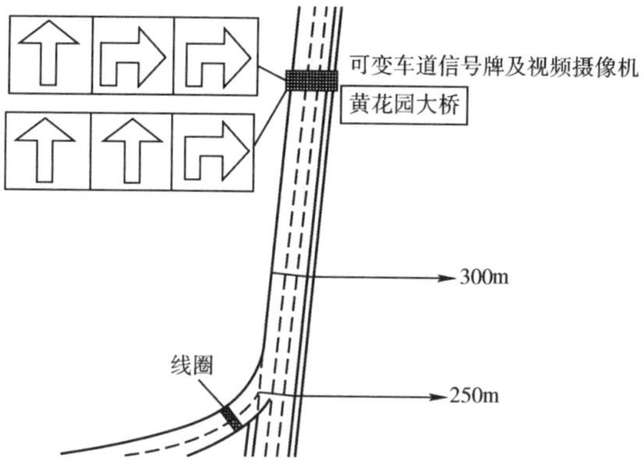

图25 设备布设及VMS板示意图

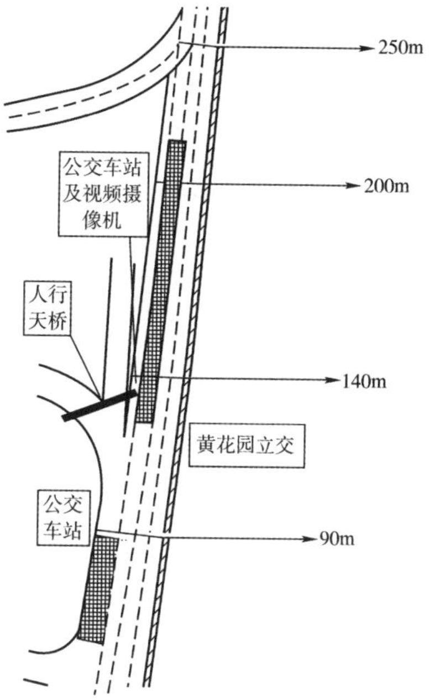

图26 增设公交站示意图

而经统计,匝道汇入的公交车数量远远少于直行,直行公交车停靠之后可变到内车道行驶,不通过下游公交车站,设计不仅有效地将大量公交车分流,解决了隧道口公交车站排队过长封锁合流匝道问题,缓解了换道带来的拥堵问题,同时解决了车道数不平衡问题。

(三)改进后仍存在的问题

(1)(一)2.提出的方法由于是实时感应检测,可变情报板可能出现频繁转换的情况,导致上游驾驶人产生迷惑。

(2)在拥堵情况下,视频摄像精确度低,可能达不到预想效果。

(3)安装感应线圈需封闭道路,影响交通。

(4)(二)2.提出的方法虽然解决了该区域车道数不平衡问题,但缩减车道带来的通行能力减少可能增加道路拥堵比率。

参 考 文 献

[1] 马琳.快速路公交站设置对出入口通行能力影响的研究[D].北京:北京交通大学,2010.

[2] 涂钊.基于浮动车数据的轻型机动车道路耗油算法研究[D].北京:北京交通大学,2009.

[3] 严左人.道路工程[M].北京:人民交通出版社,2011.

[4] 张亮.基于居民出行距离分布和时间最短路径的城市路网等级配置研究[D].上海:同济大学,2009.

[5] 徐程,陈晓明.交通流速度-密度模型特性分析[J].公路交通科技,2014,31(2):114-120.

[6] 朱勇辉.城市主干道路段行程时间研究[D].长沙:湖南大学,2010.

2016年第二届中国交通运输院长论坛“新国线交通运输类大学生优秀论文”二等奖

农村道路交通安全审计研究
——以昆明呈贡新区X013公路为例

昆明理工大学　交通工程专业　陈思媛

摘　要：本文在构建农村道路交通安全评价指标体系的基础上，将物元可拓模型与层次分析法相结合，建立改进农村道路交通安全等级评价的改进物元可拓模型用于农村道路交通安全审计。以呈贡新区X013公路为例，从道路线形、路面状况、平面交叉、沿线交通设施及其他因素各方面对其进行安全评析，编制安全审计报告。结果表明，道路安全审计能够有效发现路段中的安全隐患点；基于改进物元可拓安全评价模型可给出较精确的农村道路安全等级评定结果，能够直观地反映农村道路交通安全综合水平。

关键词：农村道路；交通安全审计；安全评价；物元模型；层次分析法

一、引言

农村道路自然环境复杂，道路等级较低，线形不合理、视距不良路段较多，以及农村道路养护工作不到位等问题导致农村地区交通事故频发，对农民群众的生命财产安全带来严重危害，日益凸显的农村交通安全问题引起广泛关注[1]。以云南省为例，2015年全省二级以下公路交通事故致死人数占交通事故致死人数总数的70.20%，比例极高。提高道路交通安全水平是当前任务的重中之重，道路安全审计的实行则是预防交通事故的有效措施之一[2,3]。

20世纪80年代，英国[4]初次提出道路安全审计的概念，强制规定所有主干道和高速公路的设计及建设必须实行道路安全审计，道路安全审计研究得到大力发展，积累了大量相关经验，并引起澳大利亚、新西兰等各发达国家的迅速效仿。目前国外已基本形成相对完善的公路管理体系，采用相应的划分原则实现对公路的分级管理[5]，经验表明，将道路安全审计应用于拟建道路的规划设计中能最大限度地保持建成通车后道路的安全性能[6]。对于农村道路的规划设计、建设及养护，国外也取得一定的成果[7,8]，譬如英国已建立相对完善的农村道路交通安全评价体系；苏格兰地区对于农村道路与环境之间的协调发展进行研究；美国对农村道路沿线景观质量的提高开展研究等。我国于20世纪90年代末开始将道路安全审计应用于新建高等级公路中[9]，其工作主要针对高速公路及一级公路，而由于农村道路线路标准低、缺乏设计相关资料、交通事故数据不完整等特点，目前尚未出台针对农村道路的道路安全审计指南；关于农村道路、针对行人和自行车的道路安全审计也缺乏充分研究与实践[10~12]。此外，就常用的道路安全水平评价方法而言[13]，如模糊评价法、事故率法等，都存在一定不足，即定性评价指标转化为定量评价指标过程主要依靠专家打分，难以客观地量化评价指标[14,15]；而在道路安全评价中应用物元可拓法[16]，该方法对定量指标的计算采用实际调查所得数据，能较好完成定性评价指标与定量指标的转换；通过关联度的计算使评定结果具有明确的物理意义，能直观反映出农村道路交通安全等级。

因此，对农村道路交通事故和安全影响因素进行分析研究，建立针对农村道路的交通安全评价体系，借鉴高等级公路的道路安全审计对其进行系统的安全评析，发现路段中的交通安全隐患，为改善农村道路交通安全提供依据，有效预防和减少农村地区交通事故的发生，降低事故严重程度，对提升农村道路的整体安全水平、持续健康发展农村道路具有理论价值和实际意义。本文选用物元可拓方法作为农村道路交通安全评价模型的理论基础，结合公路交通安全审计评价农村道路交通安全状况。

二、基于改进物元可拓安全评价模型的农村道路交通安全评价模型

（一）选取评价指标

评价指标的选取遵循科学性、系统性、可操作性、可比性及代表性原则[17,18]，并结合农村道路的特点[19,20]，确定农村道路交通安全评价指标体系，层次结构如图1所示。依据相关标准规范和文献研究[21~23]，确定该体系中各指标分值的计算方式及等级划分标准，见表1。

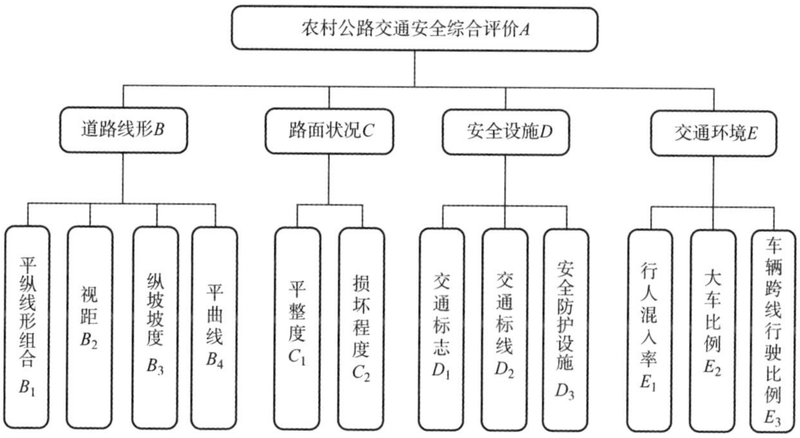

图1　农村道路交通安全评价指标层次结构

农村道路交通安全评价指标的评价等级及分级标准　　表1

目标层	准则层	指标因子层	评价等级范围				
			Ⅰ级	Ⅱ级	Ⅲ级	Ⅳ级	Ⅴ级
农村公路交通安全评价指标体系 A	道路线形 B	平纵线形组合 B_1	80~100	60~80	40~60	20~40	0~20
		视距 B_2	80~100	60~80	40~60	20~40	0~20
		纵坡坡度 B_3	80~100	60~80	40~60	20~40	0~20
		平曲线 B_4	80~100	60~80	40~60	20~40	0~20
	路面状况 C	路面平整度 C_1	90~100	80~90	70~80	60~70	0~60
		路面损坏程度 C_2	85~100	70~85	55~70	40~55	0~40
	安全设施 D	交通标志 D_1	80~100	60~80	40~60	20~40	0~20
		交通标线 D_2	90~100	80~90	70~80	60~70	0~60
		安全防护设施 D_3	80~100	60~80	40~60	20~40	0~20
	交通环境 E	行人混入率，% E_1	0~5	5~20	20~50	50~70	70~100
		大车比例，% E_2	0~20	20~40	40~60	60~80	80~100
		跨线行驶比例，% E_3	0~20	20~40	40~60	60~80	80~100

(二)基于物元可拓的评价模型

物元[24]是由事物、事物特征及其量值构成的描述事物的概念。物元分析方法因定性和定量相结合去研究解决矛盾问题的规律,在各领域均有应用。本文在物元-可拓的理论基础上构建农村道路安全评价模型,将多目标决策转换为单目标评判,从微观角度定量反映评价结果及各指标对其影响程度。

1. 确定经典域

将农村道路交通安全划分为优秀、良好、中等、较差、很差五个等级,记为 N_{0j} $(j=1,2,\cdots,5)$;评价指标 c_i 对应每一个安全等级的取值范围为 $x_{0ji}=(a_{0ji},b_{0ji})$,则 R 对应于等级 j 的经典域(R_{0j})为:

$$R_{0j}=(N_{0j},c_i,x_{0ji})=\begin{bmatrix} N_{0j}, & c_1, & x_{0j1} \\ & c_2 & x_{0j2} \\ & \cdots & \cdots \\ & c_n & x_{0jn} \end{bmatrix}=\begin{bmatrix} N_{0j}, & c_1, & (a_{0j1},b_{0j1}) \\ & c_2 & (a_{0j2},b_{0j2}) \\ & \cdots & \cdots \\ & c_n & (a_{0jn},b_{0jn}) \end{bmatrix} \tag{1}$$

2. 确定节域

$$R_p=(p,c_i,x_{pi})=\begin{bmatrix} p, & c_1, & x_{p1} \\ & c_2 & x_{p2} \\ & \cdots & \cdots \\ & c_n & x_{pn} \end{bmatrix}=\begin{bmatrix} N_{0j}, & c_1, & (a_{p1},b_{p1}) \\ & c_2 & (a_{p2},b_{p2}) \\ & \cdots & \cdots \\ & c_n & (a_{pn},b_{pn}) \end{bmatrix} \tag{2}$$

其中 p 为农村道路交通安全等级的全体,节域 x_{pi} 为 p 关于 c_i 的取值范围,显然有 $x_{0ji}\subset x_{pi}$ 。

3. 确定待评物元

确定待评物元 R_0 :

$$R_0=\begin{bmatrix} p_0, & c_1, & x_1 \\ & c_2 & x_2 \\ & \cdots & \cdots \\ & c_n & x_n \end{bmatrix} \tag{3}$$

其中,p_0 为待评价农村道路,x_i 为 p_0 关于交通安全评价指标 c_i 的取值。

4. 改进后的关联度函数

在经典物元模型中,对于不同评价等级区域通常使用同一关联函数计算。但当 $x_i\in x_{0ji}$ 时,在最优或最差的等级区域内,量值超过中点靠近最高值或最低值时,其与该等级的关联性并不会因此降低,反而达到非常大的关联程度,因此对最优和最差等级区域的关联函数作相应调整[25][26]。

正向指标与负向指标关于第 j 个安全评价水平的改进关联函数计算式分别为[27]:

$$K_j(x_i)=\begin{cases} \dfrac{\rho(x_i,x_{0ji})}{\rho(x_i,x_{p0j})-\rho(x_i,x_{0ji})}, x_i\notin x_{0ji} \\ 0.5, x_i\in x_{0ji}\ 且 x_i>\dfrac{a_{01i}+b_{01i}}{2} \\ 0.5, x_i\in x_{0ji}\ 且 x_i<\dfrac{a_{0mi}+b_{0mi}}{2} \\ -\dfrac{\rho(x_i,x_{0ji})}{|x_{0ji}|}, x_i\in x_{0ji} \end{cases} \tag{4}$$

$$K_j(x_i) = \begin{cases} \dfrac{\rho(x_i, x_{0ji})}{\rho(x_i, x_{p0j}) - \rho(x_i, x_{0ji})}, x_i \notin x_{0ji} \\ 0.5, x_i \in x_{0ji} \text{ 且} x_i < \dfrac{a_{01i} + b_{01i}}{2} \\ 0.5, x_i \in x_{0ji} \text{ 且} x_i > \dfrac{a_{0mi} + b_{0mi}}{2} \\ -\dfrac{\rho(x_i, x_{0ji})}{|x_{0ji}|}, x_i \in x_{0ji} \end{cases} \tag{5}$$

5. 确定权重

利用层次分析法构建判断矩阵，确定农村道路交通安全评价指标权重见表 2。

指 标 权 重 表 2

指标	A_1	A_2	A_3	A_4	B_1	B_2	C_1	C_2	C_3	D_1	D_2	D_3
权重	0.213	0.122	0.066	0.066	0.185	0.093	0.025	0.039	0.093	0.026	0.058	0.011

6. 评价结果

对评价指标 c_i，取 a_i 为指标权重，关联度为：

$$K_j(p_0) = \sum_{i=1}^{n} a_i K_j(x_i) \tag{6}$$

$K_j(p_0)$ 的数值大小表示该项目符合农村道路交通安全评价某一等级的隶属程度。

取 $K_{j0} = \max K_j(p_0), j \in \{1,2,\cdots,m\}$，则评定该农村道路 p_0 属于安全等级 j_0。再令

$$\overline{K}_j(p_0) = \frac{K_j(p_0) - \min K_j(p_0)}{\max K_j(p_0) - \min K_j(p_0)} \tag{7}$$

$$j* = \frac{\sum_{j=1}^{m} j K_j(p_0)}{\sum\limits_{j=1}^{m} K_j(p_0)} \tag{8}$$

$j*$ 为 p_0 的安全等级变量特征值，$j*$ 中可以直观反映出结果偏向另一个等级的程度。例如：若 $j_0 = 1, j* = 1.4$，表示该农村道路 p_0 属于优秀安全水平中更偏向于良好的整体水平；若 $j_0 = 4, j* = 3.9$，表示该农村道路 p_0 属于较差的安全水平中偏向于中等的整体水平。

三、实例分析

X013 线是云南省昆明市的重要县道，连接着线柏枝营至松茂村路段，是该路段运输往高速公路的必经之路，全长共 8.8km，其地理位置如图 2 所示。

(一) X013 公路道路交通安全评析

1. 道路线形安全评析

(1) 平面线形安全评析。

X013 线柏枝营至松茂村路段为没有分隔线的双向两车道，大型车混入率及极高，车辆速度具有较大的离散程度。路段在平面线形上存在的问题主要包括以下 3 点：

①路线未能充分考虑避开沿线村镇。行人横穿现象频繁，严重影响道路行车安全；常有农村居民以路为市，甚至在弯道路段或纵坡路段摆摊设点，占据本就宽度不足的路面，机动车辆和非机动车辆随意停靠购买村民销售的产品，对道路安全造成极大隐患，如图 3 所示。

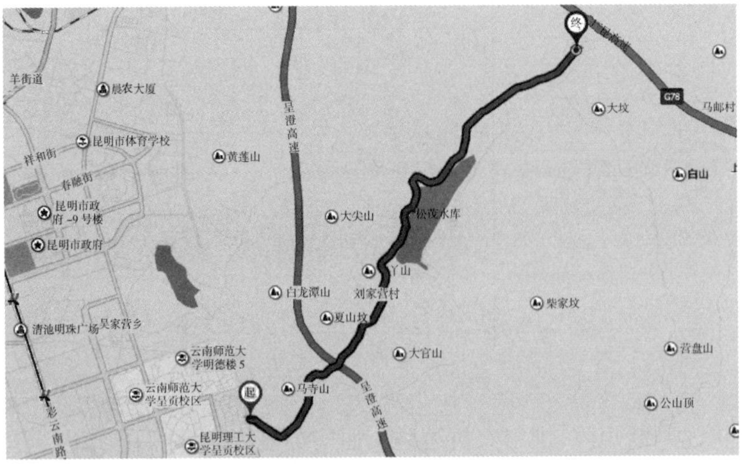

图2　X013公路K0 +000 ~ K8 +894路段地理位置及线形示意图

图3　弯道处摆摊设点影响交通

②部分路段平曲线半径小。如K5 +750处采用的平曲线半径小于云南省农村道路工程技术标准中针对该等级公路平曲线半径一般值的规定，对行车视距造成一定影响，图4所示为路段中K5 +750处小半径平曲线。

图4　K5 +750处小半径平曲线路线图

③平面交叉口位置与交通现状不够适应。在 K5 +750 路段交叉口处于主线半径偏小的弯道,造成停车视距不足等问题,对行车安全产生一定影响。

(2)纵断面线形安全评析。

被审道路没有出现连续大坡和极限纵坡的情况,也没有极限坡长的存在。路段中仅在 K6 +700 处凸形竖曲线处存在视距不良的问题,对路段交通安全埋下隐患,如图 5 所示。

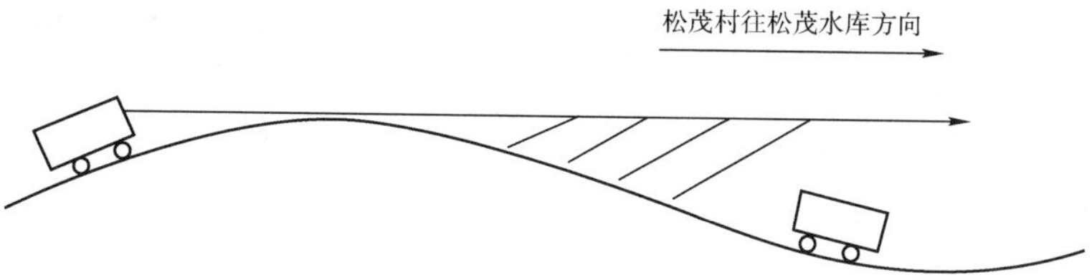

图 5　K6 +700 处凸形竖曲线视距不良示意图

(3)平纵线形组合安全评析。

被审道路平纵线形组合整体处于较合理水平,路面合成坡度理想,平纵组合基本符合相应规范标准和安全需要。

2. 路面状况安全评析

被审道路采用沥青混凝土路面,大部分路段路肩稳定性较好,个别路段存在路肩下沉、啃边等现象;由于该农村道路承担着 3 个村镇的主要交通任务,来往大型车辆较多,多处路段路面损坏情况严重,导致路段安全水平降低,对行车安全造成严重影响。

例如,图 6 所示为 K8 +700 交叉口处轻度龟裂、纵向和块状裂纹、坑槽、沉陷等病害。

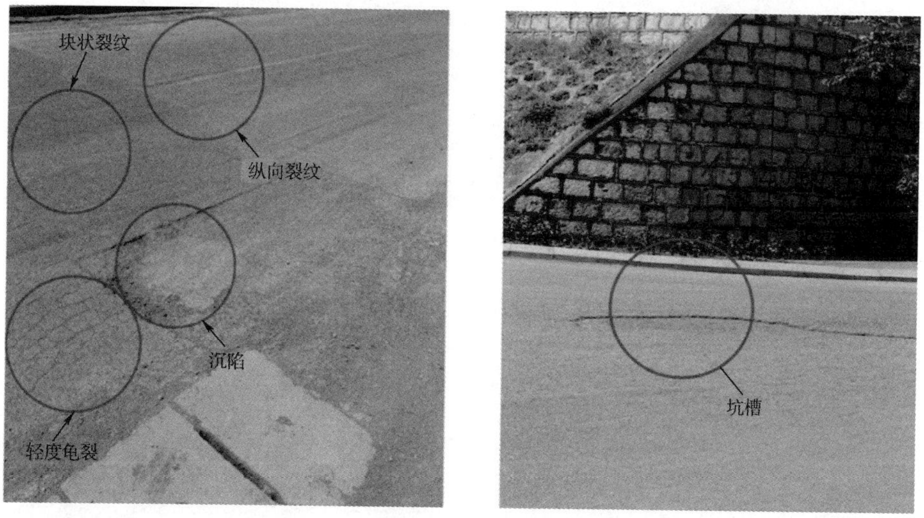

图 6　K8 +700 交叉口处路面损坏情况

K4 +600 路段出现路肩下沉、啃边现象,坑槽数量较多且分布密集,路面松散,有纵向裂纹,如图 7 所示。

K5 +100 路段出现大面积龟裂及松散现象,如图 8 所示。

此外被审道路中多路段均出现车辙、波浪、壅包、下沉等路面损坏问题,如图 9 所示。

3. 平面交叉安全评析

被审计道路中共 11 个平面交叉口,数量基本能够满足路网布局的需求,且与其周边环境相适应;平面交叉口的位置选择基本符合要求,仅第 8 个平面交叉口位于曲线段顶端,为视距不良路段,驾驶人视线受阻,易产生交通冲突;就交叉口的布局而言,由于地理环境限制,有 4 处为锐角交叉,易形成不利于行车安全的交通流形式;有3处交叉口支路纵坡较大;被审路段中所有的交叉口均为无信号控制交叉口,一定程度上增加了交通安全隐患。

图7　K4+600处路面损坏情况

图8　K5+100处路面损坏情况

图9　路段路面损坏情况

根据现场考察情况，以 K8 +800 处松茂收费站平面交叉口为例作详细安全评析。

（1）松茂收费站交叉口概况。

松茂收费站交叉口为 X013 与 G78 汕昆高速进出口闸道的交汇处，是汕昆高速公路的出入口（图 10）。该交叉口设有指示标志、车道边缘线等交通标志标线，闸道出口处设有安全护栏，交通安全设施较完善。该交叉口交通量较大且交通混杂，高峰期混乱程度较严重；支路存在一定坡度，且其中一条支路平曲线半径较小，对驾驶人行车视距造成影响，大型车辆的转弯不便，极易与其他车辆造成冲突，带来交通安全隐患；虽然已经设置三角导流岛，但并未起到渠化交通、减少冲突的作用；交叉口距离收费站距离不够，高峰时期出现排队现象，入口车辆排队至交叉口弯坡支路，对行车安全不利。

图 10　松茂收费站交叉口现场情况

（2）松茂收费站交叉口冲突点分析。

图 11 所示为松茂收费站交叉口仅考虑机动车交通量的合流、分流和交叉冲突点示意图，冲突点共 21 个；交叉口周边为农村居民住宅区域，若再结合行人、非机动车及摩托车等考虑，则冲突还要更多。计算交通枢纽复杂性指标[28] $A=63$，属于复杂程度的交叉口，需要对其进行优化。

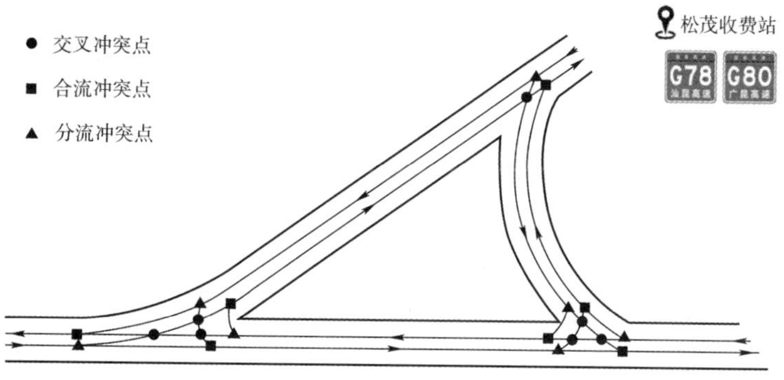

图 11　松茂收费站交叉口的基本冲突点

(3)松茂收费站交叉口改善措施。

针对松茂收费站交叉口现行方案的主要问题，建议如下：保留现有的三角导流岛，将现行方案中双向行驶的两条支路均设置为单向行驶；在闸道出口处设置禁左标志，即从收费站驶出的车辆只能沿直行方向驶离闸道；在支路出口处设置减速让行的交通标志，以保障主线上行驶车辆的优先通行权；设立相应的指路标志牌。

图12所示为改善后该交叉口各类冲突点示意图。改善后由于现行方案中的双向行驶的两条支路转变为单向行驶，收费站进口与出口的交通流井然有序，对该交叉口的交通组织进行了极大的简化。如表3所示，该交叉口改善后与现行方案的对比各种类型的冲突点大幅减少，尤其是闸道进出口处没有冲突点，相对于现行方案的安全性得到了显著提高。改善后交叉口的交通枢纽复杂性指标 $A = 22$，复杂程度由非常复杂转变为简单，因此认为该改善方案对该交叉口的组织优化可行。

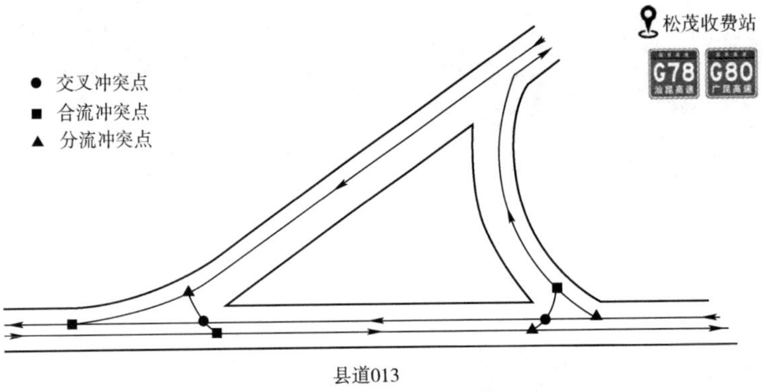

图12　改善后松茂收费站交叉口冲突点示意图

改善措施效果分析　　表3

冲突点类型	冲突点数量	
	现行方案	改善措施方案
合流冲突点	7	3
分流冲突点	7	3
交叉冲突点	7	2

4.沿线交通设施安全评析

此项审计主要针对交通标志、交通标线、安全防护设施等进行。

(1)沿线交通标志安全评析。

被审路段沿线交通标志牌设立基本符合标准规范[29]，存在的主要问题为多处被植物遮挡，甚至完全覆盖。驾驶人在行驶过程中难以及时发现警示指示牌，对信息获取造成困难，选取该路段中部分被遮挡的标示牌如图13所示；路段中部分交通标志损坏严重，没有及时对其进行维护重置，未能起到对驾驶人警醒作用，如图14所示。

此外，交叉口未设置预告警示标志及减速、限速标志；路段无禁止行人横穿道路标志，致使安全意识较差的行人随意横穿道路干扰交通流的正常运行，易引发交通事故。

(2)沿线交通标线安全评析。

X013公路为县级农村道路，根据相关规范规定应涂画路面中心线，现场调查发现被审路段路面标线不够完善，多处路段未画必要的标线；由于路面损坏导致现有标线损坏，驾驶人无法正确、及时识别；部分路段交通标线虽然可见但磨损情况严重，在夜间或不利天气条件下不易辨识，如图15所示。

图 13　路段中多处交通标志被植物遮挡

图 14　部分交通标志损坏

(3)沿线交通安全设施安全评析。

被审路段的安全设施主要为防护装置及减速带等。由于被审路段公路等级较低,路面宽度不足,未设置中央隔离防护设施,导致行人、摩托车等随意横穿现象频发,易与过往车辆冲突,极其危险。除此之外,在危险路段均设置了适合的防护装置。但在细节上仍存在不足之处。例如减速带的磨损,及由于路面损坏造成的减速丘损坏,对降低行车速度保障行车安全不仅没有起到正面意义,反而对道路安全性造成影响;路段中的安全护栏由于事故造成损坏,不能起到安全防护作用,如图 16 所示。

除了应定期清理遮挡交通标志的植物、及时补画缺失或磨损不清的道路标线及修补损坏的交通标志及护栏外,还应在急弯和视距不良路段增设反光镜,以增长视距,使驾驶人能够及时辨认对向来车。

图15　路段中多处未画路面中心线

图16　路段中损坏的安全护栏及减速丘

(二)基于物元评价模型的X013公路安全评价

由现场调查数据整理计算及专家对其打分,确定待评价农村道路物元对象如下:

$$R_0=\begin{bmatrix} \text{X013公路}, & \text{平纵线形组合} & 71 \\ & \text{视距} & 70 \\ & \text{平曲线} & 75 \\ & \text{纵坡坡度} & 75 \\ & \text{路面损坏程度} & 68 \\ & \text{路面平整度} & 75 \\ & \text{交通标志} & 30 \\ & \text{交通标线} & 45 \\ & \text{安全防护设施} & 92 \\ & \text{行人混入率} & 15 \\ & \text{大车比例} & 21 \\ & \text{车辆跨线行驶比例} & 45 \end{bmatrix}$$

通过关联度的计算得到该公路符合农村道路交通安全等级的隶属程度，评价结果见表4。

评 价 结 果　　表4

优　秀	良　好	中　等	较　差	很　差	$\max K_j(p_0)$	$j*$	评价结果
-0.2315	0.1218	-0.1813	-0.4642	-0.5427	0.1218	2.2	属于良好偏向中等

(三)X013公路道路交通安全审计报告

针对其属于良好偏向中等的道路交通安全综合水平，结合安全审计现场考察及安全评析所发现的交通安全隐患，对其提出相对应的建议改善措施，编制X013路段道路安全审计报告见表5。

X013公路道路安全审计报告　　表5

存在问题		建议改善措施
1. 路线、线形		
1.1	部分平面交叉口位置选择不太理想，例如K5+750路段交叉口处于主线半径偏小的弯道	交叉口前应设置相应警示标示及减速标志
1.2	选线时未充分考虑避开沿线农村居民居住点，道路中多处出现以路为市现象	设置禁止摆摊设点警示牌
1.3	路段在K6+700处凸形竖曲线处存在一定安全问题，造成该处视距不良	对该处凸曲线进行相应改造
1.4	路段中部分弯道由于半径较小导致视距不良	应设置反光镜、警告等标志
2. 路基路面		
2.1	路段部分路面中出现大面积龟裂、松散、沥青颗粒剥落、纵向裂纹、波浪路面和坑槽等病害	建议及时修补路面
2.2	部分路段(如K4+600处)存在路肩下沉、啃边情况	及时改善修复
2.3	局部路段边沟杂草较多、积水较深，进入雨季时是潜在安全隐患，对路基稳定带来负面影响	加强对边沟的养护、及时清理边沟
3. 平面交叉		
3.1	松茂收费站交叉口交通量较大，易形成不安全的交通流，冲突点较多	详见(一)3.节
3.2	部分交叉口存在坡度较大的问题，影响视距	建议前置减速标志
3.3	路段中有四处平面交叉口为锐角交叉	建议设置前置指示标志
4. 交通工程及沿线设施		
4.1	部分路段未涂画车道中心线	建议及时涂画
4.2	多处路段道路中心线虽然可见但磨损情况严重，在夜间或不良天气条件下难以辨识	建议重新涂画，今后定期检查
4.3	多处交通标志被沿线树木遮挡，极易疏漏	建议定期修剪沿线植物
4.4	部分交通标志及安全护栏被损坏	及时对损坏的交通设施进行修补
4.5	沿线照明设施较缺乏	建议在必要的地方安装照明设施
4.6	部分急弯路段未设置反光镜，导致视距不足	建议设置反光镜

四、结论

农村道路交通安全审计是保障农村居民出行安全以及综合治理交通事故多发路段的有力手段之一，在2004年举行的全国公路建设设计会议中交通部明确提出，应逐步开展公路交通安全审计工作。本文将农村道路的交通安全现状作为研究背景，以一具体农村道路为研究对象，通过国内外相关文献及对项目的实地调查，分析了农村道路交通安全的影响因素，构建农村道路交通安全评价指标体系，建立农村道路交通安全等级评价模型，对项目实行交通安全审计。从定量角度，利用数学模型对项目进行安全等级评定；从定性角度，通过交通安全审计理论对项目进行安全评析，指出安全隐患并提出相应改进措施。具体研究结论如下：

(1)针对农村道路的特点，选取合适的评价指标，构建了三层次农村道路交通安全评价指标体系，确定道路线形、路面状况、沿线设施及交通环境等4个主要因素作为评价体系的一级指标，细分了12个二级评价指标并提供各指标的赋值方法；同时利用层次分析法确定农村道路交通安全评价指标权重。

(2)利用物元可拓评价理论构建农村道路交通安全评价模型，实现农村道路交通安全等级的评定，同时根据农村道路交通安全评价指标特点，对经典物元模型中关联函数进行相应改进，提高结果的精确性和准确度。

(3)以X013公路作为实例进行交通安全审计，从道路线形、路面状况、平面交叉、沿线交通设施及其他因素各方面进行详细的安全评析，提出相应的改善建议措施；利用构建的物元可拓评价模型对其进行安全等级的评定，完成定量与定性评价相结合的评价方式；构建针对X013公路道路安全审计报告表，简明扼要地呈现审计工作得出的结论。

参考文献

[1] 杨传堂. 坚持五大发展理念 推进结构性改革 为全面建成小康社会当好先行——在2016年全国交通运输工作会议上的讲话[J]. 交通财会，2016(1)：4-17.

[2] 交通运输部公路科学研究院. 2014年中国道路交通安全蓝皮书[M]. 北京：人民交通出版社股份有限公司，2015.

[3] 孙璐. 道路交通运营安全与管理[M]. 北京：科学出版社，2014

[4] Cairney P. Guide to road safety part 1：road safety overview[J]. Districts & Authorities，2006.

[5] Mahgoub H，Skorseth K，Marshall R，et al. Local Rural Road Safety Audit Guidelines and Case Studies[J]. Transportation Research Record Journal of the Transportation Research Board，2010，2182(-1)：97-104.

[6] Austroads. Guide to road safety：part 6：road safety audit[J]. 2009.

[7] Mahgoub H，Skorseth K，Marshall R，et al. Local Rural Road Safety Audit Guidelines and Case Studies[J]. Transportation Research Record Journal of the Transportation Research Board，2010，2182(-1)：97-104.

[8] Siggerud K. Highway Safety：Federal and State Efforts to Address Rural Road Safety Challenges：GAO-04-663[J]. Gao Reports，2004.

[9] 宋学文，张红艳，冯晓. 农村道路研究现状综述[J]. 重庆交通大学学报：自然科学版，2005，24(3)：77-79.

[10] 谭金华，石京. 我国道路安全审计的发展及问题[J]. 公路工程，2009，34(5)：33-36.

[11] 赵永臣，李青泽. 农村道路交通安全评价模型[C]. 2008城市道桥与防洪全国技术高峰论坛，2008.

[12] 吴高雄. 山区农村道路交通安全综合评价研究[D]. 南昌：江西理工大学，2009.

[13] 沈群. 安徽省农村道路规划评价指标体系研究[J]. 公路，2008(4)：138-142.

[14] 牛佳棠. 农村道路养护及安全管理评价体系研究[D]. 武汉:武汉理工大学,2013.
[15] 毕京建. 农村道路交通安全分析与对策研究[D]. 西安:长安大学,2008.
[16] 史桂芳,袁浩,程建川,等. 物元可拓法在道路安全评价中的应用[J]. 交通信息与安全,2009,27(4):80-83.
[17] 陈斌,郭远辉. 交通安全的道路因素分析与安全审计[M]. 成都:西南交通大学出版社,2007.
[18] Tan J, Shi J. Rural road safety audit in China[C]//Mechanic Automation and Control Engineering (MACE),2010 International Conference on. IEEE,2010:1415-1418.
[19] 陈毕伍,廖晓锋. 公路交通可持续发展评价指标体系研究[J]. 中国公路学报,2009(5):111-117.
[20] 吴义虎,喻丹. 道路交通行为与交通安全[M]. 北京:人民交通出版社,2011.
[21] 云南省交通运输厅,云南省质量技术监督局. 云南省农村道路工程技术标准:DB 53/T2002—2014[S]. 北京:中国标准出版社,2014.
[22] 中华人民共和国交通部. 公路技术状况评定标准:JTG H20—2007[S]. 北京:中国标准出版社,2007.
[23] 苏澎,唐伯明,刘唐志,等. 山区农村道路交叉口交通安全问题分析及对策[J]. 公路,2009(7):50-54.
[24] 蔡文. 物元模型及其应用[M]. 北京:科学技术文献出版社,1994.
[25] 王国英,陈长,孙立军. 公路技术状况评价方法研究[J]. 公路工程,2007,32(3):87-89.
[26] 李婷婷. 基于物元模型的山区公路安全评价研究[J]. 西南大学学报:自然科学版,2011,33(7):5-9.
[27] 凌建明,郝航程,吕荔炫. 路面使用性能可拓评价方法[J]. 同济大学学报:自然科学版,2008,36(1):32-36.
[28] 吴兵,李晔. 交通管理与控制[M]. 4 版. 北京:人民交通出版社,2011.

2016年第二届中国交通运输院长论坛“新国线交通运输类大学生优秀论文”二等奖

内河港空箱调运多目标优化研究

上海海事大学　交通运输学院2012级　王慧娴

摘　要:为了减少内河港空箱调运所产生的成本和资源浪费,本文根据内河港口集装箱调运的特点,对空箱调运问题进行分析,考虑了计划周期、驳船运输服务和能力以及港口操作能力等约束条件,以最小化空箱调运成本和碳排放环境成本为目标,建立在保证重箱运输前提下的内河港空箱调运多箱型多目标优化模型。并且对珠三角内河运输网络作了详尽的分析,以该地区的内河港空箱调运为算例,用LINGO软件编程求解,验证了模型的可行性和有效性。

关键词:内河港;空箱调运;多目标优化;多箱型;珠三角;LINGO求解

一、研究背景

集装箱运输的发展大大降低了海运成本和提高了装卸效率,为国际贸易的增长提供了有利的条件。但由于全球经济发展存在巨大差异,导致了货物流向严重失衡,使集装箱的供需矛盾突出。因此,空箱调运成为集装箱运输中不可缺少的一部分。

当前全球空箱调运量约占集装箱总运输量的20%,有些船公司在某些航线上的空箱运输甚至超过25%。集装箱管理费用占班轮公司营运成本的20%以上,其中空箱调运及租赁费占集装箱管理成本的55%以上。根据估计,2014年全球空箱调运成本高达700亿美元,比2002年增长了约600亿美元。

由于集装箱提供的是门到门的服务,大多数情况下货物的起始点或目的地并不是全球性大港,而是更接近客户的内河港。因此,区域经济腹地内的内河港也存在着进出口贸易的不平衡。如我国珠江三角洲地区及香港的大规模集疏运,带来了严重的空箱分布不平衡。大型船公司例如地中海航运、马士基等一般选择跟驳船公司以及货运代理合作来获得空箱调运、追踪服务,因这些驳船公司在珠三角地区内拥有自己的航运服务网络,能够为公司提供所需舱位。

作为航运公司来说,要想节约整个空箱调运流程的成本,仅仅控制、协调好海港之间的空箱调运是不够的,还要关注海港与内河港之间的调运优化。

二、研究意义

通过空箱调运优化研究减少空箱调运的数量和次数不但可以降低运输成本,还可以降低空箱调运比例,使大船和驳船能装载更多的重箱,优化了船舶舱位的利用率。

1. 降低航运公司的运营成本

自2008年以来,航运业受金融危机影响持续低迷,控制运输成本成了航运公司最主要的任务之一。而空箱调运带来的资源浪费和成本一直是制约着航运公司利润增长的原因之一。空箱调运优化研究可以在满足货主需求的前提下,减少不必要的空箱调运,减少运输、码头操作和堆存成本。

2. 提高集装箱的周转率和堆场利用率,减少集装箱总量

空箱本身不具备任何盈利的能力,只有将它变为重箱投入运输时才能创造收益。因此通过空箱调度优化研究使空箱能在适合的时间和供给点通过便宜的运输方式在时效期内运到需求点,不仅能节省成本还能提高集装箱的周转率、避免长时间占用大量堆场面积、减少集装箱总量等。

3. 提高整个空箱调运流程的效率,优化船舶舱位利用率

有关内河港的空箱调运作为整个海运空箱调运中的一个环节,对整个流程的效率有着不可忽视的影响。例如,空箱调运计划从鹿特丹运输 100 个 TEU 到香港码头出口,而这些集装箱却不能及时被分配到需求地点装箱,那么之前海港—海港的空箱调运就是无效、失败的。

三、国内外相关研究成果

国内外学者在空箱调运领域研究的起步不同,国外起步较早,1969 年 W. W. White 最先对铁路运输系统的集装箱调运进行了研究。而我国对此领域的广泛研究起始于 20 世纪 90 年代。施欣以内陆集装箱运输系统为研究对象,将空箱调运与租箱策略融合在一起,借助仿真技术求解。随后,有关海运空箱调运的研究开始发展起来。

1. 单目标优化的研究

空箱调运优化模型大多以唯一的目标为目标函数求解,即成本最小化。王斌等研究了空箱需求不确定情况下的优化问题。Song 等考虑不确定目的港,没有租箱的情况下的空箱调运问题,得出结论:不确定目的港调运策略更适合空箱供需不平衡情况。计明军等以我国沿海港口空箱调运为例,得出了相同的结论。何静静等以最小化调运成本为目标,保证重箱运输为前提条件,用遗传算法求解非线性整数模型。Jing 等提出多港口、多班轮、多航线的空箱调运问题,在调运成本问题上考虑的情况更为全面。近年来随着合作竞争和环保理念的普及,不少空箱调运研究综合考虑了港口船公司合作和绿色港口等。郭洋等以空箱调运总成本最小化为目标建立港口参与下的空箱调运模型。汪传旭等以港口物流总成本最小化为目标,建立船公司合作条件下的多阶段港口空箱保有量优化模型。李雪野考虑了低碳环境下的网络优化,但是不足之处是没有将低碳和空箱调租纳入一个优化体系中求解。

2. 多目标优化的研究

多目标优化模型能体现目标间的矛盾性,更贴近实际情况。陈俊军等考虑空箱需求的随机性,结合低碳背景,建立港口空箱调运和船舶航速的集成决策模型。宋晓东将空车调配相关的库存、走行以及车种代用费用共同纳入多目标优化体系。

3. 优化模型求解的方法

求解空箱调运优化模型最主要的算法有两种:LINGO 软件和遗传算法。Shintani 等首次应用了遗传算法研究空箱调运问题。而文本采用 LINGO 软件来对模型求解。谢金星系统地介绍了 LINGO 的求解过程。LINGO 的使用范围很广,不但可以求解单目标优化模型,也可以求解多目标优化模型。吴有平等提出了将理想目标转换为现实目标或约束,再用 LINGO 软件求解多目标规划的方法。李秀芬用 LINGO 软件分别对需求优先级最高和空箱调运周转时间最小两个目标函数进行求解。宋晓东用 LINGO 求解铁路空箱调运多目标优化模型。王勇用 LINGO 求解海铁联运的多种箱型空箱调运优化模型(是为数不多的多种箱型研究)等。LINGO 因其特点在空箱调运优化模型的求解上表现出色,便利性和准确性兼备,是受大部分学者青睐的求解软件。

综上所述,国内外学者对于铁路空箱调运的研究已经相对成熟,更多的学者开始投入沿海港口空箱调运优化的研究,随着问题的逐步深入,变量的不确定性得到广泛关注。但是对于内河港口空箱调运的研究还很少。相近的文献有:Dong 等研究了海陆联运的空箱调运问题,讨论了 3 方面内容:从其他海港

调运空箱、内陆场站间的空箱调运、第三方租箱。鞠美晨对基于无水港的空箱调运问题和集装箱配备问题进行了研究。谢永军以石家庄内陆港为例，分别建立需求确定和随机情况下的两种模型并求解。本文将研究内河港的空箱调运优化，包括内河港之间的和内河港与海港之间的调运优化作研究分析，弥补了海上空箱调运领域研究的不足。

四、研究内容和主要方法

集装箱空箱调运的运输方式多种多样，但出于经济因素的考虑大多使用船舶来运输，而用船舶运输可以分为3种，即海港之间、内河港之间以及海港和内河港之间。而有关海上空箱调运优化的研究大多是基于海港之间的情况，鲜少涉及内河港。谢永军以石家庄内陆港为例，分别建立需求确定和随机情况下的两种模型并求解，但内陆港与内河港的运输方式不同，内陆港本质上是一个集装箱堆场，而内河港本质上是港口，因此文本在研究内容上具有创新性；另一方面，文本的模型将涉及多种箱型，这相对于以往大部分单箱型的研究也是一大进步。又考虑到珠三角地区是我国内河港分布最密的地区，集装箱吞吐量大，因此以该地区的空箱调运为算例并求解。

综上，本文将以珠三角地区真实的运输环境为背景，建立内河港空箱调运优化模型，以调运成本和碳排放环境成本最小化为目标函数，用LINGO软件求解。

（一）内河港集装箱空箱调运概述

1. 内河港概述

内河港是在除沿海岸线以外的河流、湖泊、水库等水域内建造的港口。与之相对应的是海港——沿海岸线建成的港口。由于海港相对于内河港具备更好的水深条件和航行条件，一般为大船的直接挂靠港口，而内河港受条件限制，主要的运输工具为驳船（驳船原指本身无自航能力，需拖船或顶推船拖带的货船。现在指吨位较小的船舶）。近年来，随着一些内河港的货量增大、码头基础设施的增强、航道的拓宽，也开始有一些支线船甚至大船挂靠内河港。我国的内河港口主要分布在几大水域：长江三角洲、珠江三角洲和环渤海湾水系。

为了使研究更具现实意义，在后文的算例中，将以全球最大班轮公司马士基的大船挂靠港为分类标准，将珠三角地区的香港、盐田、赤湾、南沙和蛇口码头作为海港，其余的港口为内河港。

2. 内河港空箱调运流程

如图1所示，A、B、C是内河港位置，1～4是内河空箱调运线路。海港1有多余的空箱可以通过驳船运输到A、C点，A点可以运输到B点，客户从指定点通过拖车提箱到内陆的某个仓库，装完货后还重柜到码头。反之，若是海港缺箱，如海港2需要从海港1渡空箱，而海港1也没有足够的空箱，就可以从A、B、C内河点调运。总之，无论是海港还是内河港，可以作为空箱调运的需求点也可以是供给点，因此当港口众多的时候就会产生不同的路径，最优的路径运输最优的数量必然可以带来成本的最优化，这是本文

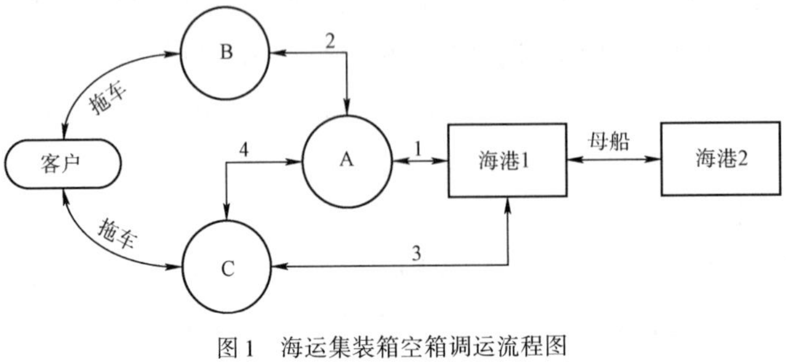

图1　海运集装箱空箱调运流程图

所要考虑的问题。本文的研究是基于海港—内陆港(1 和 3)和内河港—内河港(2 和 3)的空箱调运,但不包括海港—海港的,即与内河港有关的空箱调运优化。

在计划周期内,船公司的箱管部门已知各堆场的空箱堆存量,同时从已接到的订单中预测空箱的需求量,那么当堆场的初始库存小于需求量的时候这个点即成为需求点,反之,则成为供求点,基于此来完成空箱调运的计划。当调运计划确定之后,船公司会通知代理公司安排驳船,驳船公司需在截止日期前运输到目的地来满足那里的空箱需求。具体流程如图 2 所示。

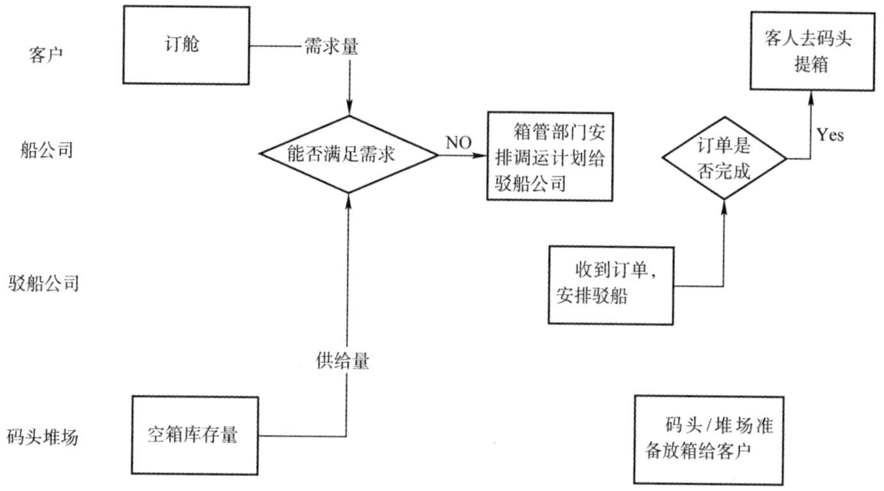

图 2 内河港空箱调运运作流程

3. 内河港空箱调运特点

(1)空箱调运流程具有复杂性。空箱调运的流程不是单一的,而是分为多个阶段,每个阶段的运输工具可能都不相同,那么不同阶段的约束限制也会不同,所要考虑的因素也不同,因此具有复杂性。本文考虑的是海运集装箱空箱调运中内河调运段,内河运输网络本身就具有复杂性,加上每个内河港不同的需求和海关政策等,更加重了这种复杂性。

(2)内河港空箱调运具有时效性。需要进行内河空箱调运说明在计划期内,需求港处于缺箱的状态,即有货物在等待用箱,客户实时需要用箱,如果在计划期内不能将需要的空箱运往目的地,那么此调运就视为无效,即空箱调运是具有时效性的。通常来说,内河港的空箱计划周期比海港之间的计划周期要短,因此也更具时效性。

(3)内河港空箱调运具有多样性和灵活性。内河运输网络一般比较复杂,在水域内有众多港口,驳船的运输航线丰富使空箱调运具有多样性;同时,内河水运的运输距离短,运输时间短,所以在调运的过程中具有灵活性,比如,从 A 内河港调运空箱去 B 内河港发现 B 港拥堵无法靠泊,需在锚地等候,这时候驳船代理公司可以和船公司商量选择换目的港,将此批空箱调运去同样缺箱,距离不远的 C 港。

(4)内河港空箱调运具有不确定性。客户归还集装箱存在着数量和时间上的不确定性;各个港口用箱量和用箱时间的不确定性;在某港堆积的空箱存在目的港的不确定性等。

(5)内河港空箱调运具有限制性。内河港由于航行条件、靠泊条件、码头操作能力等的限制,导致内河空箱调运比起海上空箱调运要有更多的限制,需要考虑更多的因素,如调运一个特殊空箱需要考虑内河码头是否具有装卸此箱型的操作能力。

4. 内河港空箱调运问题产生的原因

产生海运集装箱空箱调运的根本原因是因为进出口贸易的不平衡,进出口贸易在数量和货种上的差异分别会导致集装箱在箱量和箱型上的不平衡,因此需要调运来满足缺箱处的需求。而这种现象在内河运输网络中显得更加突出,因为相对于海港而言,内河港更靠近客户,这些客户运输的货物数量和种类具有一定的稳定性。比如,重庆有大量的废纸处理厂,那么重庆的进口量就比较大且货种大部分为废纸,因此重庆码头会产生普通集装箱的空箱,而不是像水果海鲜进口点一样产生大量冷藏空箱;有些货量大的公司还在离工厂较近的地方设有货主码头,专门用来出口或进口本公司的货物;成都(内陆点)电子产品零配件生产的公司大量聚集在那里,因此出口量比较大,经常会处于缺箱状态。表1为广东省进出口商品总值,从中可以看出,广东省整体的出口量始终大于进口量,且这种不平衡不会在短期内得到改变,这与中国是个出口大国的实际相符。

广东进出口商品总值(2005—2010) 表1

年度	进出口总值（亿美元）	出口值（亿美元）	进口值（亿美元）	差额（亿美元）	进出口比上年增减（%）	出口比上年增减（%）	进口比上年增减（%）
2000	1701.06	919.19	781.87	137.32			
2005	4280.02	2381.71	1898.31	483.4	19.8	24.3	14.7
2006	5272.07	3019.48	2252.59	766.89	23.2	26.8	18.7
2007	6340.35	3692.39	2647.96	1044.43	20.3	22.3	17.6
2008	6834.92	4041.88	2793.04	1248.84	7.8	9.5	5.5
2009	6111.18	3589.56	2521.62	1067.94	-10.6	-11.2	-9.7
2010	7846.63	4531.99	3314.64	1217.35	28.4	26.3	31.4

数据来源:广东统计年鉴(2006—2011)数据整理所得。

虽然在总体上出口量大于进口量,但不是珠三角地区的每个内河港都是相同的情况。本文收集和整理了马士基连续两周在珠三角各港口的进出口量(由于涉及的港口数量比较多,因此用代码表示,代码所对应的港口详见图3),从图3和图4各内河港进出口的对比中可以看出,进口量大的港口非常明显,主

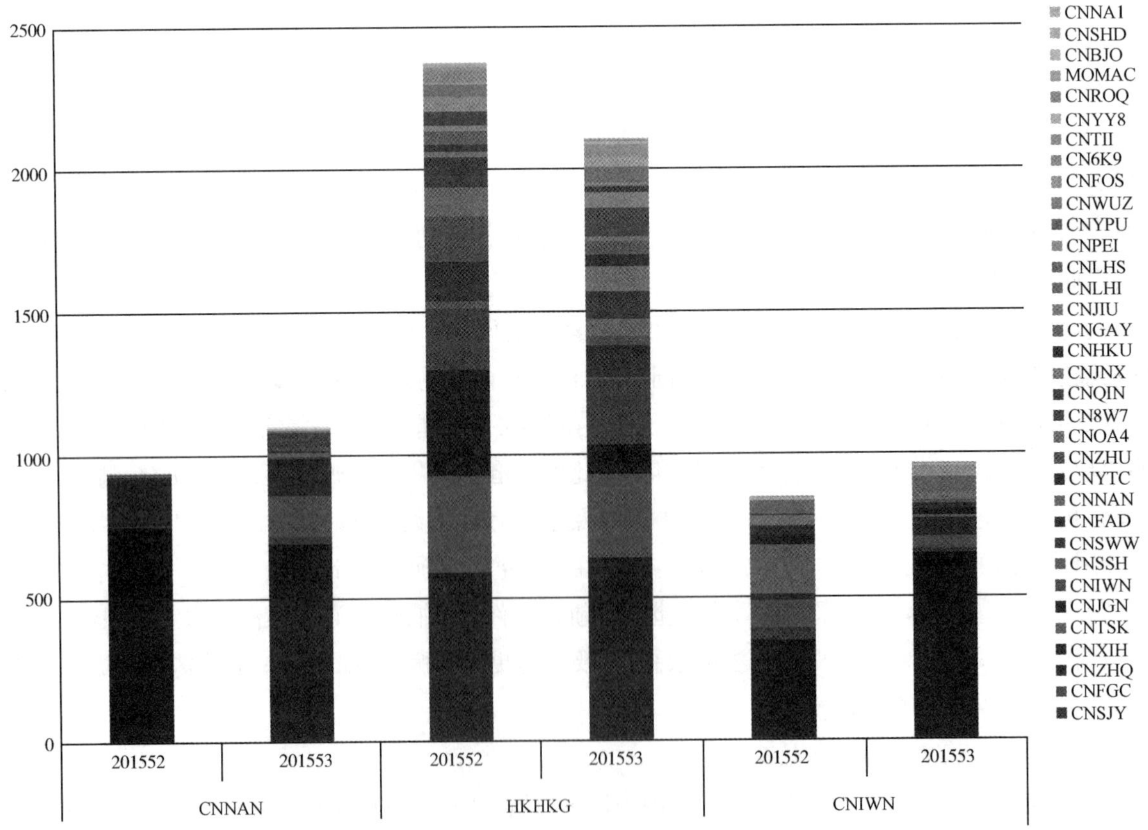

图3 2015年第52、53周马士基各内河港从海港的进口量

要集中在三水、新会、湛江和江门这几个港口，这与各港口的政策和附近的企业工厂分布有着密切的关系；而出口量相对比较平均，差异相对小。各内河港进出口的量在两周内的变化也并不大。由此可以看出，内河港间的空箱不平衡现象是存在的。

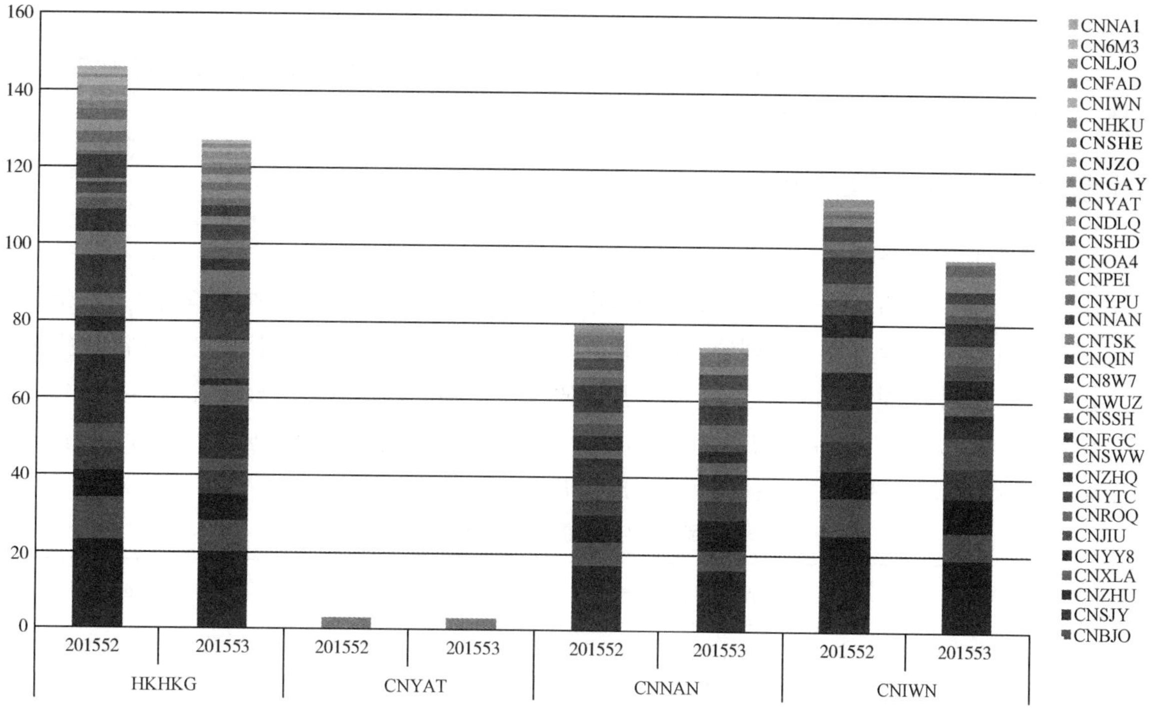

图4 2015年第52、53周马士基各内河港到海港的出口量

当然还有一部分人为的原因：①船公司或代理公司管理水平落后，没有完善的集装箱跟踪系统，或者系统更新不及时，导致集装箱的周转时间变长，甚至错误的调运；②内河港口集疏运能力不强，装卸效率低，导致码头拥堵，船舶不能及时靠泊；③码头不能保证所放空箱都是完好的，船公司处理修箱需要时间，导致的空箱需求不能被及时满足；④客户不及时提箱，导致重箱在码头积压不能得到快速周转等。

5. 内河港空箱调运的影响因素

内河港空箱调运需考虑以下8个因素，为之后模型的建立提供依据。

(1)空箱供给港和需求港。当在某一时期内某港的空箱在满足需求之后仍有结余的为供给港；当某一时期内某港的空箱不能满足需求的为需求港。这种供需状态是可变的。

(2)空箱供给量和需求量。空箱供给量为在某一时期内，供给港的空箱存箱量减去本港空箱所需量；空箱需求量为在某一时期内，需求港的空箱需求量减去本港空箱存箱量，即本港箱量不能满足需求的情况。

(3)空箱的箱型。空箱调运的箱型在实际情况中并不是单一的，是空箱调运的影响因素之一。比如，某港有20ft(英尺)集装箱空箱余箱，但却需要20ft冷藏箱，那么此港即是20ft普箱的供给港又是20ft冷藏箱的需求港，箱型的不同使空箱调运更具复杂性。

(4)重箱的运输量。通常空箱调运研究都是以满足重箱运输为前提条件的，否则将不具有实际意义。某航次重箱的运输量直接影响了空箱的可运输数量。

(5)驳船的运输能力和运输服务。驳船运输能力直接决定了可运输空箱的最大箱量，一般可运输的量要小于最大箱量，因为要保证重箱运输；驳船提供的运输服务直接决定了从A港到B港的运输可不可行。

(6)空箱调运的时间。空箱调运具有时效性,需要在计划期内运达目的地,因此需要考虑两港间的运输时间,如遇码头拥堵、大雾等情况,需要额外加上等待靠泊的时间。

(7)空箱的租赁。当区域内的空箱供给不能满足空箱需求的时候,考虑租用别的船公司或租箱公司的集装箱。

(8)空箱调运的能耗。文本特别加入了环境成本这个影响因素,随着“绿色港口”理念的深入,在不久的将来船舶能耗和排放量会成为制约空箱调运的因素之一。

(二)珠三角的内河运输网络分析

1.珠三角地区海港分析

内河港与海港间的调运也是内河港空箱调运中的一部分,因此本小节将对珠三角地区的海港做简要分析。珠三角的港口按地区分有深圳港、香港港和广州港,分列2015年全球十大集装箱港口排名的第三、第五和第八,其中深圳港的海港包括东部的盐田码头和西部的蛇口、赤湾码头,香港港主要包括现代码头(MTL)和国际货柜码头(HIT),广州港包括南沙码头。本文将选取马士基航运公司的主要挂靠港南沙、赤湾和香港现代码头(MTL)作主要的参数分析和对比,具体见表2。

赤湾、南沙、香港码头主要参数　　表2

参　数	赤湾码头	南沙码头	香港码头
位置	深圳西部	广州	香港 MTL
码头面积(hm^2)	125	223	92.61
岸线长度(m)	3138	2100	2322
前沿水深(m)	16	15.5	15.5
岸桥(台)	37	22	30
场桥(台)	108	72	101
冷藏箱位(个)	1146	4968	3480
外贸航线	50条	56条	世界航线中心点
2015年吞吐量	470万TEU	570万TEU	450万TEU

注:$1hm^2$(公顷)$=10^4m^2$。

3个码头的前沿水深都可满足目前世界上最大的集装箱船停泊作业。南沙码头的岸桥和场桥配备数量少于赤湾和香港MTL码头,一方面是因为南沙码头的岸线长度最短,可设置的泊位少;另一方面是因为南沙码头的作业效率比较高。2015年,香港MTL码头吞吐量位于三个码头的末位,而整个香港港的集装箱吞吐量排名也逐年下滑。截至2015年12月,香港集装箱吞吐量已连续17个月下跌,年跌8.5%,是自2002年以来的最低水平。造成这种现象的根本原因是近年来内地的码头竞争力提升,香港码头的收费标准又居高不下,促使作为国际中转港的香港码头货柜量持续下降,但是香港得天独厚的地理条件和作为自由港宽松的海关政策仍然得到许多客户的青睐,其作为国际性中转港的地位仍然很难动摇。而南沙码头因其低于市场的装卸费(表3)和堆存费吸引了许多货量,可以从年吞吐量的数据中体现出来。

表3

深圳港、广州港、香港港的装卸费率和装卸成本

港口名称	装卸费率(元)	装卸成本(元)
深圳港	950	665
广州港	750	525
香港	2065	1445

注:数据来源于《水运工程》2006 年 4 月第 4 期。

2. 珠三角地区内河港分析

珠江三角洲的是我国内河港分布最密的地区,内河喂给港数量达 40 多个,集装箱通过能力占广东全省得 95%,现有通航河流 823 条,通航里程 5823km。珠三角地区内河运输优势明显,内河集装运输的比重基本保持在 70%。

珠三角地区内河集装箱港区布局规划以江门、九江、三水、肇庆等 4 个港区为江海联运运输功能的喂给港,以高明、容奇、三山等 24 个港区为内河喂给港,形成了协调发展、功能明确的运输网络布局。

根据数据统计,2010 年,珠三角地区内河集装箱吞吐量为 545 万 TEU,其中佛山地区港口集装箱吞吐量为 306 万 TEU;2011 年前三季度珠三角地区内河集装箱吞吐量为 399 万 TEU,处于平稳发展态势。

如图 5 所示为 2013 年和 2014 年珠三角各内河港吞吐量,从两年的数据可以看出,吞吐量主要集中在 5 个内河港口:佛山、肇庆、江门、中山、虎门和黄埔港。佛山港的吞吐量占总吞吐量的 50% 以上,逐年略有下降,但仍然是珠三角地区吞吐量最大的港口。吞吐量同比增长最大的港口是黄埔港为 22.8%,其次是虎门港为 18.7%。

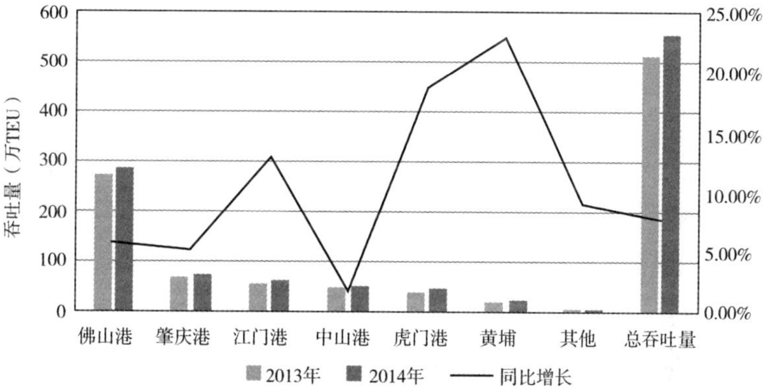

图 5 2013 年和 2014 年珠三角各内河港吞吐量

综上所述,内河港的主要功能是喂给母港,实现集装箱运输的点到点服务;在珠三角流域,内河水域丰富,内河港优势明显,吞吐量大,为空箱调运提供了前提条件,通过对内河港吞吐量的分析,也为之后算例的数据选择提供了依据。

3. 珠三角地区驳船运输服务分析

(1)珠三角地区驳船运输线路和班期。珠三角地区主要内河港到海港之间的运输线路和每周班期数量见表4。从表4 中可以看到,与上节中的分析相符,各内河港到香港每周的驳船班期相比到南沙和赤湾的要多;基本所有内河港都有去 3 个海港的驳船,除了新会和斗门比较特殊。每周的班期数量也可以从侧面反映出内河港的繁忙程度,比如佛山是珠三角吞吐量最大的内河港之一,每周都各有 5 班驳船去 3 个港口,而海口每周各 1 班。值得注意的是,由于航运市场的持续低迷,当运量不足的情况下,驳船公司会选择取消航班来减少亏损,航班的取消无论对重箱还是空箱运输都会产生负面的影响,这同时也反映出了内河驳船运输的灵活性和限制性。

珠三角各区域内河港到海港的线路和每周班期数量　　表4

地　区	内河港/海港	南　沙	赤　湾	香　港
广东地区	黄埔	4	1～3	4
佛山地区	佛山	5	5	5
	三水	4	4	5
	九江	2	3	6
	三山	5	3	5
	高明	1	3	5
	澜石	5	5	6
肇庆地区	高要	2	2	2
	云浮	2	2	2
顺德地区	勒流	2	2	2
	容奇	3	3	3
	北滘	3	3	2
中山地区	中山	3	5	6
	小榄	2	5	6
江门地区	江门	3	3	5
	新会	—	4	3
珠海地区	高栏	5	5	5
	斗门	—	—	6
湛江海口地区	海口	1	1	1
	湛江	2	2	2
	洋浦	1	1	1

对于内河港之间的航线,理论上每两港之间都可开设航线,但前提是要有足够的货量支持,而重箱绝大部分是在海港中转进口或出口的,所以内河港之间的航线大多是用来满足空箱调运的,班期也并不固定。

(2)珠三角地区驳船运输时间。

空箱调运驳船运输时间包括驳船在航时间和靠泊时间。珠三角流域的地理特点决定了驳船在两港间的航行时间一般在1～3天;当天气原因,码头拥堵的情况,驳船的靠泊优先权比大船低,空箱的优先级比重箱低,因此可能存在1天以上等泊的时间。

(3)珠三角地区驳船运输能力。

由于在珠三角的运输时间比较短,驳船的周转时间快,珠三角地区的驳船舱位比长江流域的要小,一般在90～160TEU之间。在货量比较大的地方,也有300TEU左右的大驳船。

(4)珠三角地区的进出口贸易分布。

进出口贸易分布的分析对空箱调运的研究非常重要,首先进出口量的不平衡是空箱调运产生的最根本的原因,它决定了空箱的供需港,空箱调运的量等;同时,它反映了一个港口的繁忙程度,对于内河港而言,决定了驳船的航线和班期量。因此对珠三角地区的进出口贸易分布作分析可以对该地区的空箱调运有更直观的了解。

根据航贸网的数据显示,2011年11—12月广东省进出口关单数的数据(反映了该地区的进出口量):进口地点共43个,出口地点共45个,出口贸易量约为进口的7.7倍,进出口贸易严重不平衡;进口量>出口量的收发货点仅有8个且量都不大,其余37个地点出口量大于进口量。

本文将贸易顺差划分为 4 个区间,如图 6 所示,其中[0,1000]的地点占 16 个,是进出口货量都大的地点;>10000 的 4 个点中,有两个内河点:中山和东莞,因此这两个港区的货量应该比较大,也是空箱的需求大港;另外,佛山、江门两地的出口量也接近 10000,属于货量比较大的内河港。

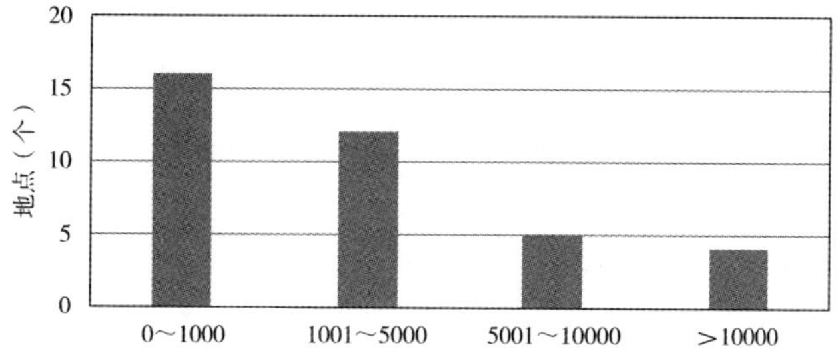

图 6　贸易顺差落在各区间的地点数量

(5)珠三角地区空箱调运现状。

本节以马士基航运的数据为依据,对珠三角地区近两年的空箱调运状况作分析。如图 7 所示为马士基航运 2014 年和 2015 年每月的空箱调运量对比,2015 年 4 月和 12 月分别出现了调运高峰期,2015 年的调运总量基本与 2014 年持平。

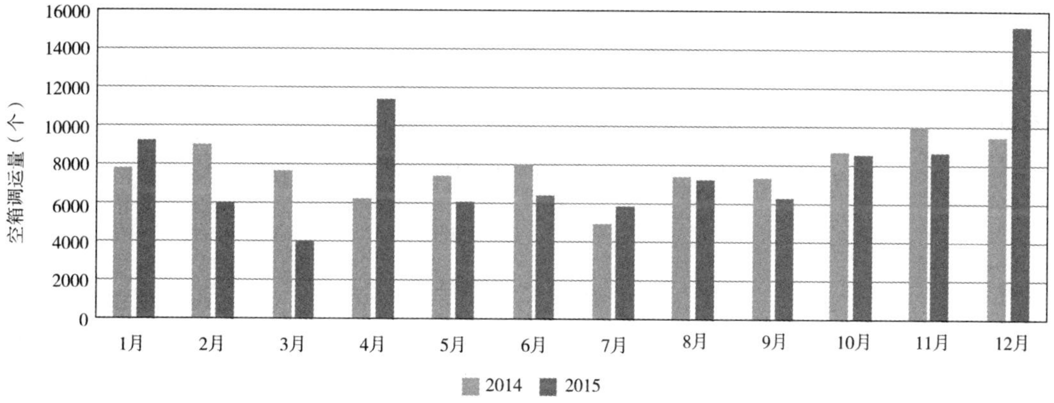

图 7　2014 和 2015 年马士基每月的空箱调运量

图 8 所示为马士基航运 2014 年和 2015 年将赤湾、南沙和香港 3 个海港分别作为空箱调运的需求港和供给港的次数。很明显,海港作为空箱调运的供给港的次数远远大于作为需求港的次数;另外,香港港基本没有参与空箱调运,这为之后算例中海港的选择提供了依据。

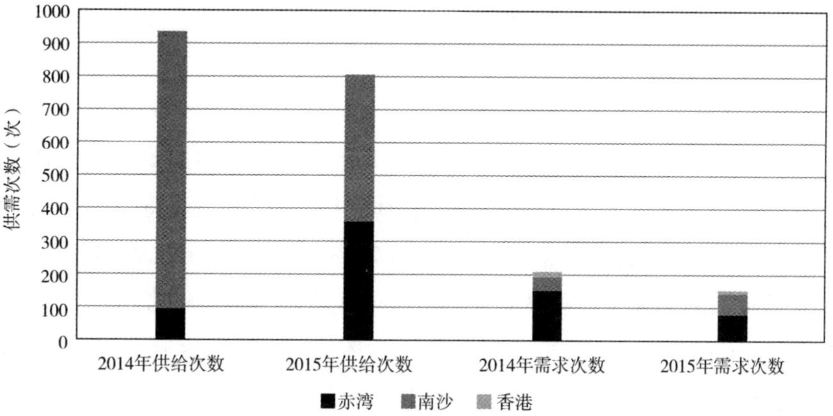

图 8　2014 和 2015 年马士基将三港作为空箱调运供需港的次数

南沙港虽然在2015年比2014年的空箱调运次数减少了一半左右,但两年来都是空箱的最大供给港;需求方面,赤湾港的需求次数略大于南沙港。2015年空箱调运的总次数小于2014年,这对船公司来说是一个好的现象。

表5所示为2014年和2015年内河港的空箱需求次数,选取了8个需求次数比较大的港口进行比较。虽然各内河港口需求次数都有所变化,只有容奇基本保持不变,但是两年来需求次数比较大的内河港口并没有发生什么变化,从另一方面也可以说明这些港口的出口量比较大。供给方面,内河港口做供给港的次数非常少,基本在个位数,黄埔和中山相比而言多一些,在30~50次,但远不及海港的供给。其实,内河港可以作为供给港并非一定说明该港是不缺箱的,而是在某个计划期内,该港需要箱的急迫性并不强,因此可以先供应给急需空箱的港口。

2014年和2015年马士基空箱调运中内河港的空箱需求次数 表5

年份	北滘	佛山	黄埔	江门	澜石	容奇	中山	珠海
2014	108	114	65	91	100	145	129	93
2015	70	97	107	80	55	146	105	112

表6所示为马士基2016年3月在珠江三角洲地区所有调运空箱的箱型和数量,包括了东莞箱厂新箱的调运箱量。从表6中可以看出,20ft(英尺)普通箱和40ft高箱(HQ)约占了3月总空箱调运数量的96%,是空箱调运中最为主要的两种箱型。而国内外现有文献中大多是基于单箱型的空箱调运研究,这与现实不符,因此本文将在箱型方面作改进,考虑多种箱型的调运优化。

2016年3月马士基在珠三角地区的空箱调运箱型和数量 表6

箱型	20GP	40GP	40HQ	45HQ	20OT	40OT	40HF
数量(个)	5669	280	3446	93	1	1	80
百分比(%)	59.24	2.93	36.01	0.97	0.01	0.01	0.84

(三)内河港空箱调运多目标优化模型构建及算法

由于内河港空箱调运受多种因素的影响,单目标优化模型不能体现多影响因素综合权衡的结果,使得模型的有效性降低,因此本文选择构建内河港空箱多目标调运模型,使研究更具有实际意义。

在现有的研究中,国内外普遍采用的建模方法是:以调运成本最小化为目标的目标函数,考虑运输成本、装卸成本、租箱费率、堆存成本等影响因素构建单目标优化模型。文本也将调运成本作为多目标优化模型的目标之一,因其是空箱调运问题首要的影响因素。其次,本文结合了近年来航运业关注的"绿色港口"理念,将碳排放量转化为碳排放环境成本,作为多目标优化模型的另一目标。一份来自联合国的评估报告称,2007年世界上船舶所排放的CO_2已经达到11.2亿t,约占全球主要温室气体排放量的4.5%,增长比例近乎达到了3倍,有预测认为,若不加控制,到2020年,全球航运业将需要4亿t燃油,导致的恶劣后果之一就是温室气体的排放量将在目前基础上增加75%。虽然在国内现有阶段,环境成本不需要船公司实际的支付,但企业自身需要有良好的社会责任感,而且在不久的将来,若国内也实行碳税政策,那么环境成本也将成为成本控制的一个重要因素。碳排放环境成本与调运成本有着相互制约的关系,如果能使这两个目标同时达到最优是最为理想的状态,但一般较难实现。对于多目标优化问题,任何两解不一定能评判其优劣,因此就需要在各目标最优值之间协调,以得到相对更好的方案。所以,从某种程度而言,同时考虑碳排放环境成本与调运成本可以有规范企业行为的效果。

(四)考虑多种箱型的内河港空箱调运多目标优化模型

1. 模型假设条件

假设1:计划期内,各港口空箱的供给量、需求量已知,供给港和需求港已确定。

假设2:需求必须在计划期内被全部满足,不能延迟。

假设3:考虑到内河港之间的距离,模型不考虑转运,空箱在两点之间运输。

假设4:不考虑修箱和报废的情况。

假设5:各箱型的驳船运输费用和运输能力已知。

假设6:在调运不能满足需求的情况下再考虑租箱。

假设7:不考虑箱的高度差异,将空箱分为20ft 和40ft。

2. 模型参数的定义

为了方便模型的建立,引入以下符号:

T :计划期。

D :计划期 T 内需求港的集合。

S :计划期 T 内供给港的集合。

X_{ij}^{k} :在 T 时段内,供给港 i 和需求港 j 之间运送 k 类空箱的数量。

C_{ij}^{k} :在 T 时段内,供给港 i 和需求港 j 之间运送 k 类空箱的运费(包括运输成本和装卸成本)。

L_{j}^{k} :在 T 时段内,需求港 j 的租箱量。

D_{j}^{k} :在 T 时段内,需求港 j 所需 k 类空箱的数量。

C_{i}^{k} :在 T 时段内,在供给港 i 租用的 k 类空箱的租箱费用。

N_{ij} :某航次从 i 港运往 j 港的重箱量。

V_{ij} :某航次从 i 港运往 j 港的驳船最大舱位。

t_{ij} :某航次从 i 港运往 j 港的总调运时间 $= t_{ij}^{1} + t_{j}$ 。

t_{ij}^{1} :从 i 港到 j 港之间的航行时间。

t_{j} :在 j 港等待泊位的时间。

n_{i}^{k} :供给港 i 的 k 类空箱现有量。

C_{ij}^{CE} :碳排放环境成本。

另外引入参数 r_{ij} ,当 $r_{ij} = 1$ 时说明 i 港到 j 港间有驳船服务,当 $r_{ij} = 0$ 时说明 i 港到 j 港间没有驳船服务,即不能实现空箱调运。

3. 多目标模型建立

在本文中,空箱调运的成本考虑多种箱型的调运成本(合同价)和租箱成本,考虑到在内陆地区船公司与驳船代理公司签订的运输协议一般包括在内河港口的装卸费用的特点,不再将运输成本和装卸成本分开考虑,而是只引入一个变量 C_{ij}^{k} ,即 i 到 j 之间签约的合同运费。模型也没有考虑余箱的堆存成本,因为船公司通常和码头有长时间的空箱免堆期协议,即在这段时间内,船公司不需要向码头支付空箱的堆存费用。

碳排放与燃料消耗和润滑油消耗有关,为了计算碳排放指标,模型将运输时间分为航行时间和装卸时间,航行过程中驳船消耗燃油,装卸过程中因主机没有工作,消耗润滑油,装卸时间为装卸的空箱量和装卸效率的乘积。燃料和润滑油的消耗与主机的功率有关,功率越大消耗的能量越大。最后,用碳税税率将碳排量转化为碳排放的环境成本。

(1)调运成本的目标函数表达式：

$$\min Z_1 = \min(r_{ij}\sum_{k\in K}\sum_{i\in S}\sum_{j\in D}X_{ij}^kC_{ij}^k + \sum_{k\in K}\sum_{j\in D}L_j^kC_j^k) \quad (1)$$

(2)碳排放环境成本的目标函数表达式：

$$\min Z_2 = C_{ij}^{CE} = R_t\sum_{k\in K}\sum_{i\in S}\sum_{j\in D}(t_{ij}^1R_{ij}^F + \theta X_{ij}^KR_{ij}^L)\cdot H_{ij} \quad (2)$$

式中：R_t——碳排放环境成本费率，即碳税税率，元/kg；

R_{ij}^F——燃油消耗，kg/(kW/h)；

R_{ij}^L——润滑油消耗，kg/(kW/h)；

t_{ij}^1——从 i 港到 j 港之间的航行时间；

H_{ij}——集装箱驳船发动机功率，kW；

θ——装卸效率，即装卸一个标准箱需要的时间，TEU/h。

4. 模型的约束条件

(1)供给港对 k 类空箱的供给能力约束：空箱运出量应小于或等于供给港当前可用的空箱量；

$$r_{ij}\sum_{k\in K}\sum_{i\in S}\sum_{j\in D}X_{ij}^k \leqslant n_i^k,\ \forall i\in S,\ \forall j\in D, k=1,2\text{(下同)} \quad (3)$$

当 $k=1$ 时，代表20ft空箱；当 $k=2$ 时，代表40ft空箱。

(2)驳船的舱位限制约束：调运空箱量和重箱量之和应小于驳船的最大容量，即：

$$f^k\sum_{k\in K}\sum_{i\in S}\sum_{j\in D}X_{ij}^k + N_{ij} \leqslant V_{ij} \quad (4)$$

当 $k=1$ 时，代表20ft空箱，$f^1=1$；当 $k=2$ 时，代表40ft空箱，$f^2=2$。

(3)两港之间空箱调运的时间限制约束：确保时间上的可行性，能在截止日期前运达目的港；(此约束在后文编程中需用if语句表示)

$$t_{ij} \leqslant T,\ \forall \in S,\ \forall j\in D \quad (5)$$

当 $t_{ij} > T$ 时，$X_{ij}^k = 0$，i 到 j 之间不能运输空箱。

(4)在需求港的租箱量 = 在需求港 的 k 类空箱量 − k 类空箱的调运量，即：

$$L_j^k = D_j^k - \sum_{k\in K}\sum_{i\in S}\sum_{j\in D}X_{ij}^k \quad (6)$$

空箱调运量非负整数约束为：

$$\sum_{k\in K}\sum_{i\in S}\sum_{j\in D}X_{ij}^k, L_j^k, D_j^k \geqslant 0\text{，且为整数。} \quad (7)$$

5. 模型的表达式

根据上述分析，考虑多箱型的空箱调运优化模型概括为如下表达式：

$$OBJ\begin{cases}\min Z_1 = \min(r_{ij}\sum_{k\in K}\sum_{i\in S}\sum_{j\in D}X_{ij}^kC_{ij}^k + \sum_{k\in K}\sum_{j\in D}L_j^kC_j^k)\\ \min Z_2 = C_{ij}^{CE} = R_t\sum_{k\in K}\sum_{i\in S}\sum_{j\in D}(t_{ij}^1R_{ij}^F + \theta X_{ij}^KR_{ij}^L)\cdot H_{ij}\end{cases} \quad (8)$$

$$S.T.\begin{cases}r_{ij}\sum_{k\in K}\sum_{i\in S}\sum_{j\in D}X_{ij}^k \leqslant n_i^k,\ \forall i\in S,\ \forall j\in D, k=1,2\text{(下同)}\\ f^k\sum_{k\in K}\sum_{i\in S}\sum_{j\in D}X_{ij}^k + N_{ij} \leqslant V\\ t_{ij} \leqslant T,\ \forall \in S,\ \forall j\in D\\ L_j^k = D_j^k - \sum_{k\in K}\sum_{i\in S}\sum_{j\in D}X_{ij}^k\\ \sum_{k\in K}\sum_{i\in S}\sum_{j\in D}X_{ij}^k, L_j^k, D_j^k \geqslant 0\text{，且为整数}\end{cases}$$

五、考虑多种箱型的内河港空箱调运多目标优化模型的算法

1. LINGO 的特点

LINGO 软件是美国的 LINGO 系统公司开发的一套专门用于求解最优化问题的软件包。LINGO 可对线性和非线性的规划求解。

LINGO 软件最大的特色在于它允许决策变量为整数,而且执行数据快,可以快速处理大数据量;同时,LINGO 提供与其他数据文件的接口,可直接从外面的数据源输入数据,如 Excel 表格,简化了数据输入和输出的选择;LINGO 有简单的模型表达方式,它提供直觉化的建模环境,代码易于阅读、掌握和修改,LINGO 中还包含了许多常用的数学函数,可供用户建立优化模型时调用。

基于以上 LINGO 的特点,绝大多数的空箱调运的优化模型求解都是用 LINGO 软件来完成的。

2. LINGO 求解多目标模型的可行性

用 LINGO 求解多目标规划问题主要有两种方法。一种是先确定一个目标函数的最优解,然后把此最优值作为约束条件,求其他目标函数的最优解,如果将所有的目标函数都改成约束条件,则此时的优化问题退化为一个含等式或不等式的方程组(混合组);另一种方法是将各目标函数加权后转变为单目标函数求解,这种方法的特点是计算简便,可以得到加权方程下的最优解。因此,用 LINGO 求解多目标优化模型是可行的。

3. 以珠三角地区内河港为背景的算例

(1)算例描述。

①背景概述。珠三角地区由于 20ft 箱运价下降导致其需求量显著增长,缺箱比较严重。算例考虑 6 个珠三角地区的港口,包括 2 个海港(南沙和赤湾)和 4 个内河港(沙田,佛山),中山和高要。这些港口之间都是用驳船运输。南沙港在计划期内受大雾影响,有塞港情况,影响船舶停靠,计划期为 3 天。

②算例数据。供给港为满足本港需求量后的可用箱量,因此供给港的需求量为 D_j^1;需求港为满足了需求量后还需的箱量,因此需求港的供给量为 n_i^1,即不能为其他港口提供空箱。表 7 和表 8 分别为 20ft 和 40ft 空箱在各港口的供需情况。

通常来说海港为供给港,内河港为需求港,因此引入南沙和赤湾两个海港。但由于 20ft 的需求增加,赤湾港出现了缺箱的情况。而内河港中沙田和中山能够提供 20ft 空箱,但量也不大。具体见表 7。

各港口 20ft 空箱供需量(单位:TEU) 表 7

空箱供需量	南 沙	赤 湾	沙 田	佛 山	中 山	高 要
空箱需求量 D_j^1	0	80	0	50	0	16
空箱供给量 n_i^1	162	0	64	0	30	0

40ft 空箱的供给情况为南沙、赤湾、沙田和高要为供给港,佛山和中山为需求港。可以从表 8 中看到,虽然有 4 个港口供给空箱,但佛山和中山的空箱需求量也很大,这与两个港口出口量严重大于进口量的情况相符。具体如表 8。

各港口 40ft 空箱供需量(单位:TEU) 表 8

空箱供需量	南 沙	赤 湾	沙 田	佛 山	中 山	高 要
空箱需求量 D_j^2	0	0	0	145	160	0
空箱供给量 n_i^2	120	100	78	0	0	50

(2)驳船服务。

驳船服务,即两港间的可达性见表9。海港间没有驳船服务,同时不提供沙田到南沙和高要,中山到佛山和高要的驳船服务。

驳船航线开设情况(可达性)r_{ij}(单位:条)　表9

码头	南沙	赤湾	沙田	佛山	中山	高要
南沙	0	0	0	1	1	1
赤湾	0	0	1	1	1	1
沙田	0	1	0	1	1	0
佛山	1	1	1	0	0	1
中山	1	1	1	0	0	0
高要	1	1	0	1	0	0

(3)驳船运输能力和重箱运输量。

驳船运输能力指驳船的最大舱位,以TEU计数,即20ft空箱占1个舱位,40ft占两个舱位。珠三角地区的驳船舱位比较小,一般在90~160TEU,具体见表10。

驳船运输能力 V_{ij}(单位:TEU)　表10

码头	南沙	赤湾	沙田	佛山	中山	高要
南沙	0	0	0	160	150	120
赤湾	0	0	120	150	96	120
沙田	0	120	0	120	120	0
佛山	160	150	120	0	0	120
中山	150	96	120	0	0	0
高要	120	120	0	120	0	0

任何空箱运输都是基于满足重箱的前提下,重箱运输量不同于空箱量,通常不会在两个内河港间运输,而是从海港的进口或出口重箱,所以内河港间运输的重箱量都为0。正因为如此,虽然海港的空箱堆存量比较多,但因为有了重箱的约束而不能全部由海港供给。又由于内河港出口量大于进口量,因此两港间两个方向的重箱运输量不同,具体见表11。本文算例的重箱运输量不分箱型,与驳船运输统一单位为TEU,以方便运算。

该航次所要运输的重箱量 N_{ij}(单位:TEU)　表11

码头	南沙	赤湾	沙田	佛山	中山	高要
南沙	0	0	0	45	50	40
赤湾	0	0	55	48	46	38
沙田	0	30	0	0	0	0
佛山	22	20	0	0	0	0
中山	30	10	0	0	0	0
高要	20	8	0	0	0	0

(4)驳船运费。

驳船运费是考虑空箱调运最重要的成本,本文的运费是船公司与驳船公司的合同运费,即包括运输费用又包括内河港的装卸费用。从表12和表13中可以看出,运费基本和两港间的距离成正比;运1个

40ft 箱比运 2 个 20ft 箱更划算，因为 40ft 的运费价格要小于 2 倍 20ft 的价格。

驳船调运 20ft 空箱的合同运费 C_{ij}^1（单位：元） 表 12

码 头	南 沙	赤 湾	沙 田	佛 山	中 山	高 要
南沙	0	0	0	202	260	380
赤湾	0	0	180	267	305	491
澜石	0	180	0	230	600	0
佛山	202	267	230	0	0	650
中山	260	305	600	0	0	0
高要	380	491	0	650	0	0

驳船调运 40ft 空箱的合同运费 C_{ij}^2（单位：元） 表 13

码 头	南 沙	赤 湾	沙 田	佛 山	中 山	高 要
南沙	0	0	0	267	364	571
赤湾	0	0	350	475	355	775
澜石	0	350	0	400	900	0
佛山	267	475	400	0	0	900
中山	364	355	900	0	0	0
高要	571	775	0	900	0	0

（5）在各港口的租箱费。

如表 14 所示，由于南沙和赤湾为中转港空箱堆箱量相对较大，因此租箱费率较内河港低，而内河港通常以出口为主，箱量供不应求，因此费率较高。另外，租箱费率要高于在该箱型上最贵的调运费用。

各港口的租箱费用 C_j（单位：元） 表 14

箱 型	南 沙	赤 湾	沙 田	佛 山	中 山	高 要
20ft	800	850	1000	1000	900	1250
40ft	1050	1100	1800	2000	2000	2000

（6）航行和靠泊时间。

考虑到在海港驳船的靠泊优先权比较低，又因为南沙塞港，因此南沙和赤湾的等待靠泊时间分别为 2 天和 1 天，而在内河港的等待靠泊时间都为 0，见表 15 和表 16 所示。

两港间的航行时间 t_{ij}^1（单位：天） 表 15

码 头	南 沙	赤 湾	沙 田	佛 山	中 山	高 要
南沙	0	0	0	1	1	2
赤湾	0	0	1	1	1	2
澜石	0	1	0	1	2	0
佛山	1	1	1	0	0	2.5
中山	1	1	2	0	0	0
高要	2	2	0	2.5	0	0

各港的等待靠泊时间 t_j(单位:天)　　表16

码　头	南　沙	赤　湾	沙　田	佛　山	中　山	高　要
南沙	0	0	0	2	2	2
赤湾	0	0	1	1	1	1
澜石	0	1	0	0	0	0
佛山	2	1	0	0	0	0
中山	2	1	0	0	0	0
高要	2	1	0	0	0	0

(7)驳船发动机功率。

驳船发动机功率与驳船最大舱位成正比,相同运输能力的驳船的发动机功率相同,具体见表17。

集装箱驳船发动机功率 H_{ij}(单位:kW)　　表17

码　头	南　沙	赤　湾	沙　田	佛　山	中　山	高　要
南沙	0	0	0	500	480	420
赤湾	0	0	420	480	380	420
澜石	0	420	0	420	420	0
佛山	500	480	420	0	0	420
中山	480	380	420	0	0	0
高栏	420	420	0	420	0	0

(8)模型求解。

①LINGO编程。

文本中LINGO多目标求解采用的方法是加权法,将两个目标函数分别赋予0.8和0.2的权重计算,@for之后是约束条件语句,@gin是约束某参数为整数的LINGO符号。数据从外部数据源Excel获取,@ole之后为数据所在Excel中的位置。计算时,Excel表格必须打开,并且数据页必须在Excel的Sheet1中。

②求解结果。

图9和图10为单目标优化模型的求解结果:目标值254702,X1和X2分别代表20ft和40ft空箱的调运量,括号中的数字代表调运路径,按第五章节给出的数据,X1(1,4)=36就表示从南沙运送到佛山36个20ft空箱;R1和R2分别表示20ft和40ft空箱在某需求港的租箱量,R1(6)=16就表示需要在高要租

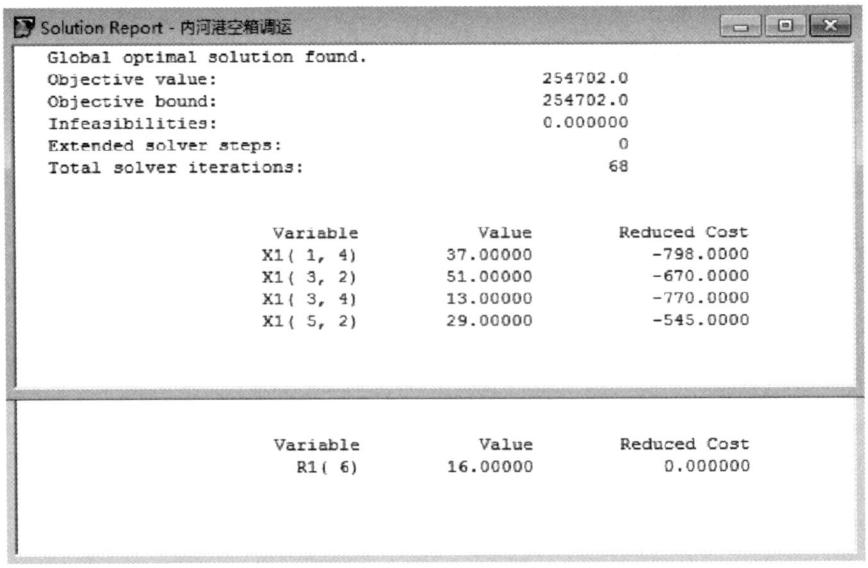

图9　单目标模型下20ft空箱的调运量和租箱量

用 20ft 空箱 16 个，以此类推。

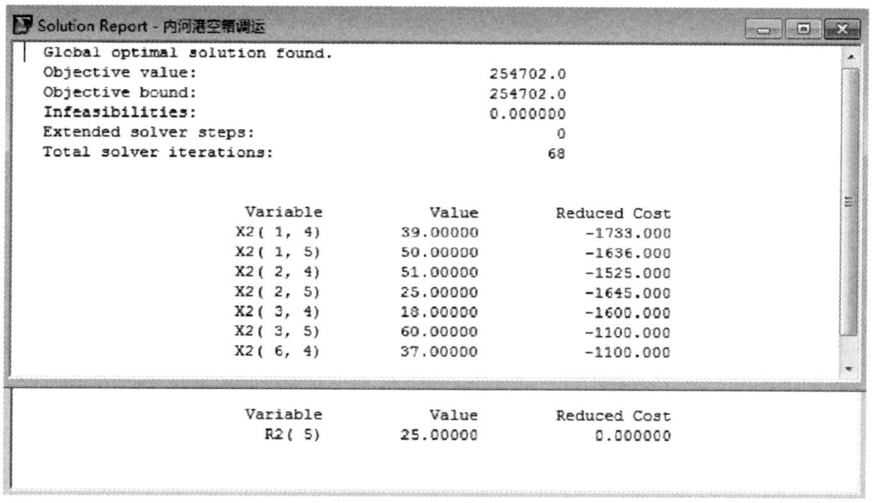

图 10　单目标模型下 40ft 空箱的调运量和租箱量

加入碳排放环境成本的多目标优化模型求解结果如图 11 和图 12 所示，最优解没有变化。

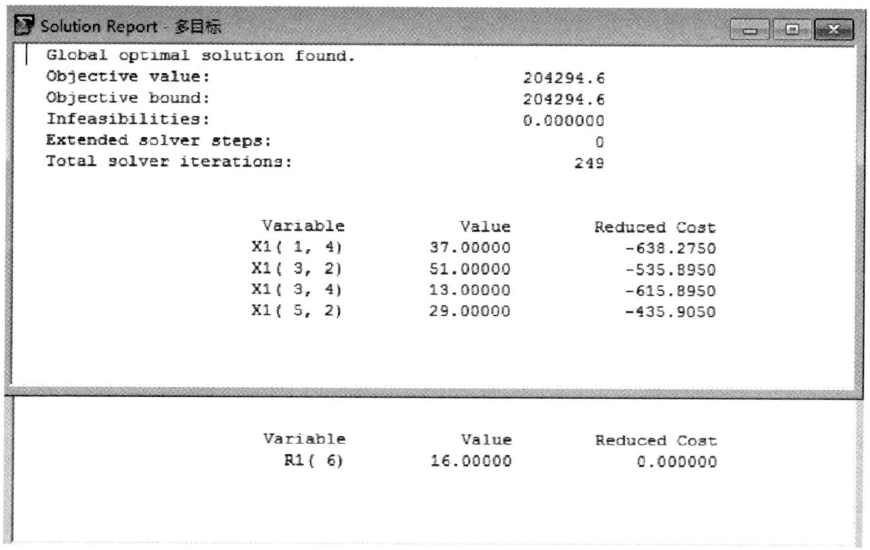

图 11　多目标模型下 20ft 空箱的调运量和租箱量

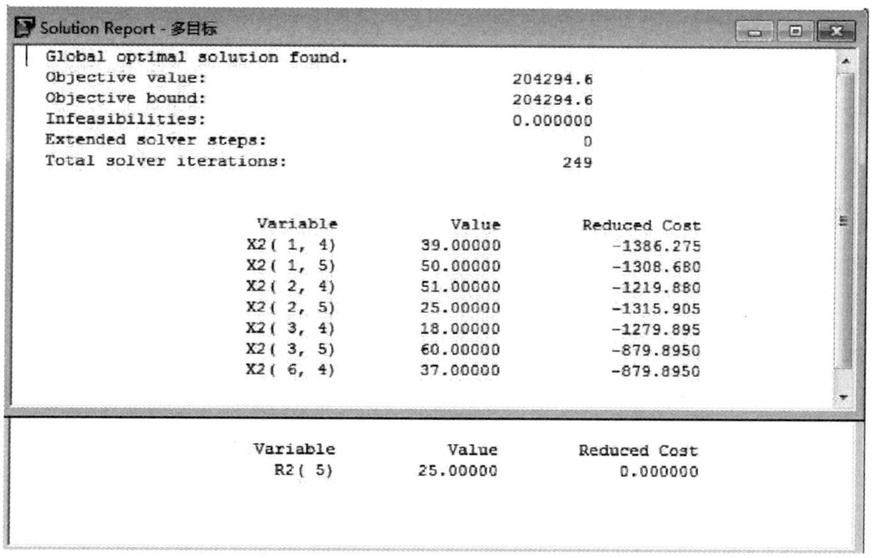

图 12　多目标模型下 40ft 空箱的调运量和租箱量

六、结果分析

本文对求解结果进行分析，得出以下6点结论并提出了相应的建议：

(1)当有一个以上的供给港可以运送空箱到某个需求港的时候，首先选择两港间运费最低的路径，如果未能全部满足，再选择成本次优的，这样能使总成本最优。

(2)线路的可达性是空箱调运最根本的前提条件，本算例中假定南沙—赤湾之间没有驳船服务，所以即使南沙有足够的20ft空箱却不能向赤湾供给，导致该船公司只能在赤湾花更多的成本去租箱。因此，船公司有必要统计各港口的供需情况来避免资源浪费，观察是否存在没有航线却可以调运的路径，若并不是偶然才发生的情况，船公司应试图与驳船公司协商加开航线。

(3)重箱的运输量和驳船舱位限制是空箱调运重要的影响因素，直接影响了能调运的空箱量。如本算例中南沙港可以满足佛山港的所有20ft箱需求，并且是运费最低的路径，但是由于舱位不足，因此只能运输部分空箱从而增加了成本。

(4)船公司的计划期也对空箱调运有影响，在本算例南沙塞港的背景下，驳船在南沙港需要2天的等泊时间，因此南沙—高要的总运输时间为4天超过了规定的3天计划期，又因为在去高要的航线中只有南沙为20ft供给港，因此船公司只能选择在高要租箱。

(5)不同箱型调运量和供需点不同，因此考虑两种箱型求出的路径更加丰富。当船公司和驳船公司考虑是否开设某条航线的时候，因综合考虑多种箱型的需求情况。

(6)考虑了环境因素的多目标优化解和单目标的结果一致，主要原因：第一，珠三角地区的驳船容量相似，都是小型集装箱船，主机功率差异很小；第二，碳税税率本身的费用不高，它所起的影响因素较小；第三，因为珠三角地区点到点在运输时间上的差异不大，因此在燃料的消耗上没有太大差异。综合以上三点，环境成本并没有改变单目标成本的优化解，只是在目标值上有增加。但是考虑碳排放环境成本模型是具有意义的，最优解没有变化是因为珠三角地区特殊的运输环境而产生，若是放置到其他背景中，如长三角地区驳船更大、运输时间差异大的情形下，考虑排放所带来的空箱调运影响会相对显著一些。

七、总结与展望

1.总结

本文主要研究了内河港的空箱调运优化，充分考虑了内河空箱调运的流程和特点，建立了以调运成本和碳排放环境成本最小化为目标函数的多目标优化模型。根据模型和数据的特点，选择用LINGO软件求解，得出了比较合理的结果，并根据结果提出了优化的建议。

首先，本文对内河港空箱调运产生的原因，调运流程及特点进行了分析与研究，得出了内河港空箱调运的8个影响因素，为之后参数的设置和模型的建立提供依据。此外，对珠三角地区的内河运输网络进行了详细的分析。

其次，将研究工作的重心放在如何通过当下船公司内河调运的模式和特点，建立符合实际的优化模型，充分考虑内河港和内河运输工具的局限性，建立约束条件。

最后，以珠三角地区6个港口间的空箱调运为算例，在满足相应的约束条件下，分别计算出了以调运成本最小化为目标函数和调运与碳排放环境成本最小化为多目标函数时，空箱调运的最优路径和租箱量。

2.本文的创新点

(1)研究内河港的空箱调运优化。大量的海运空箱调运研究都是基于海港间用母船运输的调运或是笼统的海运空箱调运研究，没有具体的针对性。本文以内河港用驳船运输的空箱调运段为研究对象，以内河网络的特殊性为基础建立模型，具有创新性。

（2）加入了“绿色港口”的理念，建立了多目标优化模型，将燃料消耗量转化为碳排放环境成本。船公司不单要将调运成本最小化，同时需要承担一定的社会责任，考虑环境问题，虽然目前中国还没有出台征收相应的排放费用，但这必然是未来的趋势之一，因此将环境成本作为目标之一具有时代性和前瞻性。

（3）本文在总结了调运现状的基础上考虑了两种箱型，之前大量的文献都以单箱型为假设条件，与现实情况不符，文本做出了一定程度上的改进。

3. 未来的前景及展望

产生空箱调运的根本原因是进出口贸易的不平衡。随着全球一体化的发展和港口设施的完善等，贸易量会进一步增长，进出口贸易的不平衡又很难得到解决，所以空箱调运问题不但会长期存在并且有扩大的趋势。因此进一步降低空箱调运次数和成本未来是船公司/港口和有关企业的一大挑战。建立完善的集装箱信息管理系统，实现各平台信息数字化共享，及时协调调运策略，是未来集装箱管理的发展趋势。

另外，本文的不足之处在于：没有考虑在计划期内的多航次情况，比如计划期为 3 天，A—B 只需 1 天，那么理论上最优应该可以走 3 个航次，这能使成本更大程度上的降低；本文也没有考虑箱型之间的代替性，而某些箱型之间有可代替的弹性，比如 20ft 和 40ft 普通箱，这种代替很可能能节省更多的成本。以上不足可以在未来的研究中继续改进，同时可以更加全面和系统地将环境成本与空箱调运优化。

参 考 文 献

[1] 马杰. 降低海运集装箱空箱调运成本的对策[J]. 集装箱化，2011，22(5)：16-17.

[2] White W W, Bomberault A M. A Network Algorithm for Empty Freight Car Allocation[J]. Ibm Systems Journal, 1969, 8(2): 147-169.

[3] 施欣. 内陆集装箱运输环境下的空箱调运策略与租箱策略的数字仿真分析[J]. 交通运输工程学报，2002，2(2)：114-119.

[4] 王斌，唐国春. 集装箱空箱海上调运随机优化研究[J]. 重庆交通大学学报：自然科学版，2009，28(1)：147-150.

[5] Song DP, Dong JX. Effectiveness of an empty container repositioning policy with flexible destination ports. Transport Policy, 2011, 18(1): 92-101.

[6] 计明军，王清斌，张新宇，等. 沿海港口集装箱空箱调运策略优化模型[J]. 运筹与管理，2014(1)：80-89.

[7] 何静静，王晓峰. 基于遗传算法的海运集装箱空箱调运成本优化[J]. 计算机系统应用，2015，24(1)：123-127.

[8] Dong JX, Song DP. Container fleet sizing and empty repositioning in liner shipping systems. Transportation Research Part E: Logistics and Transportation Review, 2009, 45(6): 860-877.

[9] 郭洋，汤齐. 港口参与下的空箱调运优化研究[J]. 东南大学学报：哲学社会科学版，2015(S1).

[10] 汪传旭，汪琬，陈飞燕，等. 船公司合作下港口空箱调运研究[J]. 山东大学学报：理学版，2015(9)：61-68.

[11] 李雪野. 基于低碳及空箱调租的集装箱海运网络优化[D]. 大连：大连理工大学，2011.

[12] 陈俊军，汪传旭. 低碳背景下空箱调运与船舶航速决策[J]. 武汉理工大学学报：交通科学与工程版，2015(4)：828-833.

[13] 宋晓东. 铁路空车调配多目标优化模型研究[D]. 长沙:中南大学,2009.

[14] Shintani K, Imai A. The container shipping network design problem with empty container repositioning [J]. TransportationResearch Part E Logistics & Transportation Review,2007,43(1):39-59.

[15] 谢金星. 优化建模与 LINDO/LINGO 软件[M]. 北京:清华大学出版社,2005.

[16] 吴有平,刘杰,何杰. 多目标规划的 LINGO 求解法[J]. 湖南工业大学学报,2012,26(3):9-12.

[17] 李秀芬. 基于周转时间的铁路集装箱空箱调运优化研究[D]. 成都:西南交通大学,2013.

[18] 王勇. 基于海铁联运的集装箱空箱调运研究[D]. 成都:西南交通大学,2013.

[19] Song D P, Dong J X. Effectiveness of an empty container repositioning policy with flexible destination ports [J]. Transport Policy,2011,18(1):92-101.

[20] 鞠美晨. 基于无水港的集装箱配备与空箱调运问题研究[D]. 大连:大连海事大学,2013.

[21] 谢永军. 内陆港空箱调运问题研究[D]. 大连:大连海事大学,2013.

[22] 何小明,王薇. 南沙港区集装箱运输经济合理性分析[J]. 水运工程,2006(4):28-30.

[23] 吕霞. 珠三角内河港口集装箱运输发展新趋势[J]. 珠江水运,2011(23):62-63.

[24] Lindo Systems Inc. :http//:www. lindo. eom. 2008.

[25] Schrage L. Optimization modeling with LINGO[J]. Lindo Systems Inc,2006.

2016年第二届中国交通运输院长论坛“新国线交通运输类大学生优秀论文”二等奖

城市不同等级道路交通污染实验研究

长安大学　汽车学院　刘雯月

摘　要:为找出影响不同等级城市道路交通污染的关键性因素,有效缓解交通污染问题,选取西安市快速路、主干道、次干道和支路等典型城市道路作为研究对象,实测了路边的人行道上PM2.5质量浓度以及同时段的交通流量、气温、风速、风向等相关因素;运用最小二乘法及主成分回归法对实验数据进行分析,得到了各类型城市道路交通污染与影响因素之间的关系。结果表明:快速路、次干道、主干道、支路交通污染程度逐渐降低,但影响交通污染的关键性因素是一致的,均为交通流量、温度和风速。

关键词:交通污染;城市道路污染监测;主成分分析;关键因素

一、引言

近年来,随着社会经济的快速发展,我国汽车保有量呈现快速增长趋势,已成为全球第二[1],然而我国目前的机动车污染控制水平与发达国家相比仍然存在一定的差距,从而导致机动车排气污染已经成为我国城市大气污染的主要来源。到目前为止,国内外学者对机动车尾气污染扩散、城市道路交通污染监测方面提出了很多方法和观点。在机动车尾气污染扩散方面,提出了很多预测模型,并在大多数城市进行了实证研究,例如AP-42模型[2],CALINE模型[3],MOBLIE模型等[4];在城市道路交通污染监测方面主要采用24小时连续采样实验分析法、瞬时采样法以及空气质量自动检测系统等方法[5],如刘娟娟、范炳全、陈辉煌对上海市交通污染情况进行了监测,并提取出关键影响因素[6];史锐对太原市机动车排放污染进行模拟,并提出有效的控制措施[7]等,但这些研究并没有对不同等级道路的交通污染进行对比分析研究。

对不同等级道路的交通污染调查分析有助于制定科学的出行规划、减排策略。因此,本研究根据我国城市道路4种类型:快速路、主干路、次干路、支路[8],选取了西安市4条典型的城市道路:南二环路、长安中路、翠华路以及育才路作为研究对象,通过实验对PM2.5污染物浓度、交通流量、气象因素进行监测,收集试验数据,获得各影响因素与污染物浓度之间的关系,并运用SPSS软件对所获得数据进行主成分回归分析。

二、实验

(一)监测污染物与影响因素的确定

PM2.5指的是空气动力学当量直径小于或等于2.5μm的颗粒物[9],不仅对人体健康和生态环境的危害极大,并且其浓度与机动车尾气排放有很大关系,与道路交通量的变化趋势基本一致。因此,本研究交通污染物以PM2.5为代表进行研究。

通过观察及查阅文献,得知我国交通污染物的特征为:与交通流运行状态有关;具有时间上的不均衡性；受气象条件和地形条件的影响[6]。因此，确定本研究调查的影响因素为：交通流状态和气象因素。交通流状态主要是指观测道路上通过车辆的数量，气象因素包括温度、风速、风向、相对湿度等。

(二)交通污染物的监测

1. 监测地点

选择西安市具有代表性的快速路——南二环路(文艺路南口)，主干路——长安中路(音乐学院门口)，次干路——翠华路(省博物馆东门门口)，支路——育才路(长安大学雁塔校区门口)为监测点进行实验。监测时，在与实验道路垂直的断面离道路缘1m处，距离地面高度1.5m左右的监测点。注意各监测点应与交叉路口保持一定的距离以降低信号控制对车辆运行的影响。

2. 监测时间

监测时间为2016年4月18—27日，对每个路段进行一天重复试验观测，观测时间为：7:30至11:30，15:30至19:30两个时段，既包括高峰期，也包括平峰期，能够更好地反映城市道路交通污染物浓度的日变化趋势。

3. 监测设备

由于本次实验监测污染物为PM2.5，所以，确定监测仪器为1.109型气溶胶光谱仪，可实现实时检测，检测漂浮气溶胶颗粒粒径范围为0.25~32μm，具有31个粒径通道，检测结果可显示为颗粒质量浓度或颗粒数目浓度。1.109型气溶胶光谱仪工作室可使用交流电源或者电池，测量数据在显示屏上显示，并在光谱仪内部的数据存储卡上保存。检测时，可使用Grimm Windows ©，通过RS-232接口将测量数据在线传输到计算机上，对数据进行显示、分析。使用该软件，可方便快捷地将测量数据生成图表形式，也可将数据直接传输到ExcelTM或进行统计分析。具体实验场景如图1所示。

图1 实验场景图

(三)影响因素调查

1. 交通流量调查

本实验中，在监测道路交通污染物浓度的同时，采用人工计数法对城市道路交通流量情况进行调查。调查时，每隔5min计数一次，调查车型包括小轿车、出租车、公交车、中巴、货车、垃圾车、清扫洒水车等。这种测量方法成本低，并且数据精确度高，灵活机动，易于掌握。

2. 气象条件调查

气象条件包括气温、气压、风向、风速等，是通过Kestrel手持气象站监测。该设备有一个LCD显示器，几乎可以在任何地方进行测量，可以选择风速、平均风速和最大风速三种测量模式并可随时切换测量单位。仪器采用防水防振设计，即使在恶劣的天气条件下也可以精确测量，还可以将数据发送到计算机上或者手机上，传输方式灵活多样。该方法所测得的数据更有针对性，能够准确地反映出所测地点的气象数据变化情况，为研究城市道路交通污染物浓度与气象条件之间的关系提供依据。

三、数据处理方法

首先分别对不同类型城市道路的污染物浓度、交通流量、风速、温度和相对湿度数据运用SPSS软件进行最小二乘法分析,最小二乘法是通过使得求得的未知数据与实际数据之间的误差的平方和最小来寻找与数据的最佳匹配函数的一种曲线拟合过程[10],其中因变量都选择污染物浓度,自变量都选择交通流量、温度、风速和相对湿度。输出结果显示:无论哪种类型的城市道路,大多数自变量的 Sig 并不都是显著的为 0,说明南二环路、长安路、翠华路及育才路的各自变量的样本数据之间可能存在多重共线性问题。

共线性问题是指当有多个自变量时,自变量不仅与因变量有一定的相关关系,某两个自变量之间也具有一定的相关关系,即两个自变量在反映研究问题的信息的时候具有一定的重叠[11]。为了消除这种多重共线性的影响,采用主成分回归方法对数据进行进一步的分析。

主成分分析是指通过正交变换将彼此相关的变量转变为彼此独立的新变量的数据统计方法,从而起到解决多重共线性问题以及减少指标变量个数的作用[12]。

四、结果及分析

(一)不同类型城市道路交通污染影响因素统计结果

由表 1 可知,监测期间,南二环路交通流量平均值为 742.58pcu/h,长安路交通流量平均值为 397.21pcu/h,翠华路交通流量平均值为 150.17pcu/h,育才路交通流量平均值为 50.83pcu/h,对比发现、快速路、主干路、次干路、支路的交通流量依次降低。

交通流量统计表　　表 1

地　点	最小值(pcu/h)	最大值(pcu/h)	均值(pcu/h)	标准差(pcu/h)	变 异 系 数
南二环路	548	812	742.58	66	0.09
长安路	349	463	397.21	29	0.07
翠华路	120	173	150.17	15	0.10
育才路	35	77	50.83	10	0.19

监测期间,都是晴天,由表 2 可知,二环路的风速平均值为 0.59m/s,长安路的风速平均值为 0.33m/s,翠华路风速平均值为 0.58m/s,育才路的风速平均值为 0.93m/s。其中,育才路风速最大,而长安路风速较小。

风 速 统 计 表　　表 2

地　点	最小值(m/s)	最大值(m/s)	均值(m/s)	标准差(m/s)	变 异 系 数
南二环路	0.00	2.90	0.59	0.54	0.92
长安路	0.00	2.30	0.33	0.41	1.22
翠华路	0.00	3.00	0.58	0.51	0.87
育才路	0.00	3.70	0.93	0.70	0.75

由表 3 可知,监测期间,南二环路的温度平均值为 17.06℃,长安路的温度平均值为 20.37℃,翠华路的温度平均值为 19.99℃,育才路的温度平均值为 28.52℃。其中育才路温度最高,南二环路温度最低。

温 度 统 计 表　　表 3

地　点	最小值(℃)	最大值(℃)	均值(℃)	标准差(℃)	变 异 系 数
南二环路	15.70	18.20	17.06	0.41	0.024
长安路	18.20	21.90	20.37	1.06	0.052
翠华路	17.80	23.70	19.99	0.94	0.047
育才路	27.80	30.60	28.52	0.49	0.017

由表 4 可知,监测期间,南二环路的相对湿度平均值为 24.06%,长安路的相对湿度平均值为 12.51%,翠华路的相对湿度平均值为 24.18%,育才路的相对湿度平均值为 36.47%。其中,育才路相对

湿度最高，长安路相对湿度最低。

相对湿度统计表 表4

地　　点	最小值(%)	最大值(%)	均值(%)	标准差(%)	变异系数
南二环路	21.80	27.70	24.06	1.37	0.057
长安路	10.50	15.60	12.51	1.32	0.105
翠华路	22.20	27.40	24.18	1.11	0.046
育才路	35.00	38.20	36.47	0.66	0.018

(二)不同类型城市道路污染物浓度观测结果

通过监测获得南二环路、长安路、翠华路及育才路监测点处的PM2.5污染物浓度数据，绘制成折线图，如图2所示。

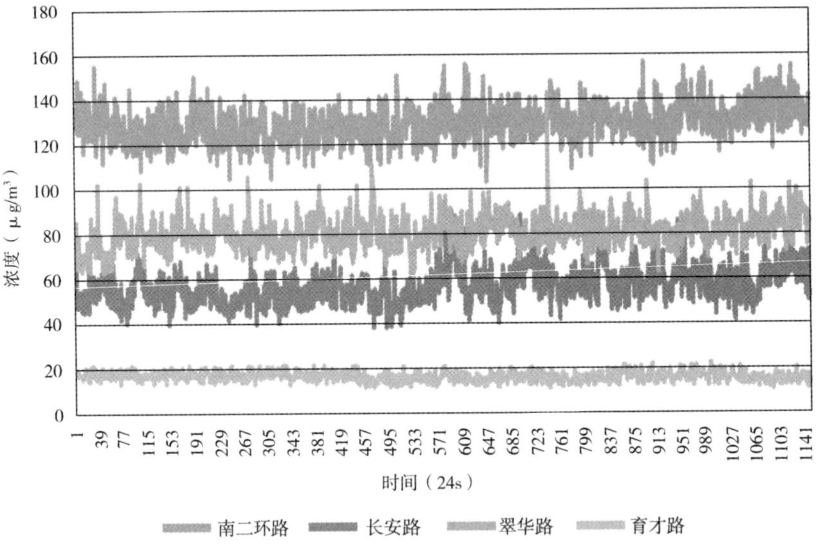

图2　不同类型城市道路PM2.5浓度

由图2可以看出，监测期间，4条道路中污染物浓度最高的为南二环路，因为南二环路交通流量最大，排放的污染物也就越多，同时风速、温度和相对湿度都相对较低，不利于污染物的扩散，导致污染物浓度高；而作为主干道的长安路污染物浓度低于作为次干道的翠华路，主要原因是：虽然长安路的交通流量大，排放污染物多，但是受温度和风速等影响，导致长安路污染物更易于扩散，使得长安路污染物浓度偏低；4种类型的城市道路中污染程度最轻的是育才路，相比于其他3条道路，育才路的交通流量最小，污染物的排放最少，同时，监测当天育才路风速大，温度高，相对湿度大，有助于污染物的扩散，从而导致育才路污染物浓度最低。

(三)不同类型城市道路主成分分析

分别对南二环路、长安路、翠华路、育才路监测数据进行主成分分析，得到以下结果。

表5表示了主成分分析的过程，初始特征值下面的合计表示特征根，特征根越大，说明对因变量影响越大，可以作为主成分，至于选几个变量做主成分，取决于各变量贡献率的总和[13]，由表5可知，第一主成分即南二环路交通流量的方差占42.127%，第二主成分即南二环路风速的方差占27.622%，第三主成分即南二环路温度的方差占23.804%，三者累计方差达到了93.553%，则可提取南二环路交通流量、温度和风速为主成分，三者几乎可以代表所有自变量对因变量的影响，并剔除第4个方差仅占6.447%的主成分即南二环路相对湿度。

南二环路 PM2.5 监测数据特征

表5

成分	初始特征值			提取平方和载入		
	合计	方差(%)	累积(%)	合计	方差(%)	累积(%)
1	1.685	42.127	42.127	1.685	42.127	42.127
2	1.105	27.622	69.749	1.105	27.622	69.749
3	0.952	23.804	93.553	0.952	23.804	93.553
4	0.258	6.447	100.000			

由表6可知,长安路交通流量、风速、温度三者累计方差达到了97.246%,则可提取为主成分,三者几乎可以代表所有自变量对因变量的影响,并剔除相对湿度。

长安路 PM2.5 监测数据特征

表6

成分	初始特征值			提取平方和载入		
	合计	方差(%)	累积(%)	合计	方差(%)	累积(%)
1	2.331	58.286	58.286	2.331	58.286	58.286
2	0.999	24.965	83.250	0.999	24.965	83.250
3	0.560	13.995	97.246	0.560	13.995	97.246
4	0.110	2.754	100.000			

由表7可知,翠华路交通流量、风速、温度三者累计方差达到了91.974%,则可提取为主成分,三者几乎可以代表所有自变量对因变量的影响,并剔除相对湿度。

翠华路 PM2.5 监测数据特征

表7

成分	初始特征值			提取平方和载入		
	合计	方差(%)	累积(%)	合计	方差(%)	累积(%)
1	1.648	41.192	41.192	1.648	41.192	41.192
2	1.050	26.245	67.436	1.050	26.245	67.436
3	0.982	24.538	91.974	0.982	24.538	91.974
4	0.321	8.026	100.000			

由表8可知,育才路交通流量,风速,温度三者累计方差达到了89.057%,则可提取为主成分,三者几乎可以代表所有自变量对因变量的影响,并剔除相对湿度。即南二环路、长安路、翠华路、育才路提取的主成分都是交通流量,风速和温度。

育才路 PM2.5 监测数据特征

表8

成分	初始特征值			提取平方和载入		
	合计	方差(%)	累积(%)	合计	方差(%)	累积(%)
1	1.438	35.952	35.952	1.438	35.952	35.952
2	1.126	28.143	64.095	1.126	28.143	64.095
3	0.999	24.963	89.057	0.999	24.963	89.057
4	0.438	10.943	100.000			

最后,对各类型城市道路进行最小二乘法分析,其中因变量依旧为污染物浓度,但自变量为主成分,输出结果显示:无论哪种类型的城市道路,各变量的 Sig 取值均 <0.05,并且部分变量的 Sig 取值显著地为0,说明该研究具有极强的统计意义,数据拟合程度很好,并且由非标转化系数可知污染物浓度与交通流量呈正相关,与风速和温度呈负相关,这与理论情况是吻合的。

五、结论

(1)确定了不同类型城市道路交通污染状况具有差异性。本研究选取西安市快速路、主干道、次干道和支路等典型城市道路为研究对象,通过实测路边人行道上PM2.5质量浓度变化情况,运用折线图对不同道路污染状况进行对比发现:受多重因素的影响,快速路、次干道、主干道、支路的交通污染具有差异性,并且是逐渐降低的。

(2)确定了不同城市道路影响交通污染的关键性因素。本文利用SPSS软件,对所获得的污染物浓度、交通流量、气象条件的样本数据进行分析,采用最小二乘法和主成分分析方法,结论显示:无论哪种城市道路类型:快速路、主干路、次干路、支路,即使污染状况不同,但交通流量、风速、温度都是影响污染物浓度的主要因素,并且交通流量与污染物浓度呈正相关,风速、温度与污染物浓度呈负相关。

参 考 文 献

[1] 孟夏,陈仁杰,阚海东.我国交通来源大气污染现状及其健康危害[J].中华预防医学杂志,2011,45(11):1043-1045.

[2] Nicholson K W. A critique of empirical emission factor models:a case study of the AP-42 model for estimating PM 10,emissions from paved roads[J]. Atmospheric Environment,2001,35(1):185-186.

[3] Benson P E. A review of the development and application of the CALINE3 and 4 models[J]. Atmospheric Environment Part B Urban Atmosphere,1992,26(3):379-390.

[4] 谢绍东,张远航.机动车排气污染物扩散模式[J].环境科学,1999,20(1):104-109.

[5] 李亭慧.城市交通空气污染监测及流量限值方法研究[D].哈尔滨:哈尔滨工业大学,2012.

[6] 刘娟娟,范炳全,陈辉煌.城市交通排放污染实验及关键影响因素[J].上海海事大学学报,2005,26(4):61-66.

[7] 史锐.基于线源模型的交通大气污染研究——以太原市为例[D].太原:山西大学,2011.

[8] 蔡军,刘平,张奕.城市道路分级与设置条件研究[J].城市交通,2015(4):44-55.

[9] 杨新兴,冯丽华,尉鹏.大气颗粒物PM2.5及其危害[J].前沿科学,2012(1):22-31.

[10] 冯国生.SPSS统计分析与应用[M].北京:机械工业出版社,2011.

[11] George D, Mallery P. IBM SPSS Statistics 21 Step by Step: A Simple Guide and Reference[M]. Pearson,2013.

[12] 杜强.SPSS统计分析从入门到精通[M].北京:人民邮电出版社,2014.

[13] 郭呈全,陈希镇.主成分回归的SPSS实现[J].统计与决策,2011(5):157-159.

2016 年第二届中国交通运输院长论坛“新国线交通运输类大学生优秀论文”二等奖

基于 LS-SVM 和实时大数据的广州地铁短时客流预测模型

华南理工大学　李海欣，胡郁葱，张东冉，王雨嫣，许耀钊，石鑫

摘　要：短时预测客流量能够在乘客出行时提供有效的引导，协助旅客选择拥挤度较低的路线，促进地铁线网客流实现均衡分布，缓解地铁客流过度集中的现象，提高地铁的运营效率。本文在基于最小二乘法的支持向量机预测方法的基础上，提出结合实时视频识别技术，利用 AFC 系统的数据筛选系统和 Logit 模型，建立广州地铁短时客流预测模型。该模型将历史数据与实时数据相结合，可根据实际需要选择 60min、30min 及 5min 的时间间隔进行预测。经实际网络数据测算，证明能有效提高预测结果的准确性和实时性。

关键词：城市轨道交通；客流预测；支持向量机；视频识别；实时数据

一、引言

广州作为中国华南地区的一线城市，已经拥有 260.5km 的地铁运营里程。在未来，将会再修建 16 条新的地铁线路。随着广州地铁的快速发展，地铁线网将会更加复杂，出行可选择的路径也会更加多样。短期客流量对客流路径选择十分重要，如果乘客能够获知 60min 后、30min 后，甚至是 5min 后的地铁客流量，就可以根据预测客流量及时调整出行计划，避开拥挤线路，对地铁网络来说可以达到均衡客流的目的。此外，短期地铁预测客流量能够及时提醒地铁管理人员在运行过程中潜在的安全隐患，工作人员可根据客流量及时调整相关设备的工作状态，使地铁运行过程达到最佳状态。

地铁客运需求的快速增长导致客流过剩的问题越发严重，短期城市轨道客流预测方法开始受到关注，杨军和侯忠生[1]利用小波分析方法对地铁短期客流进行预测，冯雪松[2]利用分层贝叶斯方法预测城市轨道短期客流等。Cortes 和 Vapnik[3]最先提出支持向量机（SVM）预测模型，它可以监督学习模型以相关学习算法用于分类和回归分析，分析数据。任江涛[4]曾应用 SVM 研究网络级交通模型识别，毛静[5]提出一种 SVM 的混合核函数应用于地铁进站客流的预测。但是，SVM 模型中最大的缺点就是它在优化编程中有更大的计算负担，而基于最小二乘法的支持向量机（LS-SVM）模型能将 SVM 中的二次规划问题转化为线性问题，在保持良好的回归性能的同时能加快计算速度。张扬和刘允才[6]在研究中经过比较，LS-SVM 改善了交通预测和时间序列分析方法的稳定性和鲁棒性。

然而，大多数短期城市轨道客流预测的方法只利用历史数据进行预测，根据同一时段的客流规律以预测现在和未来的客流量，对实时客流的实际状态把握不足，一定程度上可能会影响预测的准确性。因此在预测的过程中，有必要将历史数据与实时数据相结合，利用实时数据对预测规律进行修正，从而获得较准确的预测结果。因此，本文提出在原有的基于最小二乘法的支持向量机预测模型基础上引入地铁站台空间内的实时视频识别数据和 AFC 系统的大数据，通过筛选系统获得有用的实时数据，对预测结果进行修正，从而获得准确性和实时性更高的短时预测结果。

二、模型介绍

本文以基于最小二乘法的支持向量机(LS-SVM)方法为基础,结合利用视频识别技术、数据筛选系统获取的实时数据对广州地铁短期客流量进行预测。本模型所使用的实时数据,除了实时票务数据外,还包括实时视频识别的实时换乘客流量数据。

(一)相关特征量定义

本模型计算中涉及的相关客流特征量包括进出站客流量、换乘客流量等。通过数据筛选模块、数据处理模块以及数据统计模块,最终得到给定地铁线网的预测站点客流量以及线路断面客流量。

1. 基础客流特征量

基础客流特征量的定义见表1。

基础客流特征量定义 表1

基础特征量	含　义	分　类	备　注
运营时刻 t	地铁运营时刻	$t-1,t-2,\cdots,t-n$	指定时刻 t 前 n 分钟
		$t+1,t+2,\cdots,t+n$	指定时刻 t 后 n 分钟
站点 i	地铁线网中所有站点的集合	普通站点 换乘站点	i 表示站点集合中的某一个站点
线路断面 J	地铁线网中所有线路断面的集合	换乘线路断面	从换乘站出发至其他站点之间的断面
		普通断面	除换乘断面外的所有断面
乘坐方向 D	所有乘坐方向的集合	北(N)、南(S) 东(E)、西(W)	J_{i-D} 表示从站点 i 出发,前往方向 D 的线路断面

2. 进站客流量

M 表示进站客流量。$M_{(i,t)}$ 表示站点 i 在时刻 t 的所有进站客流量。

在普通站点,$M^{+}_{(i,t)}$,$M^{-}_{(i,t)}$ 表示站点 i 在时刻 t 进站后乘坐顺时针或逆时针方向列车的客流量。

在换乘站点,$M_{(i-D,t)}$ 表示站点 i 在时刻 t 进站后乘坐方向 D 的客流量。

$$M^{+/-}_{(i,t)} = M_{(i,t)} \cdot a^{+/-}_{(i,t)}, M_{(i-D,t)} = M_{(i,t)} \cdot a_{(i-D,t)} \tag{1}$$

a 表示进站方向系数,即乘客进站后选择一定方向的概率;

$a^{+}_{(i,t)}$ 表示在站点 i 时刻 t 进站后,乘客选择乘坐顺时针方向的概率;

$a_{(i-D,t)}$ 表示在站点 i 时刻 t 进站后,乘客选择乘坐 D 方向的概率。

3. 出站客流量

O 表示出站客流量;$O_{(i,t)}$ 表示站点 i 在时刻 t 的所有出站客流量;

$$O^{+/-}_{(i,t)} = O_{(i,t)} \cdot b^{+/-}_{(i,t)} \text{or} O_{(i-D,t)} = O_{(i,t)} \cdot b_{(i-D,t)} \tag{2}$$

b 表示出站方向系数,即出站乘客来自某一方向列车的概率;$b^{+}_{(i,t)}$ 表示在站点 i 时刻 t 的出站乘客是从顺时针方向列车下车的概率;$b_{(i-D,t)}$ 表示在站点 i 时刻 t 的出站乘客是从来自 D 方向列车下车的概率。

4. 换乘客流量

H 表示换乘客流量。$H_{(i,t)}$ 表示站点 i 在时刻 t 的所有换乘客流量。

如果 i 是普通站点,那么有 $H_i = 0$。$H^{+}_{(i-D,t)}$ 表示经顺时针方向换乘到方向的客流。

平峰时期,换乘客流量计算公式为:

$$H_{(i-N,t)} = H^{+}_{(i-E,t)} + H^{-}_{(i-W,t)}, H^{+}_{(i-E,t)} = J^{+}_{(j-E,t-3)} \cdot c^{+}_{(i-E,t-3)} \tag{3}$$

c 表示换乘系数，即乘客从某一线路换乘到另一地铁线路的概率，经 Logit 模型计算获得。$c^{+}_{(i-E,t-3)}$ 表示乘客在 t-3 时刻经顺时针方向换乘到 i-E 断面的概率。

在高峰时期，换乘客流量由视频识别技术直接获得。

5. 直行客流

直行客流 T 表示经过换乘站不下车换乘或出站，而是继续搭乘原来的列车的客流。$T_{(i-D,t)}$ 表示经过站点 i 前往方向 D 的直行客流。

$$T_{(i-N,t)} = J_{(i-S,t-3)} \cdot c_{(i-N,t)} \tag{4}$$

$c_{(i-N,t)}$ 表示乘客经过站点 i 继续乘坐从南至北方向列车的概率。

6. 站点客流量

P 表示站点客流量，通过站点客流量可以获知指定站点的拥挤程度。

$P_{(i,t)}$ 表示时刻 t 站点 i 的站点客流量。站点客流量的计算公式为：

$$\begin{aligned} &5\text{min}: \quad P_{(i,t)} = M_{(i,t-3)} + O_{(i,t+3)} + H_{(i,t-3)} \\ &30,60\ \text{min}: \quad P_{(i,t)} = M_{(i,t)} + O_{(i,t)} + H_{(i,t)} \end{aligned} \tag{5}$$

其中，$O_{(i,t+3)}$ 可由 LS-SVM 模型根据历史数据预测获得。

如果预测时间间隔为 5min，那么为 $M_{(i,t-3)}$ 由 AFC 系统获得的实时票务数据。否则 $M_{(i,t)}$ 经由 LS-SVM模型根据相关历史数据预测获得。

如果指定计算站点不是换乘站点，那么换乘客流量 $H_{(i,t)} = 0$。否则，换乘客流量 $H_{(i,t)}$ 通过换乘系数计算获得。

7. 线路断面客流量

Q 表示线路断面客流量。$Q_{(i-D,t)}$ 表示从站点 i 至方向 D 的断面。线路断面客流量计算公式为：

普通站点：$$Q^{+/-}_{(i,t)} = M^{+/-}_{(i,t-3)} + O^{+/-}_{(i,t+3)}$$

换乘站点：$$Q_{(i-D,t)} = H_{(i-D,t-3)} + N_{(i-D,t-3)} + T_{(i-D,t)} \tag{6}$$

（二）模型条件

本文所涉及的地铁短期客流预测模型适用于以下情况：

（1）所有旅客均采用刷卡方式进出地铁网络，即入匝刷卡和出匝刷卡。

（2）对于地铁线网客流量的统计从首班列车发车时刻开始计算，并且客流量分布的计算在地铁运营的过程中是连续的。

（3）地铁线网中列车的平均到达时间为 3min。乘客从刷卡进站到上车或者从下车到刷卡出站的平均用时为 3min，乘客的平均换乘时间也为 3min。

1. 模型计算流程

本文所涉及的地铁短期客流预测模型共包括数据筛选、数据处理和数据计算三个模块。各模块之间的计算流程及所获取的数据特征量如图 1 所示。

2. 模型计算原理

（1）基于 AFC 系统的 SQL 数据库进行数据筛选。

将 AFC 系统中获得的 IC 卡刷卡数据导入到 SQL 数据中进行储存，采用 VB（Visual Basic）软件对数据进行筛选，根据推算需要仅留下进站编号、进站时间、出站编号等字段。然后按照站点、时间进行进出站刷卡信息数量的统计，将输出结果导出到表中，即得到统计时段内各个站点的进出站客流量。

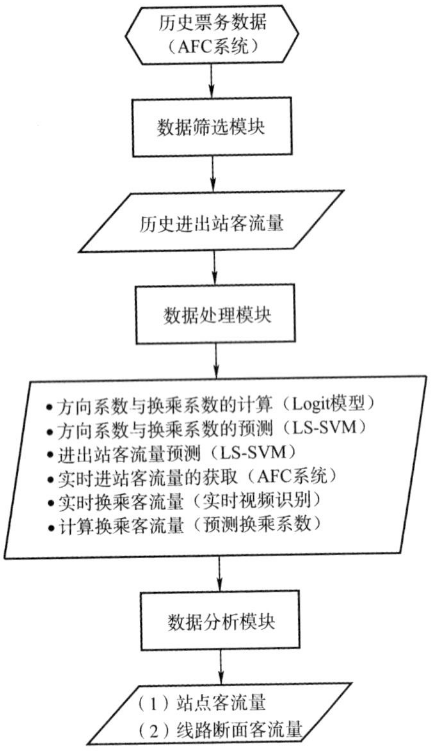

图1　广州地铁短期客流预测模型流程图

(2)基于Logit模型进行路径选择和分配。

本研究采用多元Logit模型(Multinomial Logitmode),MNL模型。地铁环线站点间的路径可被划分为顺时针方向和逆时针方向。通过乘客OD矩阵和两个方向路径的乘客分担率相乘获得乘客分布矩阵。

预测的两个方向的乘客OD矩阵可通过历史羊城通IC卡OD矩阵(历史IC卡刷卡数据进行处理获得的历史OD矩阵)结合调查问卷获得,不同方向路径的乘客分担率通过LOGIT模型获取,其形式为:

$$p_{ij}^{k}=\frac{\exp(v_{ij}^{k})}{\sum_{k}\exp(v_{ij}^{k})} \tag{7}$$

p_{ij}^{k}是乘客从i到j的第k条路径乘客分担概率,即i到j站点之间第K种出行路径的效用值。

其中,i到j的第k条路径的效用函数v_{ij}^{k}的参数通过以下相关统计数据求得:

①建立顺时针和逆时针路径的出行时间矩阵。

②建立顺时针和逆时针路线的出行舒适度和出行偏好矩阵。通过调查问卷,反映乘客对多种出行条件综合的评价,最终获得综合舒适度和偏好矩阵。

出行时间和出行舒适度以及乘客偏好是乘客选择路径时效用函数的影响因素,对其进行综合,采用极大似然估计法拟合其系数,最终得到不同路径选择的效用函数。代入公式(7)即可得到不同路径的乘客分担率。最终,将历史OD矩阵和相应的顺时针和逆时针乘客分担率矩阵的对应值相乘,即用相应的OD矩阵乘路径分担率,可得路径分担量,即乘客分布矩阵为:

$$N_{ij}^{k}=N_{ij}\cdot p_{ij}^{k} \tag{8}$$

式中:N_{ij}——从i到j的人数;

N_{ij}^{k}——从i到j选择第k路径的人数。

由各个路径的分担量可进一步计算相应的方向系数和换乘系数。

(3)基于最小二乘法的支持向量机预测模型。

本研究采用基于最小二乘法的支持向量机方法来作为地铁的短期客流预测模型的基础模型。LS-SVM方法是用于寻找与训练样本最接近的估计函数。在非线性情况下,假设给定的样本为(x_1,y_1),(x_2,y_2),…,(x_m,y_m),其中,$x_i\in R^k$表示输入向量,$y_i\in R$表示输出向量并且$y_i=f(x_i)$,$i=1,2,\cdots,m$,作非线性映射$\varphi:R^k\to H$,φ是特征映射,H是特征空间,则被估计函数$f(x)$有如下形式:

$$y=f(x)=w^{T}\varphi(x)+b \tag{9}$$

w是H的权向量,$b\in R$是偏值,于是LS-SVM估计非线性函数为以下特征空间中的最优问题:

$$\min_{w,b,e} j(w,e)=\frac{1}{2}w^{T}w+\frac{1}{2}\gamma\sum_{i=1}^{l}e_i^{2} \qquad s.t.\ y_i=w^{T}\varphi(x_i)+b+e \tag{10}$$

式中,$e_i\in R^k$,$i=1,2,\cdots,m$为误差变量。

由于w可能为无限维的,直接计算比较困难。因此将这一规划问题转化到其对偶空间中,定义Lagrange函数:

$$L(w,b,e,a)=J(w,e)-\sum_{i=t}^{m}a_i[w^T\varphi(x_i)+b+e-y_i] \tag{11}$$

式中 $a_i \in R$ 为 Lagrange 乘子，最优解的条件如下：

$$\begin{cases}\dfrac{\partial L}{\partial W}=0\Rightarrow w=\sum\limits_{i=1}^{m}a_i\varphi(x_i)\\ \dfrac{\partial L}{\partial b}=0\Rightarrow \sum\limits_{i=1}^{m}a_i=0\\ \dfrac{\partial L}{\partial e_i}=0\Rightarrow a_i=\gamma e_i, i=1,\cdots,m\\ \dfrac{\partial L}{\partial a_i}=0\Rightarrow y_i=w^T\varphi(x_i)+b+e_i, i=1,\cdots,m\end{cases} \tag{12}$$

消去 w 与 e_i，求解的优化问题可转化为求解如下线性方程：

$$\begin{bmatrix}0 & \theta^T\\ \theta & \Omega+\dfrac{1}{\gamma}I\end{bmatrix}\begin{bmatrix}b\\ a\end{bmatrix}=\begin{bmatrix}0\\ y\end{bmatrix} \tag{13}$$

其中向量 $\theta=(1,1,\cdots,1)^T$，$a=(a_1,a_2,\cdots,a_m)^T$，$Y=(y_1,y_2,\cdots,y_m)^T$，Ω 为一矩阵，其定义为 $\Omega=(\Omega_{ij})_{m\times m}$，$\Omega_{ij}=\varphi(x_i)^T\varphi(x_j)$。

通过求解上述公式，可得 a，b 的值，得到被估计函数 $f(x)$ 的表达式，最终函数的表达式为：

$$y=f(x)=\sum_{i=1}^{m}a_iK(x,x_i)+b \tag{14}$$

在本文中，选取 Radial Basis Function（RBF）函数作为 LS-SVM 预测过程中的核函数 $K(x,x_i)$。

$$K(x,x_i)=\tanh(\gamma(x\cdot x_i)+c) \tag{15}$$

对于 LS-SVM 预测算法的求解过程可通过 MATLAB 中的 LS-SVM 工具箱实现。

在本文的 LS-SVM 预测模型中，基于时间序列方法得到样本空间，采用 RBF 核函数，根据历史数据调节参数，将该模型用于预测单日内不同时间段的方向系数、换乘系数以及进出站客流量。

（4）基于视频实时识别技术的模型预测结果修正。

地铁站台基本都装有视频监控设备。本文的研究重点之一就是利用该设备实现站台客流拥挤度识别，并利用历史客流拥挤度与历史客流量的百分位数的对应关系，将拥挤度转化为具体客流量。该技术的原理主要为光流法实现人群动向识别、背景差分实现人群检测、透视形变修正识别结果。

本文选取广州地铁客村站的换乘通道的客流视频作为案例，检验视频识别技术的检测效果。

将光流法跟踪到的下一帧的点投射到标准的正方形空间中效果如图 2 所示。

a)

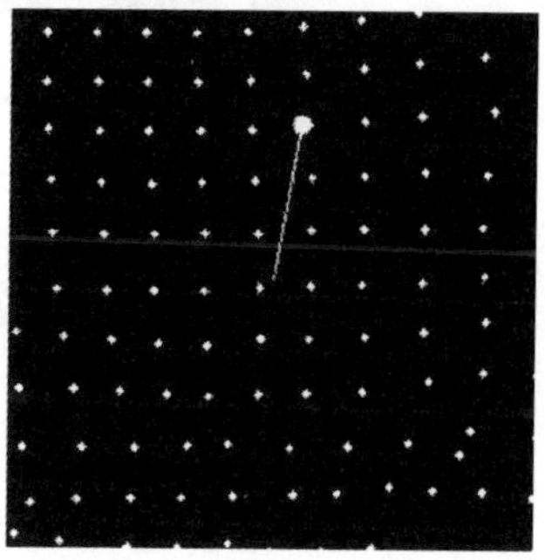

b)

图 2　光流法跟踪示意图

图 3a）中的绿色点为跟踪到的点，相印的投射到正方形空间中效果如图 3b）所示，在正方形空间中将

跟踪到的位移求平均即可获得当前的移动方向,当前的移动方向为向上。

混合高斯背景建模效果如图 3 所示。

a) 视频原画面　　b) 混合高斯建模后画面　　c) 最终识别效果

图 3　混合高斯背景建模效果

图 3a)所示为原始图像,图 3b)所示为自动建立的背景图像,图 3c)所示为检测出的人流的区域,可以看出,这个方法不仅检测出人,还把人的衣物行李等标记出来了,有这一特点,我们可以把这一检测效果转化为拥挤度。图中被识别的拥挤度为 0.82,可换算为 228 个乘客,而该客流实际客流量为 268 人,预测的准确度为 85%。

(三)地铁短期客流预测模型实例应用

1. 实例介绍

以广州地铁“珠江新城—客村—万胜围—车陂南”环线为例,通过该环线历史 IC 卡进出站数据,统计客流特征量,验证预测模型的可行性。

本次预测主要以 11 月 30 日(周一)06:00 至 13:00 的数据作为样本,对 2015 年 12 月 07 日(周一)中午 12 点 45 分的时刻的客流量进行预测。案例中共涉及 13 个地铁站台,其中有 4 个换乘站,总计有 156 个 OD 对。在客流拥挤度信息预测时划分成三个时间点的预测,分别是 5min、30min 以及 60min 后时刻客流拥挤度的信息预测。

在本环线中,最远距离为从珠江新城站到万胜围站。此 OD 对之间共有两条可选路径,分别为“珠江新城—车陂南—万胜围”和“珠江新城—客村—万胜围”。其中“珠江新城—车陂南—万胜围”为顺时针方向,途径 6 个站点,涉及一次换乘;“珠江新城—客村—万胜围”为逆时针方向,途径 7 个站点,涉及一次换乘,如图 4 所示。

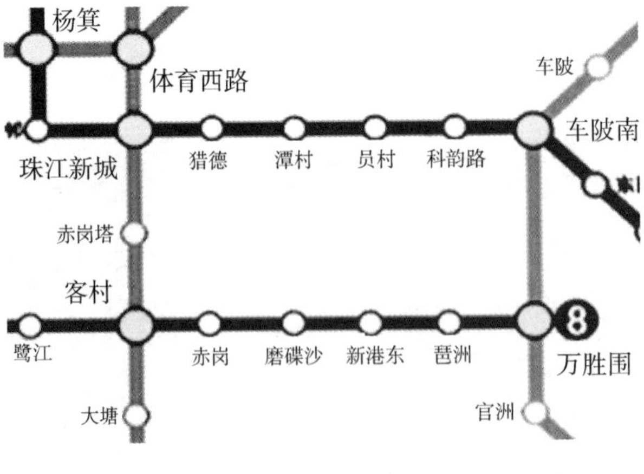

图 4　“珠江新城—客村—万胜围—车陂南”环线示意图

根据调查可知,从乘客刷卡进站到站台上车平均等待时间为 3min,因此需要筛选 12:42 至 12:45 这一时间段的进出站历史数据作为样本,并且要计算出对应时间段的预测的上下行比例和换乘比例。

2. 模型应用

(1)数据筛选结果。

通过数据筛选系统,可以获得在 11 月 30 日中午 12:00 至 13:00 的历史进出站票务数据,通过进出站数据可以获得相应的历史 OD 矩阵。表 2 为珠江新城地铁站在 11 月 30 日中午 12:30 至 13:00 的出站数据。

珠江新城 12:30 至 13:00 的出站客流量

表 2

时　间	出站客流量(人)	时　间	出站客流量(人)
12:33	28	12:48	127
12:36	201	12:51	115
12:39	102	12:54	158
12:42	122	12:57	64
12:45	129	13:00	118

(2)数据处理结果。

①计算历史方向系数和换乘系数。效用函数和乘客分担率矩阵的确定。根据广州市地铁的运行时间,可计算出 OD 之间的出行距离矩阵。以顺时针方向的数据为例,结果如图 5 所示。

	珠江新城	猎德	潭村	员村	科韵路	车陂南	万胜围	琶洲	新港东	磨碟沙	赤岗	客村	广州塔
珠江新城	0	500	1000	1500	2000	2800	3800	4600	5100	5600	6100	6900	7400
猎德	7400	0	500	1000	1500	2300	3300	4100	4600	5100	5600	6400	6900
潭村	6900	7400	0	500	1000	1800	2800	3600	4100	4600	5100	5900	6400
员村	6400	6900	7400	0	500	1300	2300	3100	3600	4100	4600	5400	5900
科韵路	5900	6400	6900	7400	0	800	1800	2600	3100	3600	4100	4900	5400
车陂南	5100	5600	6100	6600	7100	0	1000	1800	2300	2800	3300	4100	4600
万胜围	4100	4600	5100	5600	6100	6900	0	800	1300	1800	2300	3100	3600
琶洲	3300	3800	4300	4800	5300	6100	7100	0	500	1000	1500	2300	2800
新港东	2800	3300	3800	4300	4800	5600	6600	7400	0	500	1000	1800	2300
磨碟沙	2300	2800	3300	3800	4300	5100	6100	6900	7400	0	500	1300	1800
赤岗	1800	2300	2800	3300	3800	4600	5600	6400	6900	7400	0	800	1300
客村	1000	1500	2000	2500	3000	3800	4800	5600	6100	6600	7100	0	500
广州塔	500	1000	1500	2000	2500	3300	4300	5100	5600	6100	6600	7400	0

图 5　顺时针距离矩阵

考虑车辆的内部的拥挤度、长距离行程的心理感受、路径换乘偏好等因素,进行问卷调查,设定满意度标准见表 3,最终得到综合舒适度矩阵,以顺时针为例,结果如图 6 所示。

满意度设定标准

表 3

状　况	满意度变化
初始上车有座	满意度为 6
初始上车无座	满意度为 5
每过三站	满意度为 -1
每经过一次换乘	满意度为 -1
若列车驶离后站台仍有大量乘客	满意度为 -2
满意度最低为 0	

通过问卷调查的受访者 OD 矩阵如图 7 所示。

	珠江新城	猎德	潭村	员村	科韵路	车陂南	万胜围	琶洲	新港东	磨碟沙	赤岗	客村	广州塔
珠江新城	0	5	5	5	4	4	3	2	2	2	1	1	0
猎德	0	0	5	5	5	4	3	2	2	2	1	1	0
潭村	1	0	0	5	5	5	4	3	3	3	2	2	1
员村	1	0	0	0	5	5	4	3	3	3	2	2	1
科韵路	1	0	0	0	0	5	4	3	3	3	2	2	1
车陂南	2	1	1	0	0	0	5	4	4	4	3	3	2
万胜围	4	2	2	2	1	1	0	6	6	6	5	5	4
琶洲	4	2	2	2	1	1	1	0	6	6	6	5	4
新港东	5	3	3	3	2	2	2	1	0	6	6	6	5
磨碟沙	5	4	4	4	3	3	3	2	2	0	6	6	5
赤岗	5	4	4	4	3	3	3	2	2	2	0	6	5
客村	5	4	4	4	3	3	3	2	2	2	1	0	5
广州塔	5	4	4	4	3	3	3	2	2	2	1	1	0

图 6　顺时针综合舒适度矩阵

	1	2	3	4	5	6	7	8	9	10	11	12	13
1	0	73	49	44	16	37	21	39	9	10	28	108	25
2	58	0	23	26	10	22	14	25	5	6	15	73	12
3	40	21	0	16	6	11	8	12	3	3	9	34	9
4	50	27	12	0	9	15	8	15	4	4	10	40	9
5	19	14	7	8	0	7	4	7	2	2	5	18	5
6	30	20	10	11	5	0	8	11	2	3	8	30	7
7	33	17	10	9	4	9	0	10	1	3	7	24	6
8	39	19	14	11	4	12	8	0	2	4	8	32	7
9	9	5	3	3	1	2	2	3	0	1	2	7	2
10	11	6	3	3	1	3	2	4	0	0	2	9	2
11	28	17	9	10	3	7	5	8	1	3	0	22	6
12	121	72	31	33	13	30	21	37	6	11	26	0	23
13	23	15	8	9	3	7	4	7	1	2	5	19	0

图 7　受访者 OD 矩阵

根据以上 3 组数据,TransCAD 最终生成参数的估计值及 t 检验值见表 4。

Logit 模型参数及 t 检验值

表 4

参　　数	估　计　值	标　准　差	t-Test
时间、距离	-0.006275	0.000636	-9.867112
舒适度	-1.418411	0.345329	-4.107416

参数的 t-Test 检验绝对值均大于 2,参数估计有效,则可求得其效用函数。

经公式(7)可计算出相应的顺时针乘客分担率矩阵如图 8 所示。

	1	2	3	4	5	6	7	8	9	10	11	12	13
1	0.5	1	1	1	1	1	0.87	0	0	0	0	0	0
2	0	0.5	1	1	1	1	1	0.04	0	0	0	0	0
3	0	0	0.5	1	1	1	1	0.83	0.04	0	0	0	0
4	0	0	0	0.5	1	1	1	1	0.95	0.13	0	0	0
5	0	0	0	0	0.5	1	1	1	1	0.95	0.13	0	0
6	0	0	0	0	0	0.5	1	1	1	1	1	0.13	0
7	0.04	0	0	0	0	0	0.5	1	1	1	1	1	0.95
8	1	0.87	0.01	0	0	0	0	0.5	1	1	1	1	1
9	1	1	0.87	0.01	0	0	0	0	0.5	1	1	1	1
10	1	1	1	0.61	0.01	0	0	0	0	0.5	1	1	1
11	1	1	1	1	0.61	0	0	0	0	0	0.5	1	1
12	1	1	1	1	0.87	0	0	0	0	0	0	0.5	1
13	1	1	1	1	1	1	0.01	0	0	0	0	0	0.5

图 8　顺时针乘客分担率矩阵

②计算乘客分布矩阵。

通过历史 OD 矩阵和乘客分担率矩阵可计算获得顺时针的乘客分布矩阵,如图 9 所示。

	1	2	3	4	5	6	7	8	9	10	11	12	13
1	0	73	49	44	16	37	18.27	0	0	0	0	0	0
2	0	0	23	26	10	22	14	1	0	0	0	0	0
3	0	0	0	16	6	11	8	9.96	0.12	0	0	0	0
4	0	0	0	0	9	15	8	15	3.8	0.52	0	0	0
5	0	0	0	0	0	7	4	7	2	1.9	0.65	0	0
6	0	0	0	0	0	0	8	11	2	3	8	3.9	0
7	1.32	0	0	0	0	0	0	10	1	3	7	24	5.7
8	39	16.53	0.14	0	0	0	0	0	2	4	8	32	7
9	9	5	2.61	0.03	0	0	0	0	0	1	2	7	2
10	11	6	3	1.83	0.01	0	0	0	0	0	2	9	2
11	28	17	9	10	1.83	0	0	0	0	0	0	22	6
12	121	72	31	33	11.31	0	0	0	0	0	0	0	23
13	23	15	8	9	3	7	0.04	0	0	0	0	0	0

图9　顺时针方向乘客分布矩阵

③方向系数与换乘比例计算。

上述所得的乘客分布矩阵可获知各个路径乘客的分担量，对各个OD之间的通行路径划分为顺时针、逆时针方向，即可知道某一站点的客流在地铁线网内各个方向的分布情况，从而统计出方向系数和换乘系数。下面列出珠江新城站进站方向系数及2号路段换乘至各方向换乘系数的数据为例见表5和表6。

珠江新城站进站方向系数　　表5

向　北							
11月30日	6－7点	7－8点	8－9点	9－10点	10－11点	11－12点	12－13点
方向系数	0.08	0.08	0.07	0.08	0.08	0.08	0.08
向　南							
11月30日	6－7点	7－8点	8－9点	9－10点	10－11点	11－12点	12－13点
方向系数	0.49	0.46	0.45	0.49	0.08	0.48	0.49
向　西							
11月30日	6－7点	7－8点	8－9点	9－10点	10－11点	11－12点	12－13点
方向系数	0.09	0.09	0.08	0.08	0.08	0.09	0.09
向　东							
11月30日	6－7点	7－8点	8－9点	9－10点	10－11点	11－12点	12－13点
方向系数	0.34	0.37	0.40	0.35	0.08	0.35	0.33

珠江新城2号路段换乘系数　　表6

日期	时间	2换1	2换5	2换6	下车比例
11月30日	6:00	0.1818	0.1574	0.3992	0.2616
	7:00	0.1866	0.1616	0.3695	0.2823
	8:00	0.2074	0.1795	0.3206	0.2925
	9:00	0.1964	0.1700	0.3413	0.2923
	10:00	0.1897	0.1643	0.3430	0.3030
	11:00	0.1886	0.1633	0.3722	0.2759
	12:00	0.1910	0.1653	0.3732	0.2704

(3)预测方向系数和换乘系数。

下面以珠江新城站的数据为例,根据历史方向系数和换乘系数,用LS-SVM预测模型进行预测。

①预测方向系数。根据历史方向系数利用LS-SVM预测的珠江新城站进、出站方向系数见表7。

预测珠江新城站进出站方向系数 表7

进站方向系数(12:00至13:00)				
方向	向北	向南	向东	向西
历史数据	0.06	0.51	0.51	0.07
预测数据	0.0744	0.437	0.437	0.0879
误差	0.2398	0.1432	0.1432	0.2557
出站方向系数(12:00至13:00)				
方向	向北	向南	向东	向西
历史数据	0.07	0.51	0.392	0.111
预测数据	0.07	0.437	0.378	0.1121
误差	0	0.1432	0.0358	0.0099

②预测换乘系数。

根据历史换乘系数利用LS-SVM预测的珠江新城站四周(图10),从断面2换乘到其他方向以及出站的乘客比例见表8。

珠江新城站预测换乘系数 表8

换乘系数(12:00至13:00)				
换乘方向	从2到1	从2到5	从2到6	出站方向
历史数据	0.196	0.17	0.326	0.309
预测数据	0.1879	0.1612	0.3575	0.302
误差	0.0414	0.0405	0.1003	0.0572

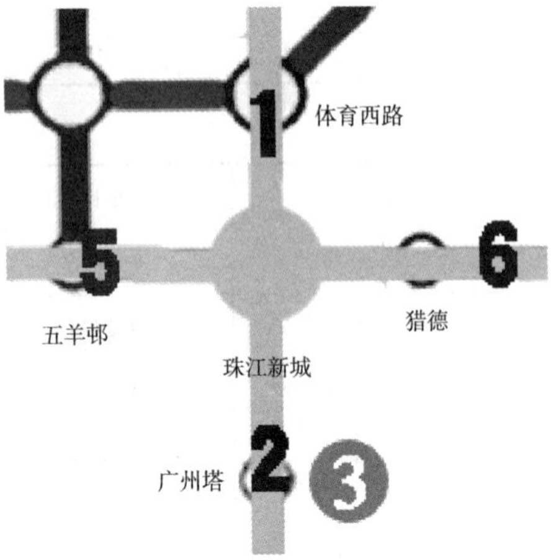

图10 珠江新城站四周断面示意图

(4)实时获取进站客流量及预测出站客流量。

在进站客流量的获得中,当预测时间间隔为5min时,进站客流量可利用AFC系统实时获得;当预测时间间隔为30、60min时,进站客流量可根据历史数据利用LS-SVM预测获得。

在出站客流量的获得中,考虑乘客从下车到出站刷卡以及刷卡数据的传输有时间差,所以即使在5min的预测间隔中,实时出站客流量的获取需要一定时间。因此,出站客流量的获取采用预测获得。通过AFC系统得到各站点一定时间段内历史出站客流量后,通过LS-SVM模型可以预测指定时间段内各个站点相应的出站客流量,见表9。

预测出站客流与实时进站客流(单位:人)　表9

站　点	预测出站量	实时进站量	站　点	预测出站量	实时进站量
广州塔	17	18	万胜围	19	34
珠江新城	117	82	琶洲	22	23
猎德	85	46	新港东	6	4
潭村	38	64	磨碟沙	4	17
员村	40	12	赤岗	26	30
科韵路	26	28	客村	105	144
车陂南	29	40			

(5)计算换乘客流量。

由于处于平峰时期,因此采用预测换乘比例对换乘客流进行计算。以珠江新城(中心圆点)为例,其换乘至2号路段的换乘客流量为:

$$H_2 = 1137 \times 0.093 + 685 \times 0.133 = 1126\ (人)$$

其中1137人是6min前(包括换乘时间)6号路段的线路断面客流量;685人是5号路段的线路断面客流量;0.093和0.133为其分别对应的换乘比例。

换乘站点换乘客流量见表10。

换乘站点换乘客流量　表10

换 乘 站 点	换乘客流量(人)	换 乘 站 点	换乘客流量(人)
珠江新城	1126	车陂南	1486
客村	1472	万胜围	2114

(6)站点和断面客流量计算。

根据本文的短期客流预测模型中的站点客流量以及线路断面客流量的计算公式,可以计算出在不同预测时间间隔下的最终的站点客流量和线路断面客流量。

①站点客流量计算。

5min后站点客流量预测——利用实时进站客流+预测出站客流(+换乘客流)进行预测,结果见表11。

5min后站点客流量(单位:人)　表11

站点	出站量	进站量	换乘量	站点客流量	站点	出站量	进站量	换乘量	站点客流量
广州塔	17	18	0	35	万胜围	19	34	1472	1525
珠江新城	117	82	1126	1308	琶洲	22	23	0	45
猎德	85	46	0	131	新港东	6	4	0	10
潭村	38	64	0	102	磨碟沙	4	17	0	21
员村	40	12	0	52	赤岗	26	30	0	56
科韵路	26	28	0	54	客村	105	144	2114	2363
车陂南	29	40	1486	1555					

30min、60min后站点客流量预测——预测进站人数+预测出站人数(+换乘客流)。

仅凭实时进站人数无法得到较长时间跨度的预测结果,因此在30min、60min的客流拥挤度信息预测之中,将利用预测的进、出站客流量,以及利用相应换乘系数计算的换乘客流量作为计算量。以60min为例,结果见表12。

60min 后站点客流量(单位:人)　　　　表 12

站点	出站量	进站量	换乘量	站点客流量	站点	出站量	进站量	换乘量	站点客流量
广州塔	44	36	0	80	万胜围	8	14	478	500
珠江新城	174	127	1362	1663	琶洲	105	66	0	171
猎德	126	89	0	215	新港东	2	0	0	2
潭村	60	33	0	93	磨碟沙	17	27	0	44
员村	36	61	0	97	赤岗	18	31	0	49
科韵路	47	54	0	101	客村	127	154	2472	2753
车陂南	27	56	1248	1331					

②线路断面客流量计算。

5min 后线路断面客流量拥挤度预测——线路断面客流量计算由前一断面客流、站点进站客流以及换乘站的换乘客流 3 部分组成,可根据模型公式计算得到。结果如图 11 所示。

30min、60min 后线路断面客流拥挤度预测——与实时拥挤度发布相似,在发布 30min、60min 后线路断面客流量信息时,涉及“前一断面客流量、进站客流量、进站客流方向系数、换乘客流量”四个特征量,均利用 LS-SVM 模型预测获得。以 60min 为例,结果如图 12 所示。

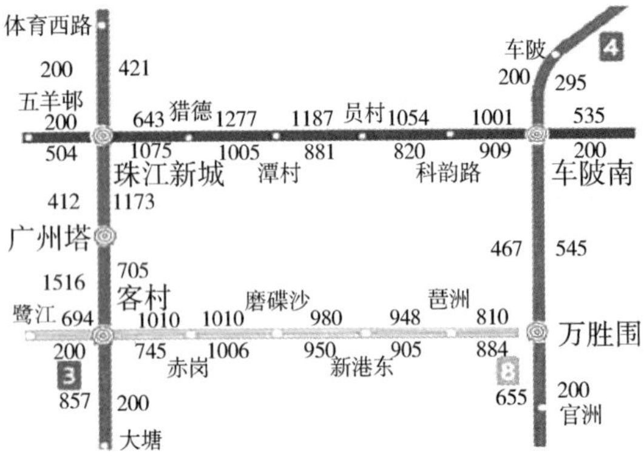

图 11　线路断面客流量计算结果示意图(5min)

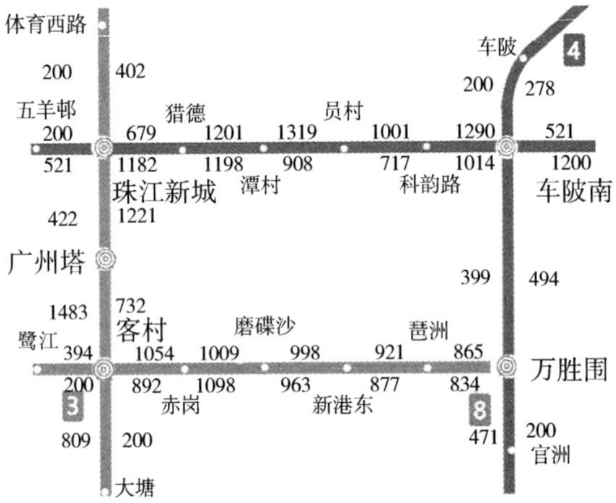

图 12　线路断面客流量计算结果示意图(60min)

三、总结

本文通过最小二乘法支持向量机模型对历史数据预测,通过 AFC 系统采集实时数据并结合视频识别建立了广州地铁短期客流量预测模型。此模型可以根据不同需要预测 5min、30min 和 60min 的站点、线路断面客流量。其中通过视频识别技术获取的换乘客流量虽然仅用于高峰时期的预测,但具有较高的准确性,这一点为地铁方获取高峰时期换乘实时客流情况提供了较大帮助。所有计算的数据均来自广州地铁现有的运营设施,同时通过数据计算得到的预测模型也能很好地服务于实际情况。更重要的是,客流预测结果不仅能够通过为乘客提供路线建议从而很好地平衡地铁全网的客流,还能够优化地铁运营产生社会经济效益。

参 考 文 献

[1] 杨军,侯忠生. 基于小波分析的最小二乘支持向量机轨道交通客流预测方法[J]. 中国铁道科学,

2013,03:122-127.

[2] 张和美子,冯雪松.城市轨道交通车站进站客流量短期预测研究[D].北京:北京交通大学,2016.

[3] C. Cortes and V. Vapnik, Support-vector networks[J], Machine Learning, vol. 20, no. 3, 273-297, 1995.

[4] 任江涛,欧晓凌,张毅,等.交通状态模式识别研究[J].公路交通科技,2003,02:63-67.

[5] 毛静.城市轨道交通客流短期预测方法及实证研究[D].北京:北京交通大学,2012.

[6] 张扬,刘允才.城市路网交通预测模型研究及应用[D].上海:上海交通大学,2009.

[7] 毛保华.城市轨道交通网络管理及收入分配理论与方法[M].北京:科学出版社,2007.

03

附　录

2018 年第四届中国交通运输院长论坛“新国线杯·我的交通强国梦”征文大赛获奖名单

题　目	推荐院校	作　者
特等奖		
我的交通强国梦——前所未有的交通纪元	东南大学	穆弘轩
一等奖		
我的交通强国梦	北京交通大学	聂博文
我的交通强国梦	大连海事大学	张　雨
我的交通强国梦	江苏大学	叶鸽鸽
二等奖		
新时代建设交通强国新征程	长沙理工大学	龚长海
我欲穿花寻路 直入白云深处——我的交通强国梦	上海海事大学	王宏宇
我的交通强国梦——敢于追寻、共同筑梦	内蒙古大学	曹　宇
我的交通强国梦——家乡的“三条路”	兰州交通大学	徐海龙
我的交通强国梦——海以兴国，海以强国	上海海事大学	周　瑞
辉煌中国梦，常系交通行	东北林业大学	周钰杰
三等奖		
蓝长裤的“路”	长沙理工大学	刘思民
交通人的一封家书	北京交通大学	刘楚枫
我的交通强国梦	江苏大学	贺晓宇
我的交通强国梦	大连海事大学	毛雨昕
我的交通强国梦	合肥工业大学	丁　颖
我的交通强国梦	东南大学	冯思齐
我的交通强国梦	南京林业大学	费文玉
我的交通强国梦——致敬蓝天守护者	中国民用航空飞行学院	刘明海
我的交通强国梦	华东交通大学	邢若愚
我的交通强国梦——激荡筑梦蓝图	西南交通大学	范翘楚

续上表

题　　目	推荐院校	作　　者
三等奖		
我的交通强国梦	中国民航大学	王宇涵
我的交通强国梦	吉林大学	朱康辉
我的交通强国梦——中国的黄金时代	苏州大学	马晨阳
我的交通强国梦——智能在路上	青岛理工大学	赵盈盈
我的交通强国梦——交通强国是初心,更是使命	陕西交通职业技术学院	张瑜心
拉近心的距离	同济大学	刘子健
我的交通强国梦	重庆交通大学	唐洪利
我的交通强国梦	山东交通学院	张广俊
我的交通强国梦——交织梦想，通往四方	石家庄铁道大学	高思蒙
我的交通强国梦	长安大学	智慧楠
我的交通强国梦——以交通人的视角看中国梦	华南理工大学	林译峰
我的交通强国梦	山东交通学院	王艺帆
我的交通强国梦	重庆交通职业学院	许　恒
我的交通强国梦——让世界屋脊不再遥远	西藏大学	赵一阳

2017 年第三届中国交通运输院长论坛
“新国线交通运输类大学生优秀论文”获奖名单

题　目	推荐院校	作　者
一等奖		
基于多维信息警示的城市交叉路口安全保障设施研究	哈尔滨工业大学	王文斌
二等奖		
基于触控人行横道控制系统的路段远引式设计	南京林业大学	王奎元　韩宝睿　丁莉莎　张　航
基于微循环的区域单向交通组织优化模型研究	南京林业大学	王羽尘
基于模拟驾驶舱的互通式立交交通安全评价	南京林业大学	陈孟柯　朱梦悦　吕伟健
基于 WIFI 信号采集的公交 OD 数据分析系统	西南交通大学	郝偲成
基于铁路货运时效性的调车设备创新设计	兰州交通大学	万鑫兴
长途道路客运接驳运输接驳点客源配置优化方案	重庆交通大学	王　菁　于振亚
基于 ANSYS 仿真的南京长江大桥维修前后力学行为分析	东南大学	杨子晔　董　鑫　夏　悦
三等奖		
基于预约缴费的高速公路通行主动式时空优化平台	华南理工大学	杨蕤铜　陈枝伟　文敏郦 陈思亦　石苏鹏
船舶拆解过程中的污染问题及防治	上海海事大学	王攸妙　钱启源　祝　铭 范伊莹　刘　咪
基于 3D 理论与 SEM 的县域交通可达性与空间贫困的耦合机制——以滇西边境山区为例	昆明理工大学	刘丁硕　戢晓峰
“互联网 +”视角下多目标智慧停车管理系统设计	兰州交通大学	孙永良　贾永浩 陈旭东　张岁琪
考虑居民出行需求的自行车出行导航的 App 初步开发	华东交通大学	韦春婵　钱　强　汪子强 陈威　岑平伟
多源数据条件下地面公交运行瓶颈识别与动态诊断	东南大学	王　楠　罗小康　朱　梅 赵怡原　祁　辉
交叉口服务质量的模糊综合评价方法	长沙理工大学	顾杨松
基于 SVR 的地铁口影响范围内的公共自行车租赁站点布局优化方法	长沙理工大学	向冠华
“互联网 +”时代下居民打车现状分析	山东理工大学	陈永发
C2C 快递顺风托递托取信息平台开发	南京理工大学	黄紫霄　罗　熠　陈思迪 孙玉虎　周子聪

2016年第二届中国交通运输院长论坛 “新国线交通运输类大学生优秀论文”获奖名单

题　　目	推荐院校	作　　者
一等奖		
“互联网＋交通”背景下的智能拼车辅助决策系统解决方案及核心算法研究	华东交通大学	樊孟华　郝强　苏大苗　刘　荃　肖月扬　李莉　张海超　李　熙
二等奖		
北京市西直门地铁站内缓冲区设计研究	北京交通大学	吴玥琳　张小雨　郭　肇　李志杰
立交桥隧混合路段交通拥堵时空演变特征分析	重庆交通大学	吴琰飘
农村道路交通安全审计研究——以昆明呈贡新区X013公路为例	昆明理工大学	陈思媛
内河港空箱调运多目标优化研究	上海海事大学	王慧娴
城市不同等级道路交通污染实验研究	长安大学	刘雯月
基于LS-SVM和实时大数据的广州地铁短时客流预测模型	华南理工大学	李海欣　胡郁葱　张东冉　王雨嫣　许耀钊　石　鑫
三等奖		
恶劣气候下客船防快速倾覆气囊应用研究	重庆交通大学	李　甜
考虑路段相关性的行程时间可靠度建模与评价方法	东北林业大学	陈　敏
旅客列车开行方案的评价与选择	中南大学	席好宁
轨道交通大客流拥挤传播速率定量模型构建	北京交通大学	曾子凌　李泰勋
高速铁路建设对长三角经济区产业空间布局的影响	华东交通大学	陈　芬
城市轨道交通车站乘客集散行为仿真及优化	重庆交通大学	李　武
驾驶员个体因素对车辆行驶安全的影响分析	东北林业大学	孙仁杰
长株潭城市群道路客运LNG推广应用前景	长沙理工大学	刘　帅　杨洋灵芝　鄢佳节
基于多源数据的区域物流辐射网络特征提取方法	昆明理工大学	陈肖雨　戢晓峰
成渝客运多方式竞争和市场演变格局分析	重庆交通大学	王　曼

续上表

题目	推荐院校	作者
三等奖		
云南省国际道路货物运输空间联系特征	昆明理工大学	普永明
基于碳排放测算的集装箱多式联运组合优化分析	大连海事大学	陈奕欣
考虑道路拥堵的城市公交优化调度模型	重庆交通大学	黄　瑶
公共电动自行车系统租赁点选址研究	华南理工大学	胡郁葱
高校学生假期离校合乘模型与算法 ——以长沙理工大学云塘校区为例	长沙理工大学	曹宇露　张晓晴　王航臣
“互联网+”背景下的公共自行车新型借还系统	南京理工大学	肖延成　陈　新　柴志强 张　曼　马少阳　王秀嵘
危险品道路运输路线选择模型研究	北京交通大学	王　维　李凯明　姜博予